2020
东北老工业基地全面振兴
进程评价报告

李伟伟　王露　赵球　董乾坤　等／著

经济管理出版社

ECONOMY & MANAGEMENT PUBLISHING HOUSE

图书在版编目（CIP）数据

2020东北老工业基地全面振兴进程评价报告/李伟伟等著．—北京：经济管理出版社，2022.7
ISBN 978-7-5096-8623-2

Ⅰ.①2… Ⅱ.①李… Ⅲ.①老工业基地—区域经济发展—研究报告—东北地区—2020 Ⅳ.①F427.3

中国版本图书馆CIP数据核字（2022）第129737号

组稿编辑：张巧梅
责任编辑：张巧梅
责任印制：黄章平
责任校对：王淑卿

出版发行：经济管理出版社
　　　　　（北京市海淀区北蜂窝8号中雅大厦A座11层　100038）
网　　址：www.E-mp.com.cn
电　　话：（010）51915602
印　　刷：唐山昊达印刷有限公司
经　　销：新华书店
开　　本：787mm×1092mm/16
印　　张：18
字　　数：416千字
版　　次：2022年9月第1版　2022年9月第1次印刷
书　　号：ISBN 978-7-5096-8623-2
定　　价：88.00元

专家委员会成员（按姓氏笔画排序）：

王小鲁　刘世锦　刘尚希　李　凯　李晓西

迟福林　张文魁　张占斌　张屹山　张宇燕

陈永杰　金维刚　赵昌文　赵晋平　赵　继

殷仲义　曹远征　常修泽

课题组主要成员：

李　凯　易平涛　王世权　李伟伟　王　露

赵　球　董乾坤　黄　海

前　言

东北地区是中国重要的工业和农业基地，担负着维护国家国防安全、粮食安全、生态安全、能源安全、产业安全的重要使命，关乎国家发展大局。中华人民共和国成立以来的很长一段时间内，东北地区一直是带动中国经济发展的火车头和急先锋，被冠以"共和国的长子""中国工业的摇篮"。然而，伴随着中国经济进入新常态，面对日益纷繁复杂的国际政治经济形势，东北地区表现出了明显的不适应，经济下行压力增大，部分行业和企业生产经营困难，体制机制的深层次问题进一步显现，经济增长新动力不足和旧动力减弱的结构性矛盾突出，发展面临新的困难和挑战。

在上述背景下，"十三五"开局之年，以《中共中央　国务院关于全面振兴东北地区等老工业基地的若干意见》出台为标志，一场旨在以创新驱动为引领，以结构调整为基点，以体制机制重塑为依托，以创新创业为关键，以民生保障为前提的新一轮东北老工业基地全面振兴攻坚战盛大启幕。新一轮振兴目标非常明确，在"东北地区重要领域和关键环节改革上取得重大成果""转变经济发展方式和结构性改革取得重大进展""经济保持中高速增长"的基础上，到2030年，东北地区将实现全面振兴，走到全国现代化建设前列，成为全国重要的经济支撑带。

新时代东北振兴，是全面振兴、全方位振兴。为了实现既定的振兴目标，国家在政策和资金等方面给予了大力支持，社会各界也给予东北前所未有的关注，东北各级政府更是"撸起袖子加油干"，希冀在新一轮振兴中有所作为。然而，在振兴战略如火如荼推进之际，如何判断东北全面振兴进展，客观反映东北振兴进程？如何清晰刻画东北经济社会发展中的短板，精准施策？一系列现实问题摆在我们面前。基于此，在国家发改委的指导下和中国东北振兴研究院的积极推动下，东北老工业基地全面振兴进程评价被提上日程。

东北老工业基地全面振兴进程评价意在通过设计一系列指标并运用统计数据，形成能够全面评价东北老工业基地振兴进程的指数，据此判断东北全面振兴、全方位进程，明晰振兴中存在的问题，并提出具体对策，实现以评促建，评建结合，成为东北振兴的"晴雨表"。在此基础上，形成《东北老工业基地全面振兴进程评价报告》（蓝皮书），自 2017 年始，每年定期发布。《东北老工业基地全面振兴进程评价报告》（蓝皮书）主要包括总报告、评价报告和附录三部分，力求全面评价东北振兴中的政府治理、企态优化、区域开放、产业发展、创新创业与社会民生等情况。

《东北老工业基地全面振兴进程评价报告》（蓝皮书）已连续发布 4 年，得到了社会各界同行的高度关注与积极反馈。本书是在国家发改委振兴司的指导下，由中国东北振兴研究院、东北大学、中国（海南）改革发展研究院等多家单位精干的科研力量通力合作完成的。为支撑连续跟踪评价，全书保持着较高的稳定性，研究成果是数位专家学者多年集体协作的结晶。《东北老工业基地全面振兴进程评价报告》（蓝皮书）的编写提纲和总体框架由中国东北振兴研究院副院长、东北大学教授李凯提出并审核。迟福林、殷仲仪、夏峰、匡贤明等教授参与了该课题指标的设计与讨论工作。东北大学王世权教授协调项目初期的论证并负责了分析模块的设计工作，易平涛教授及团队负责设计与开发项目评价测度流程及计算分析模块。博士研究生王士烨、石茹雪、杨雪婷（辽宁大学），硕士研究生黄海、王胜男、宋雪峰（辽宁大学）、袁建荣、梁媛媛、惠文锋、左晓芹、胡小慧、韩向伦、程志豪、林伟超、贾菲玥、柯楚云、于海婷，本科生吴昕洋、许静蕾、徐思琪、杨程等参与了本期评价报告的数据收集及部分章节初稿的分析。辽宁大学张丹宁教授、南昌大学李玲玉博士参与了政策建言工作。东北大学副教授李伟伟博士，王露、赵球博士及博士研究生董乾坤负责了本期报告的全面整理与撰写工作。

《2020 东北老工业基地全面振兴进程评价报告》（蓝皮书）又将付梓印刷，值此之际，首先，要感谢国家发改委振兴司、东北大学、中国（海南）改革发展研究院、中国东北振兴研究院的各位领导和同仁的大力支持。其次，要感谢郭亚军教授创立的东北评价中心及学术团队所提供的技术协助。最后，本书在撰写过程中参考了大量国内外已有文献，囿于篇幅并未一一列示。同时，经济管理出版社的张巧梅编辑在本书的出版过程中做了大量的协调工作，在此一并表示感谢。

受资料来源与时间等限制，书中疏漏与不足之处在所难免，敬请各位读者批评指正。

李　凯

中国东北振兴研究院副院长

目 录

上篇 总 报 告

上篇　总　报　告

一、宏观背景与研究意义

（一）宏观背景

当前，全球新一轮科技革命和产业变革蓄势待发，创新多极化趋势日益明显，大国关系发生转折性变化，传统的生产方式、社会结构和生活方式正在发生转变。创新驱动成为各国实现经济再平衡、打造国家竞争新优势的核心，正在深刻影响和改变国家力量对比，重塑世界经济结构和国际竞争格局。在全球经济社会格局大调整、大变革、大重组继续向纵深发展的挑战下，中国正处于经济转型的历史关节点。传统的经济社会格局不断重塑，新的增长力量还在孕育中，并且与全球化新趋势呈现历史交汇（迟福林，2017；陈昌盛等，2020）。为了适应全球化新趋势，应对世界所面临的百年未有之大变局，破解经济社会发展中的各种难题，发达国家已加紧进行新的战略部署，将突破核心关键技术作为抢占未来发展战略制高点的重要路径。中国也正在积极推动并深化"一带一路"倡议，以经济转型为目标强化结构性改革，兼顾稳定经济增长和防范经济风险，加大改革力度，激活微观市场主体活力，实现增加有效供给和刺激有效需求双轮驱动，促进推进经济转型升级，释放经济增长潜力，稳定经济发展预期，适应结构优化、动力转化的发展新常态。全球化新趋势和中国经济转型不断深入为东北老工业基地全面振兴、全方位振兴提供了难得的战略机遇和巨大挑战。

东北地区是中国重要的工业和农业基地，在维护国家国防安全、粮食安全、生态安全、能源安全、产业安全中具有重要的战略地位。着力推动经济发展质量变革、效率变革、动力变革，实现东北地区经济社会高质量发展，增强区域发展的竞争力、创新力、抗风险能力，关乎国家发展大局。国家对于东北地区一直以来比较重视。党的十八大以来，习近平总书记多次赴东北地区考察和主持召开会议，就东北老工业基地振兴工作提出了一系列新的战略判断和重要指示要求，指出当前东北地区面临的矛盾和问题，归根结底是体制机制问题，是产业结构问题、经济结构问题。解决这些问题，要靠全面深化改革，并明确提出要着力完善体制机制、着力推进结构调整、着力鼓励创新创业、着力保障和改善民生"四个着力"的总体要求，同时要求要像抓三大战略一样持续用力，形成新一轮东北振兴的好势头。李克强总理也多次主持召开会议专题部署东北振兴工作，并做出系列重要批示。2016 年 4 月 27 日，《中共中央　国务院关于全面振兴东北地区等老工业基地的若干意见》（以下简称 7 号文件）提出，"要以知难而进的勇气和战胜困难的信心坚决破除体制机制障碍，加快形成同市场完全对接、充满内在活力的新体制和新机制"。一场旨在以创新驱动为引领，以结构调整为基点，以体制机制重塑为依托，以创新创业为关键，以民生保障为前提的新一轮东北老工业基地全面振兴攻坚战盛大启幕。新一轮振兴目标非常明确，概而言之就是：到 2030 年，东北地区实现全面振兴，走到全国现代化建设前列，成为全国重要的经济支撑带。2018 年 9 月，正当东北振兴如火如荼展开之际，习近平总书记到东北三省考察，主持召开深入推进东北振兴座谈会并发表重要讲话，强调新时代东北振兴是全面振兴、全方位振兴，要从统筹推进"五位一体"总体布局、协调推进"四个全面"战略布局的角度去把握，重塑环境、重振雄风，形成对国家重大战略的坚强支撑。面对新形势、新机遇、新问题，在内外环境发生深刻变化的大背景下，新时期东北老工业基地振兴的蓝图已然绘制，政策不断供给，全面振兴、全方位振兴进程正在不断深化。

（二）研究意义

东北地区是我国重要的工业和农业基地，维护国家国防安全、粮食安全、生态安全、能源安全、产业安全的战略地位十分重要，关乎国家发展大局。东北全面振兴、全方位振兴是国家总体战略布局，国家在政策和资金等方面给予东北大力支持，社会各界也对东北前所未有地关注，东北各级政府更是围绕"振兴蓝图"进行顶层设计，希冀在新一轮振兴中有所作为。在这一背景下，客观地判断东北振兴的发展阶段，刻画东北振兴的进程，描述东北发展中的优势、潜力和短板就显得十分重要。为此，综合考虑东北老工业基地振兴的时代背景，对东北老工业基地振兴的政策环境、区域环境等进行深入研究，创建东北老工业基地全面振兴进程评价指标体系，在此之上，依据调研数据评价东北振兴状况将具有重要的现实意义。

然而，概观已有研究，与实践迫切需求不相匹配的是，虽然理论上关于老工业基地振兴的研究近年来取得了丰硕的成果，提炼并总结了老工业基地发展的障碍性因素与动力机制、振兴的路径和方向及不同利益相关者的作用（张虹，2011；吕政，2012；刘凤朝等，2016），研究中也尝试对诸如东北老工业基地振兴绩效、竞争力等进行评价，但尚缺乏系统性的、能够全面反映东北老工业基地全面振兴进程的评价指标体系，这已成为一个重要的理论缺口。如此一来，必然难以有效解释东北老工业基地全面振兴关键点的选择，也难以对建构有助于东北老工业基地的创新驱动机制提供指导。因此，通过关注东北老工业基地发展的复杂性和特殊性，溯源东北老工业基地问题出现的本质原因，从整体上分析东北老工业基地振兴面临的制度约束,构建一个能够反映区域特殊性的东北老工业基地全面振兴进程评价指标体系,明晰振兴的起点与根本原因,综合研判东北全面振兴进程和阶段,反映振兴政策的进展与效果,明确制约东北全面振兴的主要障碍,提出下一阶段东北全面振兴进程中政府施政的重点和难点,并据此深入探究有利于东北全面振兴、全方位振兴的制度设计将具有重要的理论和现实价值。

二、东北老工业基地全面振兴
进程评价系统设计

老工业基地的改造与振兴是世界各国经济发展过程中所遇到的共同课题。美国的"锈带"地区、德国的"鲁尔"、英国的"雾都"、日本的"京、阪、九工业带"、法国的"洛林"地区等世界著名的老工业基地都曾经历这一过程。历史地看,老工业基地形成既有一般共性原因,也夹杂着一定的社会、经济、区域的原因。由此决定了若要对东北老工业基地全面振兴进程进行评价,必须要考虑其自身的特殊性。

(一) 总体思想

推动全面振兴,前提是搞清楚自己的长项和短板。东北振兴的思维前提是什么?逻辑起点在哪里?溯本求源,对东北老工业基地全面振兴进程评价的关键在于探索其衰落的本质原因。当前,关于老工业基地衰落的本质主要有以下三种理论:循环累积因果理论、生命周期理论及路径依赖理论。循环累积因果理论认为,当地区经济开始衰退时,衰退本身可产生一种自我强化机制,该机制通过区域的乘数效应可迅速扩散,使区域的衰落陷入恶性循环累积过程。研究发现,这种循环累积效应在制造型企业密集的区域更为显著(马国霞等,2007),且区域的发展也可能受到区域开放度的影响。生命周期理论则是指老工业区内的主导专业化产品正处于生命周期中的成熟后期和衰退阶段,丧失了创新的特质,无法及时退出产品生命循环进程。在技术不变的前提下,成本因素决定的价格优势不能被无限扩大,会导致老工业区主导产品市场竞争力不断下降,进而引致区域经济下滑。路径依赖理论是在前两种理论的基础上形成的,也是目前解释老工业基地衰落的主流理论,认为老工业基地的发展存在着路径依赖,它们被锁定在传统的制度上,不愿参与到未来经济规划中,具体表现就是落后的制度无法也不愿为老工业基地的革新提供动力,使其在长期发展过程中逐渐落后。由路径依赖所带来的锁定效应可以划分为:功能锁定(如大企业和小企业之间的长期联系限制了小企业的创新能力)、认知锁定(如总认为衰退是经济周期导致的,而不是结构性因素导致的)和政治锁定(如既得利益阶层反对变化)。

为了克服锁定效应,重新振兴老工业基地,学术界提出了"学习型区域"(Learning

Region）概念，并提倡利用区域网络化所带来的经济利益，实施去工业化。然而，从实践来看，美国匹兹堡、英国伯明翰、法国北部—加莱海峡和德国鲁尔等老工业基地虽具有很多相似点，但去工业化模式也存在巨大差异。因此，分析不同的老工业基地需要结合具体情况，对振兴进程的评价亦然。东北老工业基地形成有其历史原因，振兴路径也必然不同，评价重点要反映出这种特性。2021 年，中共中央政治局常委、国务院总理、国务院振兴东北地区等老工业基地领导小组组长李克强主持召开领导小组会议，研究部署"十四五"时期东北全面振兴工作。该会议讨论通过了东北全面振兴"十四五"实施方案、辽宁沿海经济带高质量发展规划和东北振兴专项转移支付资金管理办法。李克强总理说，东北在国家发展全局中具有重要战略地位。近年来，在以习近平同志为核心的党中央坚强领导下，东北地区奋发努力，有关方面大力支持，东北经济社会发展取得积极进展。当前东北振兴仍处于爬坡过坎的关键阶段，要坚持以习近平新时代中国特色社会主义思想为指导，落实党中央、国务院部署，按照立足新发展阶段、贯彻新发展理念、构建新发展格局、推动高质量发展的要求，进一步发挥东北地区的积极性和创造性，攻坚克难，继续加大中央财政支持，加强金融服务，做好地区间对口合作，形成强大合力，在新台阶上推动东北振兴取得更大进展。

（二）内在逻辑

东北老工业基地全面振兴的题中之意在于"激发并增强东北活力"。基于此，对东北老工业基地全面振兴进程进行评价，首先需要明晰的是评价的目标和意义，立足于此，需要审视东北老工业基地振兴的内在逻辑，并确定评价脉络。本书研究认为，东北老工业基地的核心问题是产业结构问题（黄继忠，2011；肖兴志，2013；刘凤朝、马荣康，2016），产业结构相对单一，第一、第二、第三产业比重不合理，接续产业对经济发展还不能形成有效支撑，内生发展动力仍然不足、不稳、不强是其中的关键。为此，在充分发挥比较优势的基础上实现区域产业结构优化升级，是破解当前困局的关键（李向平等，2008）。

深入分析不难发现，东北老工业基地产业结构存在着"传统资源型产业丧失比较优势"和"新兴产业发展缓慢"等问题，亟待进行面向合理化与高级化的调整。就成因而言，东北老工业基地产业结构是国家及地方政府"调控"与"布局"及"非均衡发展战略"实施的结果，本质上是"行政型治理"（资源配置行政化、治理机制行政化与治理行为行政化）所致。从发展的逻辑来看，制约东北老工业基地产业结构调整的要因是支撑产业发展的政府、国有企业、民营企业、中介机构、科技人才等"利益相关者价值共创意愿"严重不足。例如，政府权力过大、市场化程度不高，国有企业活力仍然不足，民营经济发展不充分；科技与经济发展融合不够，偏资源型、传统型、重化工型的产业结构和产品结构不适应市场变化，新兴产业发展偏慢；资源枯竭、产业衰退、结构单一地区（城市）转型面临较多困难，社会保障和民生压力较大；思想观念不够解放，基层地方党委和政府对经济发展新常态的适应引领能力有待进一步加强等。上述问题更为深层次上的原因是东北地区内各利益相关者因"行政型治理"导致体制与机制僵化，解决问题的关键是以"创新驱动"为突破口。因循上述思路，东北老工业基地全面振兴的关键是：通过诸如理顺政府和市场关系，解决政府直接配置资源、管得过多过细以及职能错位、越位、缺位、不到位等问题，营造良好营商环境，激发区域创新创业氛围，促进国企转型、民企发展，加强社会民生保障等具体措施，实现区域治理由"行政型治理"向"经济型治理"转型。根据上述逻辑，对东北老工业基地全面振兴进程进行评价的重点应该是政府、市场与社会的边界是否厘清，看其治理机制设计是否有助于实现不同利益相关者关系重构，激发利益相关者价值共创意愿。根据东北区情，此间的关键与核心就是产业结构调整，这又离不开具有效率性与合法性的体制机制，能够促进区域创新能力提升的创新创业水平，以及此过程中的社会民生保障。

（三）指标选择

1. 数据可得为评价前提

一般而言，数据收集方法包括"公开数据"、"访谈与现场观察数据"和"问卷调研数据"等。上述每一种方法都有自己的长处和不足。在选择数据收集的方法时，要考虑资源、问卷和数据质量三类主要因素，此外还需考虑每类主要因素涉及的许多次要因素。就资源因素而言，必须考虑做一项研究需要多少时间，聘用调查员和编码员、购买硬件、软件和补给物品需要多少钱，是否需要使用激励机制，以及是否需要购买或构建一份准备抽取样本和进行调查的总体清单（抽样框）等。问卷因素包括为了精确地测量研究概念和达到研究的预期目标，需要设计多少问题，这些问题是什么样的。数据质量因素涉及某种数据收集方法是否更容易取得调查对象的合作，如果使用了它，是否能从调查对象那里得到更为精确或更为完整的数据，以及是否能更全面地掌握包括希望对之进行研究的总体等。

东北老工业基地全面振兴进程不是"一次性"、单一指标可以评价的，而是"连续性"的。需要系统性审视东北老工业基地振兴关键点、重点与难点，如此才能达到以评促建，评建结合，动态把握东北老工业基地全面振兴进程的目的。从理论角度来看，指标设计越完备越有助于真实反映东北老工业基地全面振兴的进度，越容易厘清与辨明振兴中存在的问题。然而，现实中经常是一些指标虽然具备了科学性与合理性，但却无法持续收集到相关数据。基于此，东北老工业基地全面振兴进程评价指标体系设计的原则是在强调科学性的同时，要注重数据的可获得性。因此，本书所有数据均为公开数据，且来源于具有权威性的《中国统计年鉴》等数据。因统计数据中不可避免地会出现部分数据缺失的情况，本书对于缺失数据的处理方法依循"就近原则"进行，具体为：若缺失数据为最新年份，将采用前一年数据补充，若缺失数据为往年数据，将采用前后最近两期数据的平均值补充。

2. 将"全面振兴"作为评价出发点和立足点

现在东北地区在经济总量、产业基础、社会环境、民生保障体系等方面和 2003 年相比都有了很大提升。当前主要面临的是，在新常态下如何完善体制机制、调整产业结构、做好供给侧结构性改革，激发市场活力，推动提升经济发展质量效益等问题。因此，新一轮振兴中的重点工作是"着力完善体制机制""着力推进结构调整""着力鼓励创新创业""着力保障和改善民生"。围绕"着力完善体制机制"，聚焦"深化改革"，处理好政府与市场的关系，尊重市场规律，坚持市场方向，丰富市场主体，简政放权、转变职能、除弊清障、优化环境，形成一个同市场完全对接、充满内在活力的体制机制。要紧紧围绕"着力推进结构调整"，聚焦"加减乘除"，做积极培育和壮大新增长点的"加法"，淘汰落后产能的"减法"，创新拉动发展的"乘法"，减少政府对市场不合理干预、管制的"除法"，让工业结构比较单一、传统产品占大头、"原"字号和"初"字号产品居多等制约东北发展的"结构之问"尽快得解。要紧紧围绕"着力鼓励创新创业"，聚焦"创新驱动"，将其作为内生发展动力的主要生成点，激发全社会的创新热情，加快形成以创新为主要引领和支撑的经济体系、发展模式，早日完成从"汗水型经济"向"智慧型经济"的质变。要紧紧围绕"着力保障和改善民生"，聚焦"惠民富民"，在让百姓的日子越来越好中创造更多有效需要，使民生改善和经济发展有效对接、相得益彰。综上所述，东北老工业基地全面振兴进程进行评价指标设计要反映出当前东北的突出问题，必须要重点考究"四个着力"，以此来诠释"全面振兴"。

3. 东北老工业基地全面振兴进程评价指标体系

根据前述研究，本书认为，东北老工业基地全面振兴进程评价的各评价指标选择主要是以"完善体制机制、推进结构调整、鼓励创新创业、保障和改善民生"四个着力为着眼点，以《中共中央　国务院关于全面振兴东北地区等老工业基地的若干意见》等政策为依据，以综合反映东北地区的经济、资源、社会、环境状况为基准，既突出正确的价值导向，又体现合理的科学要求，强调指导性、针对性与实效性，且通过科学论证。最终，针对构建东北老工业基地全面振兴进程评价这一总目标，设置出"政府治理、企态优化、区域开放、产业发展、创新创业及社会民生"6 个二级指标，30 个三级指标以及 60 项四级测度指标。与此同时，为了反映东北三省各市的振兴进程，也依托该指标进行了评价，但由于各市级指标缺失比较严重，仅运用可获得数据的指标进行评价，具体指标体系如表1-1 所示。

表 1-1　东北老工业基地全面振兴进程评价指标体系

一级指标	二级指标	三级指标	定义
东北老工业基地全面振兴进程	政府治理	市场干预	政府对社会资源进行配置和对国家经济及社会事务进行管理的一系列活动
		政府规模	
		简政放权	
		监管水平	
		营商环境	
	企态优化	国企效率	企业生态的改进与完善
		国企保增值	
		企业实力	
		民企规模	
		民企融资	
	区域开放	贸易开放	区域经济的对外开放水平
		投资开放	
		生产开放	
		市场开放	
		区位支撑	
	产业发展	产业均衡	单个产业的进化过程，或者产业总体，即整个国民经济的进化过程
		服务业发展	
		重化工调整	
		金融深化	
		现代农业	
	创新创业	研发基础	基于技术创新、管理创新或创办新企业等方面的某一点或几点所进行的活动
		人才基础	
		技术转化	
		技术产出	
		创业成效	
	社会民生	居民收入	一系列社会问题的解决与生态保护
		居民消费	
		社会保障	
		社会公平	
		生态环境	

（四）指标标准化处理方法

构建指数对被评价对象进行综合评价，在数据处理时需要对已有的指标值进行标准化处理，以达到统一指标极性（如将指标统一转化为正指标，即越大越好）、消除量纲并确定取值范围的目的。本书采用一种新的指标标准化处理方法——分层极值处理法，主要原因如下：分层极值处理法能够对指标值中的"野值"进行妥善处理，避免了因某几个"野值"造成的其他数据被挤压聚堆的情况，确保了指标的区分功能，提升评价质量；振兴指数的发布具有连续性、稳定性的内在要求，从技术角度看，要求单个指标在标准化处理后应具备取值区间稳定、值总和大致稳定等特征，而分层极值处理法能很好地满足这些需求。

三、东北老工业基地全面振兴的进展与挑战

为了精确反映东北老工业基地全面振兴进展如何，全面振兴中有哪些短板，如何才能打破多重困局的态势，本书依据东北振兴指数对此进行了深入挖掘①。分析发现，尽管东北三省振兴稳步前行，但振兴速度明显低于全国平均水平，处于相对落后状态。具体表现为企态优化进步较明显，产业发展水平较低，社会民生发展不均衡，政府治理有待提升等问题。整体来看，东北全面振兴的持续改进压力较大，亟待通过体制机制创新，规避可能由相对能力下降而引发绝对能力衰退现象的发生。

（一）东北振兴呈稳中有进与相对落后态势

2015~2019年东北地区振兴指数得分从49.26分上升至54.53分，5年间上升了5.27分，说明振兴取得了一定效果。但与全国平均水平相对比，振兴指数的差距呈现逐年扩大现象。分省来看，辽宁省整体高于全国平均水平和东北平均水平，但优势在逐渐缩减，且2019年下滑明显，低于全国水平；黑龙江省在东北三省处于末端，但与东北三省平均水平的差距呈现逐年缩小的趋势；吉林省整体呈波动上升的发展态势，2015~2016年持续上升发展，2017年出现了一定程度的下滑，但2018年之后又有所回升，且与东北地区平均水平的差距呈现缩小趋势。总体而言，东北地区全面振兴水平呈现稳中向好态势，但与全国平均水平相比，仍然处于"相对落后"状态，且就2019年的指数得分来看，与全国平

---

① 运用东北振兴指数对全国各省市区进行测度"似有不妥"，但该分析取向是在反复摸索充分考虑后的选择，现将主要理由陈述如下：第一，逻辑上：①东北振兴指数构建的基础是全面振兴进程评价指标体系，而该体系的结构源自对七号文件的解读，七号文件虽着眼于东北，却不失于全局，是融合了战略规划与具体事项实施的智慧成果，其整体视野与逻辑框架亦可指引全局；②指标体系中的各项指标设置不能立足于具体事项，一方面依据具体事项而设置的指标时效性有限（达成后即失效），并且不便于横向比较，因而对于全面评价的意义十分有限，另一方面依据具体事项而设置的指标数据采集难度大、可靠性不高，没有稳定的来源，因而综合评价的质量、权威性无法保证，这就使得本书最终采用的指标体系具有较高的通用性，但是通用性的指标体系并不妨碍对于东北振兴问题特殊性与导向特殊性的刻画，更不影响对东北振兴进程所取得成果的测度。第二，客观需求上：①只有将东北地区置于全国的大背景下进行测度，才易于得到丰富的对比数据，定位东北振兴进程中各时期的状态水平，从而在全局视野上把握轻重缓急、归纳成败得失；②对于具有连续观测需求的东北振兴指数而言，数据的充分性尤其重要，只有纳入全国31个省市区多年的数据，才能保证评价过程中数据处理的细腻性及结论的稳定性得以持续提升，从而确保评价的最终质量。

均水平的差距正在拉大，具体如图 1-1 所示。

图 1-1　2015～2019 年振兴指数基本走势

注：①全国平均指 31 个省市区的平均水平；②全国范围内（可采集到的数据），振兴指数的最大值为 2019 年北京市的 93.75 分，最小值为 2015 年西藏自治区的 27.65 分。

（二）政府治理是东北全面振兴的制约因素

对衡量东北振兴水平的六个维度而言，企态优化自 2015 年呈现稳步上升的态势。与此同时，2015～2019 年，尽管创新创业和社会民生的发展水平与全国平均水平有一定差距，但整体呈现稳中有进态势；而区域开放与产业发展则呈现缓慢下降的趋势；政府治理发展水平相对较低，且在 2016 年之后呈现波动下降的趋势。综上所述，政府治理俨然成为当前东北振兴的严重短板，亟待改进，具体如图 1-2 所示。

图 1-2　2015～2019 年振兴分项指数基本走势

（三）营商环境是政府治理改善的驱动轴

2015~2019 年，全国和东北地区的政府治理指数均呈波动下降趋势，但后者明显低于全国平均水平。相对而言，辽宁省较好，吉林省次之，黑龙江省较弱，如图 1-3 所示。

图 1-3　2015~2019 年政府治理指数基本走势

注：①全国平均指 31 个省市区的平均水平；②全国范围内（可采集到的数据），政府治理指数的最大值为 2019 年广东省的 84.20，最小值为 2019 年青海省的 2.04。

东北三省 2015~2019 年政府治理指数，吉林省相对均衡，政府规模、简政放权与监管水平和全国平均水平差距不大，只有营商环境较弱；辽宁省在市场干预、政府规模和简政放权上相对较强，但监管水平与营商环境较弱，且与全国平均水平差距较大；黑龙江省政府规模较强，市场干预、简政放权和营商环境均较弱，且差距显著。总体来看，东北三省在政府规模上具有一定优势，但在简政放权和营商环境上与东南三省的差距较大，尤其是营商环境指数远低于全国平均水平，东北三省及其平均水平均未达到 30 分。因此，可以看出营商环境是东北地区政府治理中亟待改善的关键因素。东北、东南三省关于政府治理分项指数得分具体如表 1-2 所示。

表 1-2　2015~2019 年 6 省政府治理方面分项指数平均得分

	市场干预	政府规模	简政放权	监管水平	营商环境
辽宁	73.04	54.02	57.29	25.06	25.17
吉林	39.92	43.09	45.34	43.56	17.92
黑龙江	33.22	56.2	12.51	37.09	27.87
江苏	92.93	85.38	75.93	56.77	57.15
浙江	85.09	59.39	76.47	49.08	63.18

续表

	市场干预	政府规模	简政放权	监管水平	营商环境
广东	80.27	70.96	59.76	53.23	76.06
东北三省平均	48.73	51.1	38.38	35.24	23.65
东南三省平均	86.1	71.91	70.72	53.03	65.47
全国平均	50.5	48.73	52.74	44.09	45.57
各省最高	93.94	88.62	100.54	83.33	76.06
各省最低	0.84	0.83	0.03	9.85	17.92

（四）国企保增值是企态优化的关键点

东北地区企态优化指数明显低于全国平均水平，且差距明显。就东北三省而言，吉林省呈现波动上升的态势，2019 年表现最佳，远超东北三省平均水平，接近于全国平均水平；辽宁省整体呈上升趋势，与东北三省平均水平较为接近；黑龙江省整体亦呈上升趋势，但整体略低于东北三省的平均水平，具体如图 1-4 所示。

图 1-4 2015~2019 年企态优化指数基本走势

注：①全国平均指 31 个省市区的平均水平；②全国范围内（可采集到的数据），企态优化指数的最大值为 2019 年重庆市的 161.53，最小值为 2015 年河南省的 25.30。

东北三省 2015~2019 年在企态优化 5 个分项上的指数发展极度不平衡，尤其以辽宁省最为严重，民企规模的指数得分高达 83.54，而国企保增值的得分仅为 23.15，差距显著。吉林省国企效率和民企规模相对较强，民企融资和国企保增值相对较弱。黑龙江省民企融资相对较强，国企保增值较为薄弱，整体表现处于三省最末。总体而言，东北三省在企态优化的分项指数上全面落后于东南三省，国企保增值的差距较为明显，在振兴过程中须给出足够重视，具体如表 1-3 所示。

表 1-3　2015~2019 年 6 省企态优化方面分项指数平均得分

	国企效率	国企保增值	企业实力	民企规模	民企融资
辽宁	64.23	23.15	26.32	83.54	57.93
吉林	75.28	42.69	56.76	77.95	45.74
黑龙江	50.25	24.15	43.21	55.31	64.63
江苏	163.27	63.41	78.18	114.57	60.73
浙江	148.64	68.42	78.02	121.11	79.75
广东	102.03	67.83	73.8	89.94	80.1
东北三省平均	63.25	30	42.1	72.27	56.1
东南三省平均	137.98	66.56	76.67	108.54	73.53
全国平均	88.87	46.33	56.12	84.29	53.35
各省最高	211.06	82.96	98.31	121.11	86.55
各省最低	17.82	13.97	15.25	52.35	4.13

（五）全面开放是助推区域发展的施策重点

2015~2019 年，东北地区的区域开放呈现缓慢下降的趋势，但与全国平均水平的差距较小。就东北三省而言，辽宁省区域开放较好，其区域开放指数远高于全国平均水平；吉林省呈现波动变化的态势，2016 年基本接近于东北三省平均水平；黑龙江省最弱，且与其他两个省份差距较大，具体如图 1-5 所示。

图 1-5　2015~2019 年区域开放指数基本走势

注：①全国平均指 31 个省市区的平均水平；②全国范围内（可采集到的数据），区域开放指数的最大值为 2018 年上海市的 94.28，最小值为 2019 年青海省的 7.86。

2015~2019 年，东北三省在区域开放 5 个分项上的指数得分均低于东南三省平均水平。辽宁省5个分项指数均高于全国平均水平，表现相对较好；吉林省仅投资开放高于全国平均水平；黑龙江省的分项指数得分均低于全国平均水平，表现较弱。东南三省的平均得分显著高于全国平均和东北三省，优势明显。具体到分项指标上，可以看出：辽宁省的生产开放相对较强，投资开放相对较弱；吉林省投资开放相对较好，市场开放较为薄弱；黑龙江省区位支撑相对较好，市场开放最为薄弱。总体来看，除辽宁省外，东北地区区域开放水平偏低，仍有较大的提升空间，具体如表1-4所示。

表1-4　2015~2019年6省区域开放方面分项指数平均得分

	贸易开放	投资开放	生产开放	市场开放	区位支撑
辽宁	70.4	48.21	77.91	67.88	61.15
吉林	38.2	49.9	42.71	30.33	42.83
黑龙江	25.96	30.66	31.78	21.21	39.1
江苏	83.13	77.86	85.18	75.35	70.19
浙江	84.03	56.36	77.16	74.81	68.93
广东	85.89	67.45	85.24	78.69	81.33
东北三省平均	44.85	42.92	50.8	39.8	47.69
东南三省平均	84.35	67.22	82.52	76.28	73.48
全国平均	46.71	47.86	47.65	45.38	53.92
各省最高	85.89	88.55	91.66	106.89	95.13
各省最低	-4.25	1.73	6.11	4.59	14.69

（六）服务业发展是优化产业结构的重要抓手

东北地区产业发展水平呈现缓慢下降的趋势，2017年之前，整体高于全国平均水平，之后略低于全国平均水平。就东北三省而言，除吉林省外，黑龙江省和辽宁省产业发展水平整体均高于全国平均水平，其中，黑龙江省表现更优，辽宁省呈现缓慢下降趋势，且2019年低于全国平均水平，具体如图1-6所示。

2015~2019年，东北三省现代农业的平均水平明显高于全国平均水平，表现出较强的竞争力；产业均衡、重化工调整的水平超过了全国平均水平；服务业发展、金融深化低于全国平均水平，且与东南三省差距明显，发展水平较弱。东北三省在5个分项指数上的发展较不均衡，辽宁省的现代农业相对较好，且超过全国平均水平；黑龙江省的产业均衡、重化工调整和现代农业相对较好，超越全国平均水平；吉林省现代农业相对较好，但其他各方面表现相对较弱，与全国平均水平存在一定差距。总体来看，东北三省在现代农业上具有一定优势，在产业均衡、服务业发展和金融深化上和东南三省的差距较大，特别是服务业发展应引起足够重视，具体如表 1-5 所示。

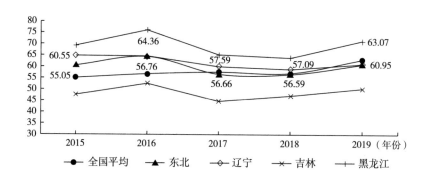

图 1-6　2015~2019 年产业发展指数基本走势

注：①全国平均指 31 个省市区的平均水平；②全国范围内（可采集到的数据），产业发展指数的最大值为 2019 年江苏省的 83.16，最小值为 2015 年甘肃省的 36.60。

表 1-5　2015~2019 年 6 省产业发展方面分项指数平均得分

	产业均衡	服务业发展	重化工调整	金融深化	现代农业
辽宁	65.86	50.11	45.94	66.64	80.76
吉林	56.05	38.76	30.96	41.99	74.6
黑龙江	87.97	43.61	74.41	40.91	98.81
江苏	87.65	58.57	50.22	90.38	96.19
浙江	92.15	62.5	66.09	95.12	65.72
广东	77.11	65.18	65.9	111.79	57.47
东北三省平均	69.96	44.16	50.43	49.84	84.72
东南三省平均	85.64	62.08	60.74	99.09	73.13
全国平均	59.09	59.24	47.78	63.42	60.03
各省最高	98.77	80.91	87.52	111.79	98.81
各省最低	19.05	38.76	18.87	37.67	21.22

（七）激发活力是提升东北创新创业的症结所在

2015~2019 年，东北三省与全国创新创业平均水平均呈平稳上升趋势，但东北三省一直低于全国平均水平，且差距呈缓慢扩大的趋势。就东北三省而言，辽宁省 2015~2018 年优于全国平均水平，但 2019 年出现较大下降，降至全国平均水平以下；吉林省和黑龙

江省均低于全国平均水平，但黑龙江省 2018 年之后呈现较好的增长势头，达到了东北三
省平均水平，具体如图 1-7 所示。

图 1-7　2015~2019 年创新创业指数基本走势

注：①全国平均指 31 个省市区的平均水平；②全国范围内（可采集到的数据），创新创业指数的最大值为 2019
年北京市的 108.30，最小值为 2015 年西藏自治区的 15.34。

　　对东北、东南 6 个省份在研发基础、人才基础、科技转化、技术产出、创业成效 5 个
分项指标的分析可知，辽宁省整体表现最佳，仅技术产出低于全国平均水平；吉林省和黑
龙江省整体表现较差，呈现不均衡的发展态势，但吉林省的人才基础指数表现较好，黑龙
江省在科技转化方面较为突出。值得一提的是，具有较好人才基础的东北三省在研发基
础、科技转化、技术产出与创业成效等方面却"差强人意"，整体存在创新创业活力不足
的问题，创新创业分项指数得分具体如表 1-6 所示。

表 1-6　2015~2019 年 6 省创新创业方面分项指数平均得分

	研发基础	人才基础	科技转化	技术产出	创业成效
辽宁	61.16	69.78	72.08	52.48	68.23
吉林	41.47	68.52	57.44	42.7	46.13
黑龙江	32.55	56.36	77.65	33.08	37.57
江苏	83.01	83.63	81.55	82.79	91.82
浙江	82.75	86.15	79.32	83.96	96.03
广东	88.87	81.92	85.02	95.7	78.95
东北三省平均	45.06	64.89	69.05	42.75	50.64
东南三省平均	84.87	83.9	81.96	87.48	88.93
全国平均	53.18	57.19	70.44	55.83	65.71
各省最高	97.25	111.86	88.07	95.7	109.5
各省最低	1.41	11.83	33.7	2.55	37.57

（八）社会保障是东北社会民生水平提升的瓶颈

东北地区社会民生水平总体呈上升趋势，但在 2017 年之后低于全国平均水平，且差距逐年增大。就东北三省而言，辽宁省整体高于东北地区平均水平，发展相对较好；吉林省一直保持较好的增长势头，在 2017 年追平辽宁省，高于东北三省平均水平；黑龙江省较弱，且 2017 年后呈波动下降趋势，低于东北地区的平均水平，具体如图 1-8 所示。

图 1-8　2015～2019 年社会民生指数基本走势

注：①全国平均指 31 个省市区的平均水平；②全国范围内（可采集到的数据），社会民生指数的最大值为 2019 年北京市的 101.81，最小值为 2015 年西藏自治区的 35.85。

2015～2019 年，东北三省的居民收入和社会公平水平超过全国平均水平，表现相对较好；其余各项均低于全国平均水平，社会保障差距最为明显，表现较差。就东北三省而言，辽宁省的居民收入和居民消费远高于全国平均水平；吉林省生态环境和社会公平高于全国平均水平，社会公平水平尤为突出；黑龙江省整体表现较弱。比较而言，辽宁省"居民收入"和"居民消费"水平相对较强，吉林省"社会公平"水平相对较强，黑龙江省除生态环境外其他方面的表现均不理想。总体来看，东北三省在居民消费和居民收入方面的表现较为稳定，但社会保障水平均相对较低，有待于进一步提升，具体如表 1-7 所示。

表 1-7　2015～2019 年 6 省区社会民生方面分项指数平均得分

	居民收入	居民消费	社会保障	社会公平	生态环境
辽宁	82.82	78.95	47.98	44.56	61.84
吉林	72.16	63.71	41.22	72.14	66.43
黑龙江	72.06	65.36	41.59	55.13	70.98

续表

	居民收入	居民消费	社会保障	社会公平	生态环境
江苏	85.45	89.71	73.8	52.1	64
浙江	91.3	90.27	73.23	63.63	73.91
广东	83.95	84.82	81.46	45.28	91.61
东北三省平均	75.68	69.34	43.6	57.28	66.42
东南三省平均	86.9	88.26	76.16	53.67	76.51
全国平均	72.58	69.69	59.74	54.12	65.05
各省最高	124.27	113.1	87.06	99	91.61
各省最低	38.72	40.66	39.75	28.8	29.02

四、东北老工业基地全面振兴的思路与对策

东北地区是我国重要的工业和农业基地，维护国家国防安全、粮食安全、生态安全、能源安全、产业安全的战略地位十分重要，关乎国家发展大局。东北振兴势必是一个复杂长久的过程，从评价结果来看，与自身对比，东北振兴取得了一定的成果，在以产业发展为代表的多方面有一定的改善和提升。但是横向对比来看，东北地区和东南地区乃至全国整体发展水平依然存在着较大的差距，同时东北三省之间的差距也逐渐拉开。另外，部分指标的表现也揭示出东北振兴存在着不稳固、不平衡、不全面、不协调的问题，这些短板制约了东北全面振兴，意味着东北全方位振兴发展的深层次体制性、机制性、结构性矛盾仍未根本消除，尚需发力。要实现东北地区全面振兴、全方位振兴，要从统筹推进"五位一体"总体布局、协调推进"四个全面"战略布局的角度去把握，明确创新和开放为东北振兴的内生动力，营商环境、政府治理及产业结构是东北发展的支撑力，社会民生是东北振兴的最终目标的发展脉络，瞄准方向、保持定力，扬长避短、发挥优势形成对国家重大战略的坚强支撑。

（一）以创新为驱动，构建多层次生态系统

东北全面振兴、全方位振兴的一个重要前提就是实现创新驱动发展，加速结构转型。为此一方面需要解决目前东北地区的创新"困境"，另一方面大方向上需要构建多层面多要素联动的创新创业生态系统。目前，东北地区创新创业水平较低，存在国有企业比重高、民营企业缺乏生存空间、产业结构不合理等诸多问题，创新创业生态系统内主体活力不足更是根本原因。对此应该提升能力抓创新，突出企业主体，依托大学、科研院所的研发优势，充分激活本土要素，积极引进外部资源，促进产学研用的有机融合，实现高端研发、资源共享、创新服务的全方位发展。

首先，发展创新理念是否正确，从根本上决定着振兴的成效。东北振兴首先需要实现观念的跨越，在深化改革中突破思想的桎梏，在扩大开放中拓展发展的空间，牢固树立创新创业人才工作的全链条理念。习近平总书记在深入推进东北振兴座谈会上发表的重要讲话中指出："要多方面采取措施，创造拴心留人的条件，让各类人才安心、安身、安业。"

解决东北地区的人才困境，树立正确的人才理念是激活东北地区创新能力的重要基础，解决这一困境需要"宏观"和"微观"相结合。在宏观方面，在国家各类高层次人才计划下，立足东北具体行业产业发展的实际需求，设立特殊人才岗位，在户籍、编制、待遇等方面，给予创新性支持。在微观方面，要将"引人才"与"留人才"相结合，既要构建项目平台，吸引高水平人才，又要加大推进薪酬制度改革，大力改善人才待遇，营造尊重人才的氛围，改革人才考核机制，给人才充分施展才华的空间。

其次，促进产学研用的有机融合，打造高质量的创新创业平台。科技平台与产业项目是集聚科技人才的重要抓手，国家应该将国家重点实验室、创新中心、研发中心等重大科研创新平台向东北布局。探索建立跨区域行业平台，鼓励高校与企业、科研院所共建产学研深度融合、全链条网络化开放式的协同创新平台。借鉴北京、浙江等省市的经验，学习合肥等转型成功的经验，结合自身发展态势，打造优良的创新创业生态系统。其中，要意识到企业对于创新的重要性，搭建平台帮助企业成长和发展，加速培育创新主体，提高自主创新能力。保证各项创新创业扶植政策的落实；弘扬"鼓励创新，宽容失败"的创新文化，立足资源保障，激发创新创业新动能。

最后，多方面共同作用，构建多因素多层次的创新创业生态系统。高质量的创新创业生态系统，一个重要表征就是能够激发创新创业主体"价值共创意愿"，其核心与关键就是，在创新创业生态系统内双创主体合作剩余的分配。为此，要通过相应的机制设计，让参与创新创业的主体都有收获，能够提升其对创新创业生态系统的满意度和认同感。与此同时，要意识到构建创新创业生态系统是一项系统创新工程，涉及各个利益相关者，需要各利益相关者共同努力，例如，政府通过顶层规划和设计，围绕创新创业企业的核心需求，改善制度供给，创造和丰富创业机会，企业家应承担起自己的社会责任，搭建创新与创业平台、分享创业经验甚至分担政府职能等。

（二）以开放为助力，参与东北亚经济循环

习近平总书记在东北三省考察时，就深入推进东北振兴提出六个方面的要求，其中一个就是"深度融入共建'一带一路'，建设开放合作高地"。在新形势下，扩大东北对外开放，不仅将在东北振兴中起到重要推动作用，而且将对深化东北亚区域经济合作产生深刻影响。从国家战略和全局高度来看，推动东北地区深度开放，可有效配置周边市场资源，充分吸纳相邻优质要素集聚，这是国家整体开发战略的重要组成部分，也将对东北全面振兴、全方位振兴产生长远影响和不可估量的推动作用。推动东北全面振兴必须下更大力气深化改革，要充分发挥东北沿海沿边等区位优势，做好对外开放大文章。

首先，东北地区要充分发挥东北沿海沿边等区位优势，以点带面全面开放。发展沿海经济带，扩大沿边经贸合作，增强港口集群辐射带动作用，积极参与东北亚经济循环。抓

住《区域全面经济伙伴关系协定》（RCEP）签署后带来的新机遇加快开放步伐，在国际经贸合作中增强竞争力。聚焦若干对外开放的重要方向和重点领域，聚焦若干对外开放的重点区域和城市，形成新的区域开放格局和新的开放领域，探索新的开放模式，以此引领东北全境对外开放达到新的高度，形成更大范围、更宽领域、更深层次的开放新局面。要将对外开放新前沿建设与产业结构调整、市场主体培育、城市面貌改变等长期和根本性问题结合起来，与中心城市战略、创新发展新动能战略、东北经济一体化战略、区域协调战略等东北振兴的基本战略结合起来。要将国家"向北开放"新前沿与东北地区内"东、南、西、北"四个开放前沿结合起来，立足区位优势、资源优势和产业基础，通过与日本、韩国、俄罗斯、朝鲜、蒙古国五国深层次对外开放合作，与京津冀蒙四个地区对内交流协作，努力建设面向东北亚的国际产业转移的承接区、向北扩大对外开放的先导区。

其次，扩大东北地区开放事业，打造东北地区对外开放新前沿的战略布局。按照省份聚焦特点与优势布局，辽宁省沿海可以打造中日、中韩开放合作重要平台；吉林省要加快推动图们江区域国际合作；黑龙江省要加快与俄罗斯的全方位合作，推进黑瞎子岛联合保护开发。按照区位联合确定战略，向南开放，可以将大连作为东北对外开放的高地，以服务贸易为重点，深化同日本、韩国的经济贸易合作，打造"海上辽宁"。向北开放，将哈尔滨打造成向俄开放新高地，打造与俄罗斯交通基础设施的新通道，推进与俄罗斯合作的新领域。向东开放，以丹东和珲春为深化开放重点，将丹东建设成东北新型开放城市（开放特区）；利用珲春打造图们江区域国际经济合作示范区；沿鸭绿江、图们江对朝俄口岸打造成贸易往来"珍珠链"；将沿乌苏里江流域口岸打造成对俄往来的"黄金水道"。向西开放（合作），以山海关为窗口，沿东北三省西部，加快与京津冀区域及内蒙东四盟的衔接、协同发展；依托中蒙俄经济走廊（华北通道）深化同蒙古国、俄罗斯合作。

最后，深化开放程度，推动东北全面振兴实现新突破。提高开放层次，探索在金融、科技方面加强和其他国家的深入合作，从而带动东北地区的产业结构优化，而不只是聚焦边境贸易方面。鼓励东北地区立足于自身地缘特点，加强与东北亚周边国家的次区域合作，探索对外开放的新形式。在中蒙、中朝、中俄重点边境区域及其口岸进行次区域合作，组建中外合作产业园区。鼓励有条件的城市（如大连、丹东等）按照自由贸易港的方向，探索东北开放的新领域。鼓励高端服务业、生产型服务业的开放试验。优化和升级东北地区同蒙古国、朝鲜、俄罗斯边境口岸的铁路、公路等交通基础设施。对中俄输油、输气管道等能源基础设施进行现代化升级。完善电力与输电设施、光缆、卫星信息等领域。支持图们江区域朝鲜一侧的基础设施优化升级和互联互通。在沈阳、大连、长春和哈尔滨等产业基础较好、交通物流便利的节点城市，以新产业、新领域、新业态为重点领域，集成日本和韩国优势资源，共建中外合作产业园区。对标国际一流营商环境，产业园区按照国外先进标准建设，重视制度型开放转型，引进国际规范化的政府管理方式。

（三）优化营商环境，充分发挥政府服务能力

营商环境对区域经济发展有着重要影响，是区域发展的生产力、竞争力，也是新一轮东北全面振兴、全方位整形必须补齐的一大短板。尤其是在政策趋同、规划统筹的情况下，营商环境建设是提高区域发展的重要手段之一。东北地区营商环境问题由来已久，近年来虽然有所改观，但依然任重道远。在2018年深入推进东北振兴座谈会上，习近平总书记特别强调，东北地区以优化营商环境为基础，全面深化改革，进一步明确了营商环境建设的基础性地位，突出强调了优化营商环境的关键性作用。面向未来，东北地区营商环境建设要切实落地，把营商环境这个东北的劣势扭转、短板补齐，使之成为振兴发展的新优势。

另外，东北地区政府改革还需推进，继续加大简政放权力度，向服务型、智慧型政府转变。对于东北地区而言，继续深化简政放权，关乎政府自身改革，有助于厘清各级政府权责，转变政府职能，建设人民满意的政府；更关乎东北经济和社会发展，有利于促进营商环境的转变，对于东北全面振兴大局具有深远意义，具体可从以下三方面加强：

首先，需要加强法治政府和诚信政府建设，充分发挥政府服务能力。以打造服务型政府为工作重点，着重减少行政性，强力推动"放管服"改革，弱化政府的行政干预，充分发挥市场在治理改革中的基础作用。建立规范的审查机制，提升营商环境部门的监管权力，将营商环境考核纳入政府对各部门的考核指标中。政务服务大厅建设是营商环境改善的关键，应该进一步加快建设步伐，实现政府各职能部门全部入驻。政府各职能部门将权力下放，避免形式上进驻，规范办事流程，严格要求审批时间。进一步推进"互联网+政务服务"改革，特别是在疫情防控期间，亟待提升网上申请、网上审批、网上办理等能力，优化审批流程，实现各部门间数据共享。

其次，继续深化简政放权，使改革为东北振兴持续助力。仍需沿袭顶层设计、自上而下推进的路径，从结构上为改革清理障碍。一方面，应完善行政审批事项的法律依据与保障，加强对各项改革措施的合法性审核，通过政府法制部门进行专业性的审核把关，确保各项措施在法律框架内运行，明确所下放审批事项的法律性质，界定下放行政审批权的依据、权限、程序、主体、方式、法律后果、救济渠道等。另一方面，应理顺政府与社会和市场之间、政府内部上下层级之间的关系。在政府与市场主体关系方面，可通过负面清单建设，划清主体权责范围，即政府对市场主体的管理只涉及执照审批、负面清单及事后的监管和服务，其余部分让企业自主决策，诚信经营。在政府内部上下级关系方面，权力下放时，应考虑地方的承接能力，增强放权的针对性、有效性，做好权力承接部门之间的协调。

最后，坚持对标一流营商环境标准，向高水平看齐。要打造国际化营商环境，需要国

际社会了解东北和认同东北，这样才会吸引更多的资本、人才和游客来到东北。要始终瞄准主要发达国家先进经验，学习排名提升快、优化幅度大的发展中国家经验。围绕国家营商环境试评价城市标准体系，进一步对标对表，侧重反映本地区的营商环境特色，便于投资者横向对比、精准决策项目落地。积极整治评价中发现的突出问题，真正做到以评促建，评建结合，精准吸引、精细服务，努力形成"人人、事事、处处、时时"都是营商环境的浓厚氛围，加快打造营商环境最优区域。

（四）优化产业结构，大力建设现代产业体系

东北地区振兴需要坚持先进制造业和现代服务业双驱动。加快建设现代产业体系，是以习近平同志为核心的党中央把握全球产业变革趋势，针对中国经济发展实际，做出的重大决策部署，是东北全面振兴、全方位振兴的重要一环。建设现代化经济体系必须高质量发展经济，而发展经济的着力点在实体经济，发展实体经济的重点和难点则在制造业。《中共中央关于制定国民经济和社会发展第十四个五年规划和二〇三五年远景目标的建议》提出，推动现代服务业同先进制造业、现代农业深度融合，加快推进服务业数字化。东北振兴必须坚持将现代产业体系植根于实体经济，特别是强大的工业基础之上，整合和发挥自身优势，坚持先进制造业和现代服务业双驱动，实现产业的振兴和发展。

首先，利用国内国际双循环的机遇，加大力度调整产业结构。当前全球新冠肺炎疫情导致的经济形势仍然复杂严峻，全球经济与产业发展不稳定性、不确定性较大，东北亦处于这一大环境下，同时，产业结构调整问题是东北振兴的难点，宜采取循序渐进的方式推进。具体在操作过程中，一方面可以立足已有基础，在传统产业的智能化和绿色化改造及发展数字经济、智能制造、高端装备等新兴产业方面实现突破，逐步实现产业结构调整优化。另一方面应当进一步扩大开放，大力推进科技创新及其他各方面创新，加快推进数字经济、智能制造、生命健康、新材料等战略性新兴产业，形成更多新的增长点、增长极，着力打通产业链供应链各个环节，补短扬长，实现高质量发展。

其次，顺应高质量发展趋势，坚持先进制造业和现代服务业"双轮驱动"战略。就服务业而言，东北在文化体育、医疗、教育、健康养老以及生产性服务业等方面都有一定的优势，但是缺乏系统性的发展，无法集结形成产业优势，可以就此搭建服务平台，扩大服务业的对外影响。同时，在产业发展的选择上，应当注重战略性新兴产业的投资发展，重点发展先进制造业，整合东北老工业资源，将转型落实到企业，注重硬科技企业的发展壮大，重振东北地区产业活力。

最后，加快新旧动能转换，推动产业链无缝对接。由政府引导，以产业技术创新关键问题为导向，引导行业骨干企业牵头，广泛吸纳科技型中小企业参与，按市场机制积极构建产业技术创新战略联盟，提高资金投入的产出效率和成果的转化。研究出台促进产业发

展壮大的组合政策体系，加快实现重点企业倍增，加快形成产业链、创新链、资金链、服务链、人才链融合发展的良好产业生态。通过移植或创设，一方面推进数字经济与实体经济深入融合，形成东北大数据产业新高地；另一方面培育壮大机器人、民用航空、IC 装备、健康医疗和生物医药等战略性新兴产业，促进创新产品研发、规模化应用，早日实现产业化。

（五）优化治理机制，加速实现企态高质发展

东北三省的"企态优化"水平偏低的深层次原因源自"行政型治理"。中国经济发展中民营资本占了很大一部分比例，民营企业的重要性不言自明。民营企业和国有企业要形成良性竞争，相互协作，才能实现更好的发展。然而，东北地区的行政型治理制约了国企改革的深化，弱化了民营企业创新创业的活力。因此，当前东北三省的"企态优化"水平需要通过治理能力的提升，实现"行政型治理"向"经济型治理"转型。

首先，需要激发国企内生活力，实现治理管理双管齐下。在治理层面，应该以"混改"为突破口，持续推进董事会"规范化"与"实权化"建设，加快推行经理人员市场化选聘、契约化管理、差异化薪酬和市场化退出进程。扩大国有资本授权经营范围，增强国资平台行权能力，提高国有资本运营效率；在管理层面，要紧抓"三项制度改革"这个国企活力提升的牛鼻子。注重三项制度改革方案的"顶层设计"，考虑委托第三方实施"三项制度改革进程动态评价"。通过设计出能够反映符合国企改革阶段性特征的评价指标体系，对每一个国企三项制度改革进展实施评价，进而激发国企内生活力，实现保值增值。

其次，要积极推进民营企业现代企业制度建设。以"现代企业制度建设"为抓手，加强在法律、资本市场、监管等方面的制度供给，培育若干大型民营企业，带动配套中小企业实现产业集群化发展，改变民营经济"小、弱、散"无序自发的产业业态，重塑民营企业内生增长动力。积极推动民营企业公司治理评价，在各层次民营企业支持政策设计中，明确对于纳入政策支持的民营企业的选择不应仅考虑业绩与创新能力，还要重点考察现代企业制度建设状况，引入评价指标，举办民营企业现代企业制度示范企业评选，并配套一定的物质奖励或政策支持，以此推进企业积极转制，实现更高层次的发展。

最后，积极推进企业数字化转型升级。无论是国有企业还是民营企业都要利用自身优势，将人工智能、互联网等融入组织变革与管理中去。在农业方面，推动农业数字化转型，充分发挥数据生产要素的作用，用数据决策、用数据管理，引导农业生产与销售方式的变革；应用农业物联网、农业智能装备等数字技术，实现智能灌溉、精准施肥、病虫害有效防治、农作物长势监测等；提高农产品质量，提升农业生产效率和流通效率，降低农业生产和流通成本，促进农业生产增收。在工业方面，东北地区是我国重要的工业基地，

具有完备的工业生产链条和雄厚的工业底蕴，积极推进数字化转型，加快工业互联网、产业互联网布局，对东北工业提质增效、协同推进全国工业数字化转型进程、提高中国在全球价值链中的战略地位具有重要意义。在服务业方面，加快推进数字化技术在服务业生产端、供给端、交付端、存储端等方面的应用，加强先进制造业和现代服务业"两业融合"、对提高东北地区服务业质量和水平、提升生产效率、增加新型就业岗位、推动东北地区数字化转型和新旧动能转换具有重要意义。

（六）千言万语皆民生，全面共享振兴成果

新一轮东北地区振兴发展是东北地区共享民生发展的新需求。人民生活水平是否不断提高是判断东北全面振兴、全方位振兴成功与否的重要标准。要坚持把保障和改善民生作为推动东北振兴的出发点和落脚点，使发展成果更多更公平惠及全体人民，让人民群众有更多的获得感。东北社会民生问题解决，在做好扩大社保基金的渠道来源，同时大力推进社保基金使用的法制化、制度化和规范化的同时，还要注重居民收入增加和环境优化。

首先，提升社会保障水平是重中之重。在加大政府在教育、医疗、养老等基本公共服务领域支出的同时，积极吸引社会资本加入，按照市场化运作思路，解决落后地区基本公共服务滞后问题，解决区域发展不平衡和不充分的矛盾，提升城镇职工基本养老保险抚养比，提高人民生活幸福感和获得感。与此同时，要充分发挥政府的主导作用，扩大社保基金的渠道来源，同时大力推进社保基金使用的法制化、制度化和规范化，保证社保基金的专款专用。创新养老服务举措，进一步加快居家养老服务体系建设，做强养老服务产业。

其次，着力于实现城乡之间公共服务均等化。东北区域各级政府要积极推进城市之间、城乡之间基本公共服务的均等化，一方面建设覆盖城乡、功能完善、布局合理、制度畅通的基本公共服务体系；另一方面实现城乡、区域和不同社会群体间基本公共服务的制度统一、标准一致和水平均衡，解决城乡基本公共教育服务存在差异、城乡基本医疗卫生服务发展不平衡、城乡社会保险服务不均衡、城乡基本就业服务不同等区域民生发展水平不平衡问题。

最后，加强生态环境保护。东北地区资源型城市众多，加之，严重的工业污染也让区域生态功能出现衰退，对生态环境造成了一定程度的破坏。经济发展不能以环境恶化为代价，需要把握"金山银山与绿水青山"深度融合，切实保护好生态环境，大力发展绿色经济，实现区域经济社会的高质量绿色发展。由于东北各城市地缘相近，加强环境保护和建设生态型宜居城市具有较强的关联性、协同性和一致性，因此，可以考虑建立区域生态环境保护合作机制，将东北三省打造成幸福宜居家园。

中篇　评价报告

一、东北老工业基地全面振兴
进程综合评价报告

（一）东北振兴指数总体分析

东北地区老工业基地[①]振兴进程评价涵盖了政府治理、企态优化、区域开放、产业发展、创新创业、社会民生6个方面（二级指标），下设30个三级指标及60项测度指标。汇集中国31个省市区2011~2019年综合评价信息[②]，并通过科学的评价流程，得到2015~2019年连续5年的振兴指数[③]，在此基础上，形成多年连续排序和单年排序。其中，多年连续排序用于反映各省市区绝对发展水平随时间动态变化的情况（31个省市区5年共155个排位，最高排序为1，最低排序为155），单年排序用于反映各省市区在全国范围内某个单年的相对发展水平（31个省市区每年31个排位，最高排序为1，最低排序为31）。具体而言，31个省市区在振兴指数得分上的总体情况如表2-1所示。

表2-1 2015~2019年31个省市区振兴指数得分、连续及单年排序

省市区	2015 年			2016 年			2017 年			2018 年			2019 年		
	值	总	年	值	总	年	值	总	年	值	总	年	值	总	年
北京	76.2	24	2	77.2	20	3	79.6	14	3	81.5	10	4	93.7	1	1
上海	77.0	21	1	80.6	11	1	83.5	8	1	88.5	3	1	91.0	2	2
浙江	73.5	27	4	76.2	23	4	79.8	13	2	82.4	9	3	86.9	4	3
江苏	74.3	26	3	77.3	19	2	79.1	15	4	85.2	6	2	85.9	5	4

---

① 本评价报告中，"东北地区"仅特指东北三省，两个概念等同使用。

② 为确保评价的统一连续性，本书以2011~2015年的评价数据为基础，融入2016~2019年的数据展开滚动评价，不同于直接对2011~2019年数据进行评价，滚动式的评价有助于指数信息的连续稳定观测，以吻合系列报告持续跟踪研究的内在需求。囿于篇幅，除特别强调之处，报告仅呈现并分析2015~2019年的信息。

③ 为了找出全面振兴进程的缺口，本书引入东北三省之外其他省份的评价结果作为"参照系"，所用指标依然是东北老工业基地全面振兴进程评价指标体系，为避免概念过多引致理解不便，在此一并称为"振兴指数"。

续表

省市区	2015 年			2016 年			2017 年			2018 年			2019 年		
	值	总	年	值	总	年	值	总	年	值	总	年	值	总	年
广东	72.8	31	5	76.3	22	4	78.9	16	5	78.6	17	5	84.6	7	5
重庆	61.4	54	9	64.5	47	9	66.1	43	9	72.6	33	8	80.4	12	6
福建	67.5	40	7	70.1	37	7	72.9	30	7	73.3	29	6	77.7	18	7
山东	63.7	49	8	65.6	45	8	67.2	41	8	68.3	39	9	70.5	35	8
安徽	57.2	65	10	61.3	55	10	63.7	48	10	66.5	42	10	70.1	36	9
天津	70.7	34	6	73.4	28	6	74.8	25	6	72.6	32	7	69.1	38	10
湖北	55.0	78	12	59.6	59	11	62.7	51	11	65.2	46	11	66.1	44	11
江西	48.5	109	16	52.8	88	14	56.0	75	15	59.9	58	13	63.6	50	12
四川	50.2	98	14	52.8	87	13	56.2	74	14	58.0	63	14	62.4	52	13
陕西	48.9	106	15	49.8	100	19	54.0	81	18	55.1	77	19	60.7	56	14
河南	48.1	115	18	48.6	108	20	53.3	84	19	55.1	76	18	58.8	60	15
辽宁	56.9	67	11	57.1	66	12	60.0	57	12	61.4	53	12	58.7	61	16
河北	48.5	110	17	52.0	91	15	56.3	72	13	56.5	69	16	58.2	62	17
湖南	46.4	123	21	50.0	99	16	54.6	79	16	56.8	68	15	57.5	64	18
海南	53.3	85	13	51.7	92	16	54.2	80	17	56.4	70	17	56.4	71	19
广西	44.4	128	22	46.7	120	22	51.7	93	20	52.9	86	20	56.3	73	20
吉林	46.8	119	20	50.4	97	17	48.8	107	23	51.3	94	21	53.7	82	21
宁夏	44.0	130	24	46.5	121	23	49.4	103	21	49.5	101	23	53.4	83	22
贵州	38.1	144	27	41.2	138	26	46.2	124	26	49.4	104	25	52.6	89	23
山西	47.2	117	19	48.5	111	21	48.2	112	24	51.1	96	22	52.3	90	24
黑龙江	44.1	129	23	46.5	122	24	49.0	105	22	49.4	102	24	51.2	95	25
云南	37.8	145	28	39.2	141	28	44.0	131	28	44.4	127	27	48.1	113	26
内蒙古	39.0	143	26	43.0	133	25	47.0	118	25	47.6	116	26	48.1	114	27
新疆	40.2	140	25	40.8	139	27	44.7	126	27	43.2	132	28	45.0	125	28
西藏	27.7	155	31	32.6	154	31	35.8	150	31	35.5	151	31	42.1	135	29
甘肃	34.3	153	30	35.9	148	30	37.7	146	30	39.1	142	30	41.4	137	30
青海	34.6	152	29	37.1	147	29	41.8	136	29	42.7	134	29	35.9	149	31
平均	52.5	94.1	16	55.0	86.1	16	58.0	76.0	16	59.7	70.5	16	62.3	63.3	16

注：①对于表中的字段名称，"值"表示各省市区对应年份的指数得分，"总"表示各省市区 2015～2019 年多年连续总排序，"年"表示各省市区 5 个单年的排序；②表中 31 个省市区按照 2019 年的指数得分由高到低（降序）排列。

进一步考虑东南三省（江苏、浙江、广东）为国务院确定的东北三省对接合作省份①，作为学习的标杆，与其进行了对标，具体如表 2-2 所示。2015～2019 年，6 省份振兴指数由高到低依次为：江苏、浙江、广东、辽宁、吉林、黑龙江；东南三省总体呈现上升的发展态势，其中江苏省的发展水平优于浙江省和广东省；东北三省中，吉林省和黑龙江省总体呈上升发展趋势，辽宁省 2015～2018 年呈上升趋势，在 2019 年明显下降，但是只有辽宁省在 5 年内的发展水平均突破 50 分（临界线），吉林省 2016 年、2018 年和 2019 年的发展水平突破 50 分，黑龙江省仅 2019 年突破了 50 分，相比东南三省中发展水平稍低的广东省，差距依然很大；辽宁省和吉林省振兴指数的整体增长幅度低于东南三省，其中黑龙江省振兴指数的增长幅度为 4.03%，吉林省的增幅为 3.69%，辽宁省振兴指数的整体增长幅度为 6 省区中最低，为 0.79%。

表 2-2　2015～2019 年 6 省区振兴指数值及单年排序

年份	辽宁	吉林	黑龙江	江苏	浙江	广东	全国平均
	值/序	值/序	值/序	值/序	值/序	值/序	值
2015	56.90/11	46.82/20	44.07/23	74.27/3	73.53/4	72.77/5	52.52
2016	57.07/12	50.43/17	46.46/24	77.32/2	76.20/5	76.31/4	55.01
2017	60.01/12	48.78/23	49.04/22	79.11/4	79.78/2	78.91/5	57.97
2018	61.40/12	51.34/21	49.44/24	85.21/2	82.37/3	78.64/5	59.69
2019	58.70/16	53.72/21	51.18/25	85.91/4	86.88/3	84.63/5	62.34
平均	58.82/12.6	50.22/20.4	48.04/23.6	80.36/3.0	79.75/3.4	78.25/4.8	57.51

　　2015～2019 年，全国平均水平呈平稳上升趋势，东北地区亦呈平稳上升趋势，但上升相对缓慢；东北地区的发展水平（2015 年未超过 50 分）低于全国平均水平，且差距有进一步扩大的趋势；辽宁省整体优于东北地区的平均水平，2015～2018 年整体优于全国平均水平，2019 年明显下降，低于全国平均水平，优势在逐渐缩小；黑龙江省呈平缓上升趋势，与东北地区平均水平的差距逐渐缩小；吉林省在 2015～2016 年明显上升，但在 2017 年骤然回落，之后呈回升趋势；相对其他两省，辽宁省起点较高，情况稍好一些，吉林省的整体发展水平优于黑龙江省，具体如图 2-1 所示。

　　2015～2019 年，东北三省振兴指数在全国 31 个省市区连续 5 年数据集（共 155 个指标值）中相对位置分布情况如图 2-2 所示。可见，东北三省 5 年（共 15 个数据）振兴指数的百分比排位高于 50% 的有 5 个，处于 25% 以下的有 3 个，排位最大值的是 2018 年的辽宁省（66.2%），最小值的是 2015 年的黑龙江省（16.8%）。可见，东北三省的整体发展位次亟待提升。

---

　　① 在本书中被重点引入与东北三省进行对比分析。

图 2-1　2015~2019 年振兴指数基本走势

注：①全国平均指 31 个省市区的平均水平；②全国范围内（可采集到的数据），振兴指数的最大值为 2019 年北京市的 93.745 分，最小值为 2015 年西藏自治区的 27.651 分。

图 2-2　2015~2019 年东北三省振兴指数百分比排位图

（二）全国视角下东北地区振兴进展分析

　　整体来看，2015~2019 年，全国 31 个省市区发展总体水平持续提高，成效显著，东部沿海地区发展水平较内地优势明显，中部及东北部优于西部，整体呈现出由东部向中部再向东北部及西部递进的趋势。图 2-3 给出了 2015 年与 2019 年 31 个省市区振兴指数得分高低及排名位次的对比情况。

　　2015~2019 年，四大区域振兴指数由高到低依次为：东部、中部、东北、西部；四个区域均呈现逐年上升的发展趋势，但整体发展水平有待进一步提升（除东部地区外，其他三个区域的平均得分均未超过 70 分）；相对而言，东部地区优势明显，中部和西部地区的发展势头较好（增幅较大，分别为 5.48% 和 6.29%），东北地区的增幅为 2.67%；东北地区的发展水平较东部地区有明显差距，具体如表2-3所示。

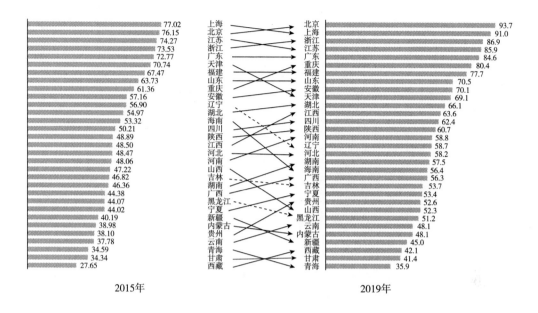

图 2-3　2015 年与 2019 年 31 个省市区振兴指数及排序情况对比

表 2-3　2015~2019 年四大经济区振兴指数平均值及排序

年份	东北		东部		西部		中部	
	平均值	年排序	平均值	年排序	平均值	年排序	平均值	年排序
2015	49.26	18.0	67.75	7.0	41.71	23.3	50.38	16.0
2016	51.32	17.7	70.05	6.7	44.17	23.5	53.46	15.7
2017	52.61	19.0	72.63	6.6	47.86	23.2	56.45	15.8
2018	54.06	19.0	74.34	7.0	49.18	23.3	59.10	14.8
2019	54.53	20.7	77.41	7.6	52.20	22.4	61.43	14.8
平均	52.36	18.9	72.44	6.9	47.02	23.2	56.16	15.4

注：为确保区分度，对于具有平均意义的排序，本书保留一位小数，以下各表同。

2015~2019 年，七个区域振兴指数由高到低依次为：华东、华南、华北、华中、东北、西南、西北；七大区域均呈现平稳上升的发展趋势，但整体发展水平有待提升，除华东地区外，其他六个区域的振兴指数得分均未超过 70 分，西北和西南地区更是未超过 50 分；相对而言，华东地区优势明显，华中和西南地区的发展势头较好（增幅较大，分别为 6.09% 和 8.20%）；在七个区域中，东北地区排序相对靠后，与最优的华东地区相比差距明显，如表 2-4 所示。

表 2-4　2015~2019 年七大地理区振兴指数平均值及排序

年份	东北	华北	华东	华南	华中	西北	西南
	值/序	值/序	值/序	值/序	值/序	值/序	值/序
2015	49.26/18.0	56.31/14.0	68.86/5.5	56.83/13.3	49.48/16.8	40.41/24.6	43.02/21.8
2016	51.32/17.7	58.82/14.0	71.87/5.5	58.22/14.0	52.73/15.8	42.03/25.6	46.05/21.4
2017	52.61/19.0	61.18/14.2	74.38/5.3	61.59/14.0	56.68/15.3	45.50/25.0	49.64/21.6
2018	54.06/19.0	61.87/15.0	77.36/5.2	62.66/14.0	59.28/14.3	45.94/25.8	51.99/21.0
2019	54.53/20.7	64.31/15.8	80.36/5.5	65.76/14.7	61.52/14.0	47.27/25.0	57.12/19.4
平均	52.36/18.9	60.50/14.6	74.56/5.4	61.01/14.0	55.94/15.2	44.23/25.2	49.56/21.0

为便于直观分析，将指数信息按空间分类、时间排列、优劣序化等方式整理后，形成多年振兴指数的可视化集成图（见图 2-4~图 2-6），结合表 2-1 的信息，以全国四大经济区为划分标准，对东北三省全面振兴进程综合评价如下：

1. 中部地区平均水平发展增速较快，达到全国平均水平，2015~2019 年整体优于东北地区

从反映西部、中部、东北、东部四大区域振兴指数平均得分曲线的变化情况可以看出，中部地区起点高于东北地区和西部地区，增速较快，整体优于西部地区和东北地区，且从得分增长情况看仍有较大发展空间；西部地区基础相对薄弱，振兴指数始终未达到 2015 年全国平均水平（52.52 分），但整体水平稳中有增，其中重庆的发展已远超全国平均水平，每年增长明显；东部发展较为成熟，遥遥领先于其他三个地区；东北地区的指数得分年均增幅在四个区域中排名最末，发展相对乏力。

2. 东北地区指数得分虽持续增长，但增幅相对较低

中国各区域综合发展状况总体良好，保持平稳的增长势头；2015~2019 年，四大区域振兴指数均呈上升趋势，指数得分的年均增幅由高到低依次为：中部（2.8 分）、西部（2.6 分）、东部（2.4 分）、东北（1.3 分）；东北地区的指数得分略高于西部地区，但西部地区最优水平明显高于东北地区和中部地区；西部地区的指数得分仅在 2019 年实现对 50 分这条临界线的突破；中部地区的起点（2015 年）高于 50 分，东北地区于 2016 年实现对 50 分的跨越。

3. 相对于全国绝大部分省份的大踏步前行，东北三省均有起伏，安徽省（中部地区最优水平）整体优于辽宁省，且差距逐年增大

2015~2019 年，四大区域的振兴指数连续排名均呈上升趋势，年均排序改进幅度由高到低依次为：中部（11.0 名）、西部（8.5 名）、东北（6.4 名）、东部（5.1 名）；中部地区排位提升最快的是湖南省、江西省和河南省（5 年间分别提升 59 位、59 位和 55

位），中部地区最优水平（安徽省）连续排名优于东北地区最优水平（辽宁省）；西部地区排位提升最快的是广西壮族自治区（从 2015 年的 128 名提升至 2019 年的 73 名）和贵州省（从 2015 年的 144 名提升至 2019 年的 89 名），西部地区最优水平（重庆市 2019 年的 12 名）优于中部地区最优水平；东部地区上升最快的是河北省（从 2015 年的 110 名提升至 2019 年的 62 名），但与东部大部分省份差距依然明显；在东北三省中，黑龙江省从 2015 年的 129 名上升至 2019 年的 95 名，吉林省从 2015 年的 119 名上升至 2016 年的 97 名，在 2017 年下降至 107 名，后强力反弹，上升至 2019 年的 82 名，为东北地区排名提升最快的省份，辽宁省整体水平优于吉林省、黑龙江省，从 2015 年的 67 名上升至 2017 年的 53 名，最终下跌至 2019 年的 61 名。

4. 近年来，东北地区单年平均排名退步明显，持续改进压力较大，相对于全国其他地区，东北相对优势退失明显

单年排名的变化体现了此消彼长的相对竞争能力，2015～2019 年，在西部地区 12 个省域中，单年排名波动较大，排名维持不变的有 1 个（占 8.33%），排名退后的有 3 个（占 25.00%），排名提升的有 8 个（占 66.67%），其中重庆市和贵州省相对排名分别提升 3 名和 4 名，青海省和新疆维吾尔自治区分别下降 2 名和 3 名，分别为西部地区上升与下降最快的四个省；在中部地区 6 个省域中，单年排名提升的有 5 个（占 83.33%），排名后退的有 1 个（占 16.67%），其中江西省相对排名提升 4 名，山西省下降 5 名，为中部地区上升与下降最快的省份；在东部地区 10 个省域中，单年排名维持不变的有 4 个（占 40%），排名退后的有 4 个（占 40%），排名提升的有 2 个（占 20%），其中浙江省和北京市相对排名提升 1 名，海南省下降 6 名，分别为东部地区上升与下降最快的两个省份；东北地区，辽宁省单年排名倒退 5 名（起点为 11 名），吉林省和黑龙江省排名波动性较弱，吉林省排名倒退 1 名，黑龙江省排名倒退 2 名。东北地区平均排名下降幅度最大（5 年平均排名下降 2.7 名），与中部地区形成强烈反差（5 年平均排名上升 1.2 名），虽然于 2016 年略有回升，但总体来说，相对优势退失明显。

5. 2015～2019 年，在东北地区整体发展缓慢，相对优势下滑明显的共同背景下，须警惕由相对能力的下降而引发绝对能力衰退的可能

从反映中部、西部、东部及东北的四条发展曲线可以看出，2015～2019 年，四大区域的绝对能力均有程度不一的提升（见图 2-4 和图 2-5），但部分区域（东部和东北部）的相对能力出现下跌（见图 2-6），考虑到东部地区大部分省份普遍处于前列，基础夯实，发展水平高，出现微弱下滑（5 年平均排名下滑 1.0 名）是正常的调整，与东北地区的大幅下跌性质迥异；中部地区处于持续提升、加速发力的良好状态中；西部地区基础偏弱，但整体处于稳定发展的过程中；因而在全国四个地区里，东北地区衰退特征相对明显。比较省份之间的发展，辽宁省、吉林省和黑龙江省的相对优势退失较为明显，虽然指数得分出现了缓慢提升，但单年排名均呈下降态势。因而，就综合发展水平而

言，东北地区在相对能力上的改善依然不显著，仍需警惕引发实质上倒退的可能（表现为单年排名得分出现负增长）。

图 2-4 2015~2019 年 31 个省市区振兴指数得分变动情况

图 2-5 2015~2019 年 31 个省市区综合发展水平多年连续排序变动情况

图 2-6　2015~2019 年 31 个省市区综合发展水平单年排序变动情况

（三）东北振兴分项指数分析

振兴指数及 6 个二级分项指数得分的描述统计信息如表 2-5 所示。由表 2-5 可知，振兴指数与 6 个二级分项指数得分的算术平均值分布在 55 分附近；6 个二级分项指数中，区域开放的最小值得分最低（为 7.86），企态优化的最大值得分最高（为 161.53），企态优化的差值（极差）为 6 个指数中最大，说明全国 31 个省市区在企态优化层面的差异最大，其次是创新创业（极差为 92.96），相反，在产业发展方面差异最小（极差为 46.57），其次是社会民生（极差为 65.96）。

表 2-5　振兴指数及 6 个二级指数得分的描述统计

	政府治理	企态优化	区域开放	产业发展	创新创业	社会民生	振兴指数
平均值	48.33	65.79	48.31	57.91	60.47	64.23	57.51
中位数	48.39	62.93	47.89	58.50	62.02	63.82	54.97
标准差	15.93	21.42	22.71	11.76	18.74	10.67	14.38
峰度	−0.5230	3.6343	−0.8651	−0.8861	−0.7524	1.0331	−0.5924
偏度	−0.1492	1.4147	0.0022	0.0382	−0.0111	0.3832	0.4361
最小值	2.04	25.30	7.86	36.59	15.34	35.85	27.65
最大值	84.20	161.53	94.28	83.16	108.30	101.81	93.75

续表

	政府治理	企态优化	区域开放	产业发展	创新创业	社会民生	振兴指数
极差	82.17	136.24	86.42	46.57	92.96	65.96	66.09
观测数	155	155	155	155	155	155	155

依据 2015~2019 年的数据，东南三省的发展水平明显高于全国平均水平，在"创新创业"方面的平均发展水平相对较好（平均得分高于 80 分），其次是区域开放，其他四个方面的发展有待进一步提升；东北三省的发展水平较东南三省差距较大，"政府治理"和"企态优化"的发展水平最低，除"产业发展"高于全国平均水平外，其他方面均低于全国平均水平，可见，东北地区的全面振兴势在必行。

东南三省在六个方面发展相对较均衡，而东北地区发展的均衡性较差。具体而言，东南三省中，江苏省在"政府治理"和"产业发展"方面的发展水平位于东南三省前列，且在"政府治理"方面为全国各省的最高水平；浙江省的"企态优化"优势最明显；广东省的"社会民生"和"区域开放"在东南三省中的发展水平最高，但距离全国各省最高水平还有一定差距。东北三省中，辽宁省在"政府治理""产业发展""社会民生""创新创业""区域开放"方面的发展较好，尤其"区域开放"和"产业发展"方面的优势明显；吉林省的"企态优化"和"社会民生"优势相对明显，但其他方面总体水平不高（尚未突破 50 分），有待进一步提升；黑龙江省的"产业发展"低于东南三省中较好的江苏省和浙江省，但高于辽宁省与吉林省；总体来看，辽宁省发展水平相对高于吉林省和黑龙江省，但三个省在大部分振兴方面的得分低于 60 分，因而东北地区的发展亟须进一步提升，具体如表 2-6 所示。

表 2-6 2015~2019 年 6 省区二级指数平均得分

	政府治理	企态优化	区域开放	产业发展	创新创业	社会民生
辽宁	55.95	32.89	66.00	64.79	62.02	59.75
吉林	43.45	48.25	39.72	47.62	44.64	57.21
黑龙江	35.59	29.96	28.67	69.24	43.75	57.24
江苏	72.04	72.83	78.98	71.32	82.09	68.35
浙江	61.24	78.67	74.50	70.58	81.32	74.87
广东	61.16	70.05	81.28	66.55	82.92	74.66
东北三省平均	45.00	37.03	44.80	60.55	50.14	58.07
东南三省平均	64.81	73.85	78.25	69.48	82.11	72.63
各省平均	49.06	50.60	47.98	55.05	54.89	57.53
各省最高	72.08	83.11	92.82	71.57	92.27	78.56
各省最低	21.76	25.30	9.16	36.59	15.34	35.85

2015~2019 年，对构成振兴指数的六个方面，全国在"企态优化""产业发展""创新创业""社会民生"方面的平均水平呈现逐年上升的发展趋势，进展明显；在"政府治

理"方面呈现波动下降的趋势,在"区域开放"方面呈现先升后降趋势。东南三省在六个方面的发展水平均处于全国前列(从年排名可以看出),明显高于全国的平均发展水平;在"政府治理"方面,江苏省和浙江省呈先升后降的发展趋势,广东省总体呈上升趋势;在"企态优化"方面,东南三省均呈稳定的上升趋势;在"区域开放"方面,东南三省整体呈下降趋势;在"产业发展"方面,江苏省和广东省呈现波动上升趋势,浙江省呈现逐年上升的发展趋势;在"创新创业"方面,东南三省 2015~2018 年呈上升趋势,2019 年有所下降;东南三省都在"社会民生"方面呈现上升趋势。东北三省在"企态优化""创新创业""社会民生"方面的发展情况相对较好,整体呈上升趋势;相对而言,辽宁省在"区域开放"方面的优势相对明显,高于全国平均水平;吉林省在 2019 年的"企态优化"提升较高;黑龙江省在"产业发展"方面的优势相对明显,高于全国平均水平,具体如表 2-7 所示。

表 2-7　2015~2019 年 6 省区二级分项指数

年份		辽宁	吉林	黑龙江	江苏	浙江	广东	全国平均
		值/序	值/序	值/序	值/序	值/序	值/序	值
政府治理	2015	55.95/11	43.45/20	35.59/25	72.04/2	61.24/7	61.16/8	49.06
	2016	42.37/21 ▽	39.75/24 ▽	30.78/27 ▽	74.55/1 ▲	62.82/6 ▲	62.38/7 ▲	48.21 ▽
	2017	52.26/15 ▲	38.34/23 ▽	38.77/22 ▲	79.19/1 ▲	70.55/3 ▲	66.73/7 ▲	50.52 ▲
	2018	48.87/16 ▽	38.55/24 ▲	38.78/23 ▲	78.32/1 ▽	71.17/2 ▲	65.81/7 ▽	48.99 ▽
	2019	35.13/21 ▽	29.73/24 ▽	22.98/28 ▽	64.05/5 ▽	67.44/4 ▽	84.20/1 ▲	44.85 ▽
企态优化	2015	32.89/29	48.25/17	29.96/30	72.83/4	78.67/2	70.05/5	50.60
	2016	42.05/27 ▲	50.85/20 ▲	36.16/30 ▲	78.03/5 ▲	88.48/2 ▲	79.55/4 ▲	57.23 ▲
	2017	52.75/25 ▲	49.71/29 ▽	51.22/28 ▲	82.02/5 ▲	90.61/2 ▲	82.50/4 ▲	65.38 ▲
	2018	61.94/25 ▲	67.19/19 ▲	57.54/28 ▲	116.94/2 ▲	102.02/4 ▲	83.12/6 ▲	73.19 ▲
	2019	65.55/24 ▲	82.42/10 ▲	62.67/27 ▲	130.33/4 ▲	136.16/3 ▲	98.48/6 ▲	82.56 ▲
区域开放	2015	66.00/8	39.72/19	28.67/24	78.98/5	74.5/6	81.28/2	47.98
	2016	65.15/9 ▽	45.65/17 ▲	28.61/24 ▽	78.88/5 ▽	72.34/7 ▽	80.40/3 ▽	48.70 ▲
	2017	65.92/9 ▲	42.75/20 ▽	29.92/24 ▲	78.53/4 ▽	72.47/7 ▲	79.43/3 ▽	48.55 ▽
	2018	65.33/9 ▽	36.89/22 ▽	31.14/24 ▲	78.13/4 ▽	71.38/6 ▽	79.30/3 ▽	48.36 ▽
	2019	63.15/10 ▽	38.95/22 ▲	30.37/23 ▽	77.19/4 ▽	70.60/6 ▽	78.21/3 ▽	47.94 ▽
产业发展	2015	64.79/9	47.62/22	69.24/4	71.32/2	70.58/3	66.55/8	55.05
	2016	64.56/9 ▽	52.53/21 ▲	75.99/2 ▲	76.10/1 ▲	71.70/6 ▲	73.5/4 ▲	56.76 ▲
	2017	59.99/14 ▽	44.74/26 ▽	65.25/7 ▽	75.40/3 ▽	78.77/2 ▲	79.52/1 ▲	57.59 ▲
	2018	58.81/14 ▽	47.14/24 ▲	63.83/9 ▽	77.04/2 ▲	79.63/1 ▲	75.44/3 ▽	57.09 ▽
	2019	61.15/18 ▲	50.32/27 ▲	71.39/8 ▲	83.16/1 ▲	80.89/3 ▲	82.43/2 ▲	63.07 ▲

续表

年份	辽宁	吉林	黑龙江	江苏	浙江	广东	全国平均
	值/序	值/序	值/序	值/序	值/序	值/序	值
创新创业 2015	62.02/13	44.64/18	43.75/19	82.09/4	81.32/5	82.92/2	54.89
2016	65.53/12▲	49.59/18▲	45.00/22▲	83.38/5▲	84.52/3▲	85.30/2▲	57.72▲
2017	65.32/15▽	53.28/19▲	46.38/24▲	85.70/4▲	87.84/2▲	87.37/3▲	60.81▲
2018	68.72/13▲	53.10/21▽	44.19/26▽	86.82/4▲	90.01/2▲	89.53/3▲	63.26▲
2019	62.14/19▽	55.65/23▲	57.89/21▲	84.80/4▽	84.52/5▽	85.33/3▽	65.66▲
社会民生 2015	59.75/12	57.21/16	57.24/14	68.35/7	74.87/2	74.66/3	57.53
2016	62.77/12▲	64.2/10▲	62.20/13▲	72.97/6▲	77.35/3▲	76.75/4▲	61.43▲
2017	63.80/15▲	63.86/13▽	62.71/18▲	73.81/7▲	78.45/4▲	77.91/5▲	64.98▲
2018	64.74/18▲	65.18/15▲	61.16/26▽	74.00/6▲	80.02/3▲	78.64/5▲	67.24▲
2019	65.08/21▲	65.23/20▲	61.80/29▲	75.93/7▲	81.65/3▲	79.15/5▲	69.98▲

注: 表中符号"▲"表示本年的数据相对于前一年是增长的, 符号"▽"表示本年的数据相对于前一年是减少的。

进一步统计升降符(▲或▽)的数量, 对不同地区的持续发展态势进行分析和对比可知, 2015~2019 年, 全国关于六个方面的平均发展水平不同年度呈现上升(▲)的数量多于下降(▽)的数量; 东北地区在"企态优化"和"区域开放"方面的上升(▲)数量多于东南地区; 在"创新创业"和"社会民生"方面的上升(▲)数量略低于东南地区; 在"政府治理"和"产业发展"方面的上升(▲)数量低于东南地区。总体而言, 东北地区发展水平提升(▲)的总数量略少于东南三省, 东北地区为 44 个, 占升降总数的 61.1%, 东南三省为 53 个, 占 72.2%, 整体呈现递增的发展态势。

在东北三省中, 辽宁省在六个方面呈现上升(▲)的数量为 13 个, 占升降总数的54.17%, 在"社会民生"和"企态优化"方面整体呈逐年提升的发展态势, 在"创新创业"方面整体呈上升的发展态势; 吉林省在六个方面呈现上升(▲)的数量为 15 个, 占升降总数的 62.50%, 在"企态优化""产业发展""创新创业""社会民生"方面整体呈上升的发展态势; 黑龙江省在六个方面呈现上升(▲)的数量为 16 个, 占升降总数的66.7%, 在"企态优化""区域开放""产业发展""创新创业""社会民生"方面整体呈逐年上升的发展态势。东南三省中, 江苏省呈现上升(▲)的数量为 16 个, 占 66.67%, 浙江省呈现上升(▲)的数量为 19 个, 占 79.17%, 广东省呈现上升(▲)的数量为17 个, 占 70.80%, 其中江苏省的"社会民生", 浙江省的"产业发展"和"社会民生", 广东省的"企态优化""社会民生"呈逐年上升的发展态势。综上所述, 六个省份均在"社会民生"方面的发展势头较好, 但东北三省的发展水平较东南三省有着明显差距。

（四）主要结论

首先，依指数测度结果，东北地区的发展水平低于全国平均水平，整体上虽有上升，但就 2019 年的指数得分来看，东北地区与全国平均水平的差距正在拉大。

其次，在全国绝大部分省份取得长足进步而持续发力的大背景下，东北三省虽有进步，但收效微弱。2015 年中部地区的基点高于东北地区，发展势头更加强劲，中部地区的安徽省（中部地区最优）实现了对辽宁省（东北地区最优水平）的超越，并在之后差距逐年增大。

再次，相对于全国其他地区，东北地区的相对排名下滑明显，意味着相对优势的急速退失，结合近年来在指数得分改善上的微弱绩效，可以判断出，东北地区的问题不仅表现在综合水平提升的缓慢上，更表现为相对发展速度大幅落后于全国整体进程的突出特征，2018~2019 年，辽宁省、吉林省和黑龙江省的相对发展水平均呈现不同程度的下降。因而，须警惕"东北地区由相对能力趋弱而引发绝对能力衰退的可能"。

最后，在反映综合发展水平的 6 个方面，东北三省中，辽宁省在"产业发展""创新创业""区域开放" 3 个方面的优势相对明显，吉林省在"社会民生"方面表现稍好一些，但水平不高，黑龙江省在"产业发展"方面的优势相对明显。比较而言，东北三省的发展水平与东南三省差距显著，主要体现在"政府治理""企态优化""区域开放""创新创业"四个方面。着眼于全国，除"产业发展"高于全国平均水平外，其他五个方面均低于全国平均水平，其中"企态优化"方面的劣势最为突出。可见，东北地区的全面振兴任重而道远。

二、东北老工业基地全面振兴
进程评价分项报告

（一）政府治理评价报告

1. 政府治理指数总体分析

对政府治理的测度包括市场干预、政府规模、简政放权、监管水平、营商环境5个方面，共8项关键指标，汇集中国31个省市区2015~2019年政府治理的指标信息，得到连续5年的政府治理指数得分。在此基础上，形成多年连续排序和单年排序。其中，多年连续排序用于反映各省市区政府治理的绝对发展水平随时间动态变化的情况（31个省市区5年共155个排位，最高排序为1，最低排序为155），单年排序用于反映各省市区在全国范围内某个单年的相对发展水平（31个省市区每年31个排位，最高排序为1，最低排序为31）。具体而言，31个省市区政府治理的总体情况如表2-8所示。

表2-8　2015~2019年31个省市区政府治理指数得分、连续及单年排序

省市区	2015年			2016年			2017年			2018年			2019年		
	值	总	年	值	总	年	值	总	年	值	总	年	值	总	年
广东	61.2	40	8	62.4	33	7	66.7	24	7	65.8	26	7	84.2	1	1
北京	62.0	35	6	56.3	53	11	56.1	54	12	56.5	52	11	82.4	2	2
福建	72.1	6	1	67.1	22	4	70.3	11	4	69.7	13	3	70.3	12	3
浙江	61.2	39	7	62.8	31	6	70.6	10	3	71.2	8	2	67.4	21	4
江苏	72.0	7	2	74.5	5	1	79.2	3	1	78.3	4	1	64.1	28	5
上海	63.1	30	5	68.8	16	3	71.1	9	2	69.3	14	4	63.4	29	6
山东	68.0	19	3	68.9	15	2	68.4	17	5	66.4	25	6	62.6	32	7
安徽	55.0	57	13	57.4	49	10	60.5	44	10	61.3	37	9	60.6	42	8
湖北	55.9	56	12	57.9	48	9	60.8	41	9	61.3	38	10	60.1	45	9

续表

省市区	2015 年			2016 年			2017 年			2018 年			2019 年		
	值	总	年	值	总	年	值	总	年	值	总	年	值	总	年
河南	57.3	50	10	51.6	70	13	54.8	58	13	52.8	62	12	60.0	46	10
重庆	60.5	43	9	59.6	47	8	61.8	36	8	62.2	34	8	54.4	60	11
陕西	47.8	83	18	46.0	85	18	50.3	72	17	49.9	75	15	52.3	65	12
四川	37.0	116	24	40.2	106	23	43.3	95	20	41.9	102	22	47.5	84	13
广西	50.7	71	16	48.1	79	16	48.4	78	19	45.7	86	18	44.9	88	14
河北	54.5	59	14	52.3	64	12	56.9	51	11	51.8	68	13	44.7	89	15
湖南	48.0	81	17	49.7	76	15	52.5	63	14	51.8	69	14	43.0	97	16
江西	42.8	98	21	48.0	80	17	50.1	74	18	48.0	82	17	40.9	104	17
山西	44.2	91	19	44.0	92	20	37.8	114	24	43.7	93	20	39.7	108	18
宁夏	40.9	103	23	40.3	105	22	37.1	115	25	35.3	121	26	39.5	109	19
贵州	42.6	99	22	44.6	90	19	43.1	96	21	41.9	101	21	35.9	117	20
辽宁	55.9	55	11	42.4	100	21	52.3	66	15	48.9	77	16	35.1	122	21
海南	52.8	61	15	50.1	73	14	52.1	67	16	45.2	87	19	31.7	131	22
天津	67.0	23	4	65.8	27	5	68.1	18	6	67.8	20	5	30.0	135	23
吉林	43.5	94	20	39.7	107	24	38.3	113	23	38.5	112	24	29.7	136	24
内蒙古	32.1	130	28	34.7	123	25	30.0	134	29	30.1	133	28	28.9	138	25
西藏	21.8	147	31	24.4	144	29	24.9	141	30	16.6	154	31	28.4	139	26
云南	33.5	125	26	33.1	127	26	35.5	119	26	32.5	128	27	26.4	140	27
黑龙江	35.6	118	25	30.8	132	27	38.8	111	22	38.8	110	23	23.0	146	28
甘肃	32.2	129	27	28.9	137	28	19.6	150	31	21.3	148	29	19.4	151	29
新疆	24.9	142	29	20.4	149	31	33.4	126	28	19.1	152	30	18.0	153	30
青海	24.6	143	30	23.6	145	30	33.6	124	27	35.4	120	25	2.0	155	31
平均	49.1	75.8	16	48.2	78.4	16	50.5	72.1	16	49.0	75.8	16	44.9	87.9	16

注：①对于表中的字段名称，"值"表示各省市区对应年份的指数得分，"总"表示各省市区 2015~2019 年多年连续总排序，"年"表示各省市区 5 个单年的排序；②表中 31 个省市区按照 2019 年的指数得分由高到低（降序）排列。

东北三省的政府治理指数均处于全国中等偏下的位置，落后于东南三省的发展水平。2015~2019 年，6 省区政府治理指数由高到低依次为：江苏、广东、浙江、辽宁、吉林、黑龙江；就东南三省而言，江苏省呈波动下降态势，在 2019 年下滑明显，广东省呈稳定上升趋势，浙江省整体呈波动上升趋势，但在 2019 年出现轻微下滑；东南三省水平较低的浙江省持续优于东北三省水平最优的辽宁省；6 省中，政府治理指数增幅最大的是广东省（9.42%），降幅最大的是辽宁省（-9.30%），吉林省的降幅为-7.90%，黑龙江省的降幅为-8.86%。就 2019 年而言，辽宁省政府治理相对较好，在 31 个省域中的单年排名为 21，黑龙江省和吉林省相对较差，排名分别为 24 和 28，如表 2-8 和表 2-9 所示。

表 2-9　2015~2019 年 6 省区政府治理指数的值及单年排序

年份	辽宁	吉林	黑龙江	江苏	浙江	广东	全国平均
	值/序	值/序	值/序	值/序	值/序	值/序	值
2015	55.95/11	43.45/20	35.59/25	72.04/2	61.24/7	61.16/8	49.06
2016	42.37/21	39.75/24	30.78/27	74.55/1	62.82/6	62.38/7	48.21
2017	52.26/15	38.34/23	38.77/22	79.19/1	70.55/3	66.73/7	50.52
2018	48.87/16	38.55/23	38.78/23	78.32/1	71.17/2	65.81/7	48.99
2019	35.13/21	29.73/24	22.98/28	64.05/5	67.44/4	84.20/1	44.85
平均	46.92/16.8	37.96/23	33.38/25	73.63/2	66.64/4.4	68.06/6	48.33

2015~2019 年，全国和东北地区的政府治理指数均呈波动下降趋势；东北地区明显低于全国平均水平，且差距呈进一步扩大的趋势；就东北三省而言，辽宁省与黑龙江省整体呈波动下降趋势，分别在 2016 年与 2019 年出现明显下降，吉林省呈平稳下降趋势；相对而言，辽宁省较好，吉林省次之，黑龙江省较弱，如图 2-7 所示。

图 2-7　2015~2019 年政府治理指数基本走势

注：①全国平均指 31 个省市区的平均水平；②全国范围内（可采集到的数据），政府治理指数的最大值为 2019 年广东省的 84.20，最小值为 2019 年青海省的 2.04。

2015~2019 年，东北三省政府治理指数在全国 31 个省市区连续 5 年数据集（共 155 个指标值）中相对位置的分布情况如图 2-8 所示。可见，东北三省 5 年（共 15 个数据）政府治理指数的百分比排位位于 50% 以下的有 12 个，其中有 5 个位于 25% 以下；排位最大值的是 2015 年的辽宁省（64.9%），最小值的是 2019 年的黑龙江省（5.8%）。

2. 全国视角下东北地区政府治理进展分析

2015~2019 年，四个区域政府治理指数由高到低依次为：东部、中部、东北、西部；中部地区整体呈波动上升趋势，上升幅度微弱（0.09%），其他三个区域整体均呈波动下降趋势，相对而言，东北地区的降幅最大，为-8.73%；东北地区政府治理指数与东部地区相比，差距较大，如表 2-10 所示。

图 2-8　2015~2019 年东北三省政府治理指数百分比排位图

表 2-10　2015~2019 年四大经济区政府治理指数的平均值及排序

年份	东北		东部		西部		中部	
	平均值	年排序	平均值	年排序	平均值	年排序	平均值	年排序
2015	45.00	19.0	63.41	7.0	37.38	23.6	50.53	15.3
2016	37.63	24.0	62.89	6.5	36.99	22.9	51.43	14.0
2017	43.12	20.0	65.96	6.7	38.41	23.4	52.72	14.7
2018	42.07	21.0	64.19	7.1	35.99	23.3	53.14	13.7
2019	29.28	24.3	60.07	8.8	33.13	21.4	50.72	13.0
平均	39.42	21.6	63.31	7.1	36.38	22.9	51.71	14.1

注：为确保区分度，对于具有平均意义的排序，本书保留一位小数，以下各表同。

2015~2019 年，七个区域政府治理指数由高到低依次为：华东、华南、华中、华北、西南、东北、西北；华中地区呈先增长后下降的态势，整体增幅不变，其他地区均呈波动下降趋势；就七个区域而言，东北地区排名较靠后，与最优的华东地区相比，差距较大，如表 2-11 所示。

表 2-11　2015~2019 年七大地理区政府治理的平均值及排序

年份	东北	华北	华东	华南	华中	西北	西南
	值/序	值/序	值/序	值/序	值/序	值/序	值/序
2015	45.00/18.7	51.97/14.2	65.25/5.2	54.91/13	51.00/15	34.09/25.4	39.06/22.4
2016	37.63/24	50.60/14.6	66.58/4.3	53.53/12.3	51.80/13.5	31.85/25.8	40.39/21
2017	43.12/20	49.78/16.4	70.01/4.2	55.76/14	54.53/13.5	34.79/25.6	41.73/21
2018	42.07/21	49.98/15.4	69.37/4.2	52.22/14.7	53.45/13.3	32.20/25	39.01/21.8
2019	29.28/24.3	45.11/16.6	64.73/5.5	53.60/12.3	51.00/13	26.25/24.2	38.52/19.4
平均	39.42/21.6	49.49/15.4	67.19/4.7	54.00/13.3	52.36/13.7	31.83/25.2	39.74/21.1

为便于直观分析，将指数信息按空间分类、时间排列、优劣序化等方式整理后，形成多年指数得分、连续排名及单年排名的可视化集成图（见图2-9～图2-11），结合表2-8的信息，以全国四大经济区为划分标准，对东北三省的政府治理方面的进程评价如下：

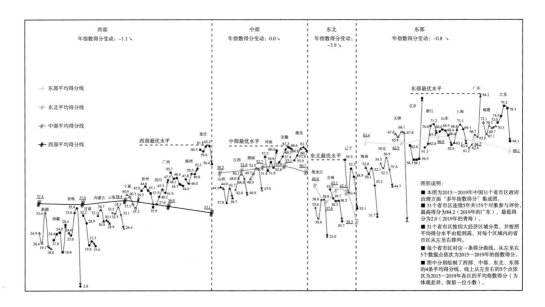

图 2-9　2015~2019 年 31 个省市区政府治理指数得分变动情况

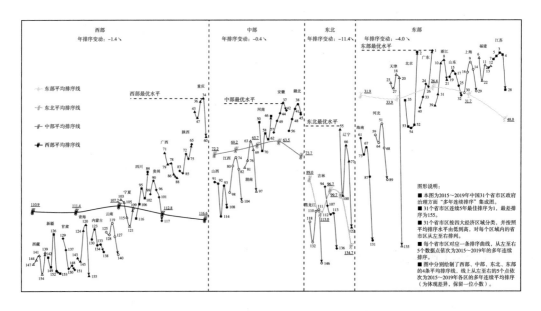

图 2-10　2015~2019 年 31 个省市区政府治理多年连续排序变动情况

图 2-11　2015～2019 年 31 个省市区政府治理单年排序变动情况

（1）东北地区政府治理指数得分呈波动下降趋势，上升速度居四大区末位，有较大提升空间

从四大区域（西部、中部、东北、东部）平均指数得分曲线的变化情况可以看出，中国的政府治理具有较大的区域差异，具体而言，东部地区发展相对成熟，基础夯实（2015 年为 63.4），优势稳定（2019 年为 60.1），遥遥领先于其他三个地区，但需警惕绝对发展的倒退，西部地区呈微弱波动下降趋势，指数得分年均下降 1.1；中部地区经历了先增长后下降的发展历程，指数得分年均变动为 0；东北地区发展基础相对薄弱（2015 年为 45.0，仅领先于西部地区），在 2016～2017 年出现短暂的快速增长，其他年份均呈下跌态势，指数得分年均下降 3.9（增幅居四大区域末位），与东部地区差距逐渐拉大，于 2019 年被西部地区超越，且有进一步下滑的趋势。

（2）东北地区政府治理绝对水平呈波动下降趋势，上升速度居四大区域末位，与东部和中部地区差距明显

从四大区域连续排名曲线的变化情况可以看出，四大区域整体呈波动下降趋势，其中，东部地区下降速度为年均 4.0 名，西部地区下降 1.4 名，中部地区下降 0.4 名，东北地区年均下降 11.4 名。具体来说，东北三省中，黑龙江省从 2015 年的 118 名跌至 2016 年的 132 名，2017 年出现短暂上升，随后一直下跌，2019 年降至 146 名；吉林省 2015～2019 年整体呈下降趋势，从 2015 年的 94 名跌至 2019 年的 136 名；辽宁省从 2015 年的 55 名降至 2016 年的 100 名，2016～2017 年出现大幅上升（升至 66 名），随后一直下跌，2019 年排名 122，波动较大。东北地区整体发展水平介于西部与中部地区之间，与东部和中部地区的差距明显。

（3）东北地区政府治理相对水平呈波动下降趋势，且下降幅度较大

从四大区域单年排名曲线的变化情况可以看出，在相对位次的排名竞争中，东北、东

部地区均呈下降趋势，东北地区年均下降5.7名，东部地区年均下降2.3名，西部、中部地区呈波动上升趋势，西部地区年均上升2.2名，中部地区年均上升2.3名。东北地区明显落后中部与西部地区，在2016年与2019年被西部地区超越。就东北三省而言，辽宁省单年排名整体呈波动下降趋势，下降幅度较大，由第11名退到第21名；吉林省整体呈波动下降趋势，由第20名跌至第24名；黑龙江省整体呈波动下降态势，单年排名由第25名降至第28名。

3. 政府治理分项指数分析

2015~2019年，东北三省政府治理5个分项指数表现最优的省份均低于东南三省表现最弱的省份。辽宁省在"市场干预""政府规模""简政放权"方面高于全国平均水平，表现相对较好；吉林省表现相对较差，5个分项指数全面落后于全国平均水平；黑龙江省仅"政府规模"高于全国平均水平，其余4个分项指数与全国平均水平差距较大。东南三省5个分项指数均高于全国平均水平，显著高于东北三省，优势明显。分省来看，江苏省、浙江省、广东省的"监管水平"略低，广东省的"简政放权"、浙江省的"政府规模"和江苏省的"营商环境"略低，总体来看发展相对均衡；东北三省2015~2019年在5个分项指数的发展上较不平衡，辽宁省与黑龙江省最为突出，辽宁省的"市场干预"得分达到73.04，"监管水平"与"营商环境"得分仅为25.06与25.17；黑龙江省的"政府规模"得分达到56.20，"简政放权"的得分仅为12.51；吉林省5个分项指数的发展相对均衡，"简政放权"相对较强，"营商环境"相对较弱；辽宁省在"市场干预""政府规模"和"简政放权"上相对较强，但"监管水平"和"营商环境"尚未能达到全国平均水平；黑龙江省在"政府规模"上表现相对较好，其他4个分项均较弱。总体来看，东北三省5个分项指数与东南三省的差距明显，具体如表2-12和图2-12所示。

表2-12　2015~2019年6省区政府治理方面分项指数平均得分

	市场干预	政府规模	简政放权	监管水平	营商环境
辽宁	73.04	54.02	57.29	25.06	25.17
吉林	39.92	43.09	45.34	43.56	17.92
黑龙江	33.22	56.20	12.51	37.09	27.87
江苏	92.93	85.38	75.93	56.77	57.15
浙江	85.09	59.39	76.47	49.08	63.18
广东	80.27	70.96	59.76	53.23	76.06
东北三省平均	48.73	51.10	38.38	35.24	23.65
东南三省平均	86.10	71.91	70.72	53.03	65.47
各省平均	50.50	48.73	52.74	44.09	45.57
各省最高	93.94	88.62	100.54	83.33	76.06
各省最低	0.84	0.83	0.03	9.85	17.92

图 2-12 2015~2019 年 6 省区政府治理方面分项指数平均得分雷达图

2015~2019 年，全国在反映政府治理 5 个方面的整体进展良好，其中"政府规模""监管水平""营商环境"呈波动下降趋势，"营商环境"的降幅相对较大，"市场干预"呈波动上升趋势，"简政放权"呈平稳上升趋势。除浙江省的"监管水平"、广东省的"简政放权"和"监管水平"以外，东南三省各分项指数均处于全国前列（从年排名得出），尤其是江苏省和浙江省的"市场干预"和江苏省的"政府规模"连续 5 年均位于全国前 5；东南三省"政府规模"整体呈下降趋势，"简政放权"和"监管水平"整体呈上升趋势。就"市场干预"而言，江苏省和广东省呈上升趋势，浙江省呈下降趋势，就"营商环境"而言，江苏省呈下降趋势，浙江省和广东省呈上升趋势。就东北三省 5 个分项指数而言，辽宁省"市场干预""简政放权"明显优于吉林省和黑龙江省，吉林省"监管水平"明显优于辽宁省和黑龙江省，黑龙江省"政府规模""营商环境"表现优于辽宁省和吉林省；东北三省中，除"简政放权"呈普遍上升趋势外，其余整体均呈下降趋势，具体如表 2-13 所示。

表 2-13 2015~2019 年 6 省区政府治理方面分项指数

分项指数	年份	辽宁	吉林	黑龙江	江苏	浙江	广东	全国平均
		值/序	值/序	值/序	值/序	值/序	值/序	值
市场干预	2015	86.81/3	47.83/15	38.74/22	88.48/2	82.85/4	71.1/8	49.2
	2016	72.75/8 ▽	42.32/19 ▽	34.86/23 ▽	91.92/2 ▲	86.29/3 ▲	79.22/5 ▲	50.16 ▲
	2017	76.04/9 ▲	42.56/20 ▲	33.55/22 ▽	94.94/2 ▲	88.78/3 ▲	80.23/5 ▲	52.16 ▲
	2018	72.28/9 ▽	42.24/20 ▽	34.81/22 ▲	94.51/1 ▽	85.01/4 ▽	84.53/5 ▲	51.03 ▽
	2019	57.31/13 ▽	24.63/23 ▽	24.17/26 ▽	94.79/2 ▲	82.51/5 ▽	86.26/4 ▲	49.95 ▽
政府规模	2015	64.66/9	50.69/18	59.8/11	87.26/2	60.7/10	78.15/5	51.29
	2016	55.52/12 ▽	48.71/18 ▽	56.37/11 ▽	87.11/2 ▽	60.14/9 ▽	77.23/5 ▽	50.32 ▽
	2017	57.49/12 ▲	46.64/19 ▽	61.87/9 ▲	89.16/2 ▲	61.15/11 ▲	74.19/6 ▽	50.69 ▲
	2018	48.46/13 ▽	41.63/20 ▽	58.54/11 ▽	85.64/2 ▽	58.93/10 ▽	69.77/6 ▽	47.88 ▽
	2019	43.97/16 ▽	27.75/24 ▽	44.42/14 ▽	77.72/2 ▽	56.03/9 ▽	55.45/10 ▽	43.47 ▽
简政放权	2015	57.31/14	39.59/22	11.84/28	76.14/7	76.39/6	56.13/16	51.34
	2016	53.90/17 ▽	40.63/22 ▲	11.38/28 ▽	75.81/7 ▽	76.38/6 ▽	59.51/14 ▲	52.02 ▲
	2017	57.37/15 ▲	40.12/22 ▽	11.69/28 ▲	75.80/7 ▽	76.46/6 ▲	60.84/14 ▲	52.21 ▲
	2018	58.22/14 ▲	43.34/22 ▲	13.46/28 ▲	75.91/7 ▲	76.48/6 ▲	60.17/13 ▽	52.90 ▲
	2019	59.67/19 ▲	63.02/15 ▲	14.18/28 ▲	75.97/7 ▲	76.65/6 ▲	62.15/16 ▲	55.24 ▲
监管水平	2015	36.21/21	54.08/7	42.13/18	52.84/8	31.86/24	50.05/11	43.85
	2016	28.27/25 ▽	44.5/18 ▽	33.35/23 ▽	53.57/8 ▲	37.78/20 ▲	51.38/10 ▲	44.86 ▲
	2017	25.82/26 ▽	44.09/20 ▽	36.75/22 ▲	55.19/8 ▲	49.22/17 ▲	52.98/12 ▲	47.06 ▲
	2018	19.57/27 ▽	45.29/18 ▲	40.48/21 ▲	55.27/7 ▲	57.49/5 ▲	52.70/11 ▽	44.53 ▽
	2019	15.41/28 ▽	29.86/22 ▽	32.76/21 ▽	67.00/4 ▲	69.03/3 ▲	59.02/8 ▲	40.17 ▽
营商环境	2015	34.73/26	25.08/30	25.44/29	55.5/12	54.39/13	50.35/17	49.62
	2016	1.41/31 ▽	22.59/28 ▽	17.91/30 ▽	64.33/4 ▲	53.49/7 ▽	44.57/16 ▽	43.67 ▽
	2017	44.58/23 ▲	18.29/30 ▽	50.01/18 ▲	80.84/2 ▲	77.16/3 ▲	65.40/7 ▲	50.51 ▲
	2018	45.82/21 ▲	20.24/28 ▲	46.62/19 ▽	80.28/2 ▽	77.92/3 ▲	61.86/6 ▽	48.63 ▽
	2019	-0.70/29 ▽	3.39/27 ▽	-0.62/28 ▽	4.79/26 ▽	52.97/7 ▽	158.13/1 ▲	35.43 ▽

注：表中符号"▲"表示本年的数据相对于前一年是增长的，符号"▽"表示本年的数据相对于前一年是减少的。

进一步统计升降符（▲或▽）的数量，对不同地区的发展态势进行分析和对比：

2015~2019 年，全国 5 项指数▲的数量等于▽的数量；东北三省▲的总数量为 21 个，占东北三省升降符总数的 35%，东南三省▲的总数量为 36 个，占 60%，东南地区总体上具有较好的发展态势，东北地区略低；东北三省 5 个分项指数中只有"简政放权"▲的总数多于东南三省的总数，其余 4 个分项指数▲的总数均少于东南三省的总数，东北地区总体发展态势弱于东南三省。

2015～2019 年，辽宁省▲的数量为 7 个，占 35%；吉林省▲的数量为 6 个，占 30%；黑龙江省▲的数量为 8 个，占 40%；江苏省▲的数量为 12 个，占 60%；浙江省▲的数量为 12 个，占 60%；广东省▲的数量为 12 个，占 60%。东北三省上升势头最好的黑龙江省弱于东南三省；就东北三省而言，黑龙江省的发展态势相对较好，辽宁省和吉林省相对较弱。2015～2019 年，在分项指数方面，"市场干预""简政放权"发展较好的是辽宁省，"市场规模""营商环境"发展较好的是黑龙江省，"监管水平"发展较好的是吉林省。

（1）市场干预

市场干预主要使用政府分配资源的比重予以衡量。政府分配资源的比重（单位:%）反映一个地区对市场资源的支配程度，是衡量地区政府对市场干预程度的核心指标，计算公式为扣除教科文卫和社会保障后的财政支出与地区 GDP 的比值。该指标为逆向指标，比重越大意味着政府对市场资源分配的干预越多。总体而言，东北地区政府分配资源的比重明显低于全国平均水平，意味着东北地区政府对市场资源分配的干预较少。2015～2019 年，全国政府分配资源的比重呈先下降后上升趋势（整体升降幅度较为平稳），东北三省整体呈波动上升趋势（2019 年上升幅度较大）；东北三省明显优于全国平均水平，但优势在不断缩小；黑龙江省、吉林省和辽宁省总体均呈上升趋势，其中辽宁省在 2016 年上升幅度较大，吉林省和黑龙江省在 2019 年上升幅度较大；相对而言，辽宁省较好，吉林省次之，黑龙江省较弱，具体如图 2-13 所示。

图 2-13　2015～2019 年政府分配资源的比重基本走势

注：①全国平均指 31 个省市区的平均水平；②全国范围内（可采集到的数据），政府分配资源比重的最大值为 2018 年西藏自治区的 99.45%，最小值为 2019 年福建省的 6.83%。

2015～2019 年，东北三省政府分配资源的比重在全国 31 个省市区连续 5 年数据集（共 155 个指标值）中相对位置分布情况如图 2-14 所示。可见，东北三省 5 年（共 15 个数据）政府分配资源的比重的百分比排位处于 50% 以下的有 10 个，位于 25% 以下的有 2 个；排位的最大值是 2015 年的辽宁省（91.6%），最小值是 2019 年的黑龙江省（16.9%），具体如图 2-14 所示。

图 2-14　2015~2019 年东北三省政府分配资源的比重百分比排位图

2015~2019 年，6 省区政府分配资源的比重由低到高排名依次为：江苏、浙江、广东、辽宁、吉林、黑龙江；东南三省中江苏省呈波动下降趋势，广东省呈逐步下降趋势，浙江省呈先下降后上升趋势；东北三省均呈波动上升趋势；东北三省相比于东南三省，仍存在较明显的差距；政府分配资源的比重增幅最大的是吉林省（11.79%），降幅最大的是广东省（-5.19%），黑龙江省的增幅为 9.24%，辽宁省的增幅为 11.19%，具体如表 2-14 所示。

表 2-14　2015~2019 年 6 省区政府分配资源的比重原始值及单年排序

年份	辽宁	吉林	黑龙江	江苏	浙江	广东	全国平均
	值/序	值/序	值/序	值/序	值/序	值/序	值
2015	8.53/3	13.63/15	15.73/22	8.26/2	9.18/4	10.88/8	18.19
2016	10.71/8	14.90/19	16.62/23	7.70/2	8.62/3	9.78/5	17.87
2017	10.30/9	14.85/20	16.92/22	7.20/2	8.21/3	9.61/5	17.24
2018	10.76/9	14.92/20	16.63/22	7.27/1	8.83/4	8.91/5	17.81
2019	12.35/13	20.06/23	21.54/26	7.23/2	9.24/5	8.62/4	18.05
平均	10.53/8.4	15.67/19.4	17.49/23	7.53/1.8	8.82/3.8	9.56/5.4	17.83

2015~2019 年，四个区域政府分配资源的比重由低到高排名依次为：东部、中部、东北、西部；东部地区和西部地区呈波动下降趋势，中部地区呈先下降后上升趋势，东北地区呈波动上升趋势；东北地区政府分配资源的比重与东部地区相比，差距较大，具体如表 2-15 所示。

表 2-15 2015～2019 年四大经济区政府分配资源的比重平均值及排序

年份	东北		东部		西部		中部	
	平均值	年排序	平均值	年排序	平均值	年排序	平均值	年排序
2015	12.63	13.3	11.78	10.2	27.57	23.1	12.88	12.8
2016	14.08	16.7	11.72	10.4	26.77	22.5	12.24	12.0
2017	14.02	17.0	11.09	9.7	25.89	22.9	11.78	12.2
2018	14.10	17.0	11.42	9.9	26.90	23.0	12.11	11.7
2019	17.98	20.7	11.43	9.7	26.56	22.3	12.13	11.5
平均	14.56	16.9	11.49	10.0	26.74	22.8	12.23	12.0

2015～2019 年，七个区域政府分配资源的比重由低到高排名依次为：华东、华中、华北、东北、华南、西北、西南；东北和华北地区呈波动上升趋势，华南和西北地区呈先下降后上升趋势，其余三个地区均呈波动下降趋势；就七个区域而言，东北地区排名居中，与最优的华东地区相比，差距较大，具体如表 2-16 所示。

表 2-16 2015～2019 年七大地理区政府分配资源的比重平均值及排序

年份	东北	华北	华东	华南	华中	西北	西南
	值/序	值/序	值/序	值/序	值/序	值/序	值/序
2015	12.63/13.3	13.41/14.8	10.65/7.8	14.61/15.0	12.26/11.5	26.55/25.6	33.85/23.2
2016	14.08/16.7	13.89/16.8	10.03/7.0	14.50/15.0	11.64/10.5	25.87/25.0	32.55/21.6
2017	14.02/17.0	13.20/15.2	9.81/7.3	14.07/15.3	11.24/10.8	25.46/25.2	30.60/22.0
2018	14.10/17.0	13.72/15.6	9.91/6.8	14.85/16.0	11.63/10.5	25.28/25.4	32.83/21.8
2019	17.98/20.7	15.08/16.8	9.23/5.8	15.01/15.7	11.48/10.3	25.68/25.6	31.11/19.8
平均	14.56/16.9	13.86/15.8	9.92/7.0	14.61/15.4	11.65/10.7	25.77/25.4	32.19/21.7

（2）政府规模

1）政府人员规模（单位：%）。政府人员规模反映了一个地区政府机构的精简情况，是衡量该地区政府规模的重要指标，计算公式为公共管理部门职工人数与地区人口的比值，是逆向指标。总体而言，东北地区的政府人员规模低于全国平均水平，意味着东北地区的政府人员较为精简，且这种优势趋于稳定。2015～2019 年，全国政府人员规模的平均水平整体呈波动上升趋势，东北地区亦呈波动上升趋势；东北三省水平明显优于全国平均水平；东北三省中，黑龙江省政府人员规模呈先下降后上升趋势，其他两省政府人员规模均呈波动上升趋势；辽宁省与全国平均水平的差异呈缩小趋势，黑龙江省与全国平均水平的差异呈扩大趋势；相对而言，黑龙江省较好，辽宁省与吉林省在 2019 年水平相当，辽宁省在 2015～2017 年存在一定优势，之后被吉林省反超，具体如图 2-15 所示。

2015～2019 年，东北三省政府人员规模在全国 31 个省市区连续 5 年数据集（共 155 个指标值）中相对位置分布情况如图 2-16 所示。可见，东北三省 5 年（共 15 个数据）

政府人员规模的百分比排位处于 50% 以下的有 9 个；此外，排位最大值的是 2017 年的黑龙江省（78.0%），最小值的是 2019 年的辽宁省（31.2%），具体如图 2-16 所示。

图 2-15　2015~2019 年政府人员规模基本走势

注：①全国平均指 31 个省市区的平均水平；②全国范围内（可采集到的数据），政府人员规模的最大值为 2018 年西藏自治区的 4.71%，最小值为 2017 年安徽省的 0.74%。

图 2-16　2015~2019 年东北三省政府人员规模百分比排位图

2015~2019 年，6 省区的政府人员规模由低到高排名依次为：江苏、广东、黑龙江、浙江、辽宁、吉林；东南三省中江苏省呈波动上升趋势，广东省呈平稳上升趋势，浙江省呈先下降后上升趋势；东北三省中辽宁省呈先下降后上升趋势，吉林省和黑龙江省呈波动上升趋势；东北三省相比于东南三省，仍有一定的差距；政府人员规模增幅最大的是广东省（5.53%），辽宁省紧随其后（5.43%），降幅最大的是浙江省（-0.44%），吉林省增幅为 3.75%，黑龙江省增幅为 0.65%，具体如表 2-17 所示。

2015~2019 年，四个区域的政府人员规模由低到高排名依次为：中部、东部、东北、西部；四个区域整体呈波动上升趋势；东北地区的政府人员规模与中部地区相比，有一定的差距，具体如表 2-18 所示。

表 2-17　2015~2019 年 6 省区政府人员规模的原始值及单年排序

年份	辽宁	吉林	黑龙江	江苏	浙江	广东	全国平均
	值/序	值/序	值/序	值/序	值/序	值/序	值
2015	1.23/18	1.29/20	1.16/16	0.89/3	1.27/19	0.98/4	1.40
2016	1.23/18	1.33/20	1.17/15	0.90/3	1.26/19	0.99/4	1.42
2017	1.19/18	1.26/20	1.08/10	0.86/3	1.20/19	1.00/4	1.37
2018	1.39/20	1.33/19	1.08/8	0.92/3	1.21/17	1.03/4	1.46
2019	1.50/20	1.48/19	1.19/9	1.03/2	1.24/17	1.20/10	1.57
平均	1.31/18.8	1.34/19.6	1.14/11.6	0.92/2.8	1.24/18.2	1.04/5.2	1.44

表 2-18　2015~2019 年四大经济区政府人员规模的平均值及排序

年份	东北		东部		西部		中部	
	平均值	年排序	平均值	年排序	平均值	年排序	平均值	年排序
2015	1.23	18.0	1.20	12.1	1.72	20.3	1.16	13.0
2016	1.24	17.7	1.22	12.0	1.74	20.5	1.17	12.8
2017	1.18	16.0	1.18	12.6	1.71	20.3	1.12	13.0
2018	1.27	15.7	1.22	12.6	1.86	20.8	1.15	12.3
2019	1.39	16.0	1.32	12.7	1.98	20.8	1.23	11.8
平均	1.26	16.7	1.23	12.4	1.80	20.5	1.17	12.6

2015~2019 年，七个区域政府人员规模由低到高排名依次为：华东、华中、华南、东北、华北、西南、西北；七个区域中西北地区呈平缓上升趋势，西南地区呈先下降后上升趋势，其他五个区域均呈波动上升趋势；就七个区域而言，东北地区排名居中，与最优的华东地区相比，有一定的差距，具体如表 2-19 所示。

表 2-19　2015~2019 年七大地理区政府人员规模的平均值及排序

年份	东北	华北	华东	华南	华中	西北	西南
	值/序	值/序	值/序	值/序	值/序	值/序	值/序
2015	1.23/18.0	1.54/21.0	0.99/7.3	1.16/10.3	1.14/13.0	1.75/26.0	1.82/16.0
2016	1.24/17.7	1.57/20.8	1.00/7.2	1.20/10.3	1.16/13.0	1.81/26.2	1.81/16.4
2017	1.18/16.0	1.51/20.6	0.96/7.7	1.19/11.3	1.11/13.3	1.82/25.8	1.72/16.6
2018	1.27/15.7	1.55/20.6	1.00/7.5	1.24/12.0	1.14/12.5	1.97/25.8	1.91/17.2
2019	1.39/16.0	1.66/19.6	1.12/8.3	1.33/12.3	1.21/11.5	2.09/26.2	2.01/17.2
平均	1.26/16.7	1.57/20.5	1.02/7.6	1.22/11.3	1.15/12.7	1.89/26.0	1.85/16.7

2）行政成本比重（单位：%）。行政成本比重反映政府地方一般财政支出中公共服务的支出强度，是衡量该地区政府规模的重要指标，计算公式为财政支出中的一般公共服务

支出与地区 GDP 的比值，是逆向指标。总体而言，东北地区行政成本比重明显低于全国平均水平，但差距在逐渐缩小，2015~2019 年，全国行政成本比重的平均水平整体呈先上升后下降趋势（整体升降幅度较为平稳），东北三省呈逐步上升趋势；东北三省明显优于全国平均水平；黑龙江省、吉林省和辽宁省整体均呈上升趋势；相对而言，辽宁省略好，黑龙江省次之，吉林省较弱；总体而言，东北三省的行政成本比重明显优于全国平均水平，但优势在逐渐缩小，具体如图 2-17 所示。

图 2-17 2015~2019 年行政成本比重基本走势

注：①全国平均指 31 个省市区的平均水平；②全国范围内（可采集到的数据），行政成本比重的最大值为 2015 年西藏自治区的 20.06%，最小值为 2019 年上海市的 0.96%。

2015~2019 年，东北三省行政成本比重在全国 31 个省市区连续 5 年数据集（共 155 个指标值）中相对位置分布情况如图 2-18 所示。可见，东北三省 5 年（共 15 个数据）行政成本比重的百分比排位处于 50% 以下的有 3 个；排位的最大值是 2015 年的辽宁省（85.1%），最小值是 2019 年的吉林省（24.7%），具体如图 2-18 所示。

图 2-18 2015~2019 年东北三省行政成本比重百分比排位图

2015~2019 年，6 省区行政成本比重由低到高排名依次为：江苏、浙江、广东、辽宁、黑龙江、吉林；东南三省中江苏省呈先下降后上升趋势，其余两省均呈平稳上升趋势；东北三省中辽宁省呈波动上升趋势，其余两省均呈平稳上升趋势；东北三省相比于东南三省，仍存在较明显的差距；行政成本比重增幅最大的是吉林省（11.70%），最小的是江苏省（0.19%），辽宁省和黑龙江省的增幅分别为 11.41% 和 9.36%，具体如表 2-20 所示。

表 2-20　2015~2019 年 6 省区行政成本比重的原始值及单年排序

年份	辽宁	吉林	黑龙江	江苏	浙江	广东	全国平均
	值/序	值/序	值/序	值/序	值/序	值/序	值
2015	1.24/6	1.76/14	1.61/10	1.21/5	1.36/8	1.40/9	2.69
2016	1.67/11	1.77/14	1.73/13	1.19/5	1.40/6	1.42/7	2.70
2017	1.65/9	1.97/17	1.75/11	1.19/5	1.48/6	1.51/7	2.72
2018	1.67/9	2.05/17	1.88/13	1.21/3	1.56/6	1.60/8	2.75
2019	1.81/12	2.58/22	2.21/18	1.22/3	1.62/9	1.72/10	2.69
平均	1.61/9.4	2.02/16.8	1.84/13	1.20/4.2	1.48/7	1.53/8.2	2.71

2015~2019 年，四个区域的行政成本比重由低到高排名依次为：东部、东北、中部、西部；东部和东北地区均呈平稳上升趋势，中部和西部地区均呈波动下降趋势；东北地区行政成本比重与东部地区相比，存在一定的差距，具体如表 2-21 所示。

表 2-21　2015~2019 年四大经济区行政成本比重的平均值及排序

年份	东北		东部		西部		中部	
	平均值	年排序	平均值	年排序	平均值	年排序	平均值	年排序
2015	1.54	10.0	1.45	7.7	4.33	23.0	2.06	18.8
2016	1.72	12.7	1.48	7.3	4.32	23.3	1.98	17.7
2017	1.79	12.3	1.51	7.8	4.28	23.1	2.08	17.2
2018	1.87	13.0	1.57	7.9	4.29	23.3	2.05	16.5
2019	2.20	17.3	1.62	8.7	4.03	22.3	2.02	14.8
平均	1.82	13.1	1.53	7.9	4.25	23.0	2.04	17.0

2015~2019 年，七个区域的行政成本比重由低到高排名依次为：华东、华北、东北、华中、华南、西北、西南；华中、西北和西南地区呈波动下降趋势，东北地区呈平稳上升趋势，其余三个地区呈波动上升趋势；就七个区域而言，东北地区排名靠前，但与最优的华东地区相比，有一定的差距，具体如表 2-22 所示。

表 2-22　2015~2019 年七大地理区行政成本比重的平均值及排序

年份	东北	华北	华东	华南	华中	西北	西南
	值/序	值/序	值/序	值/序	值/序	值/序	值/序
2015	1.54/10.0	1.53/9.8	1.30/6.0	2.27/19.3	2.16/20.3	3.42/25.0	6.16/23.4
2016	1.72/12.7	1.61/11.2	1.27/4.8	2.36/18.7	2.05/19.3	3.41/25.4	6.10/22.6
2017	1.79/12.3	1.86/13.4	1.29/4.8	2.24/18.3	2.11/18.0	3.45/25.0	5.89/22.0
2018	1.87/13.0	1.82/13.2	1.34/4.8	2.36/19.0	2.12/17.5	3.39/25.0	5.98/22.4
2019	2.20/17.3	1.94/13.4	1.32/4.7	2.44/19.7	2.08/15.5	3.37/25.0	5.33/20.6
平均	1.82/13.1	1.75/12.2	1.30/5.0	2.33/19.0	2.10/18.1	3.41/25.1	5.89/22.2

（3）简政放权

简政放权主要用社会服务机构规模予以衡量。社会服务机构规模［单位：个/（万人·万平方千米）］反映一个地区简政放权背景下社会服务提供的程度，是衡量简政放权的核心指标，计算公式为地区社会服务机构及设施数与地区人口和地区面积乘积的比值。2015~2019 年，全国社会服务机构规模整体呈上升趋势，东北地区整体呈平稳波动趋势；东北地区社会服务机构规模明显低于全国水平；东北三省均呈平稳波动趋势；相对而言，辽宁省较好，吉林省次之，黑龙江省较弱；总体而言，东北三省的社会服务机构规模明显低于全国平均水平，差距基本保持不变，具体如图 2-19 所示。

图 2-19　2015~2019 年社会服务机构规模基本走势

注：①全国平均指 31 个省市区的平均水平；②全国范围内（可采集到的数据），社会服务机构规模的最大值为 2019 年上海市的 18.865，最小值为 2019 年新疆维吾尔自治区的 0.057。

2015~2019 年，东北三省社会服务机构规模在全国 31 个省市区连续 5 年数据集（共 155 个指标值）中相对位置的分布情况如图 2-20 所示。可见，东北三省 5 年（共 15 个数据）社会服务机构规模百分比排位处于 50%以下的数量有 11 个，其中有 5 个位于 25%以下；此外，排位最大值的是 2019 年的吉林省（59.7%），最小值的是 2016 年的黑龙江省（9.7%），具体如图 2-20 所示。

图 2-20　2015~2019 年东北三省社会服务机构规模百分比排位图

2015~2019 年，6 省区社会服务机构规模由高到低依次为：浙江、江苏、广东、辽宁、吉林、黑龙江；东南三省中，浙江省和广东省呈上升趋势，江苏省呈波动下降趋势，广东省的增幅较大；东北三省中，辽宁省呈波动上升趋势，吉林省在 2019 年增幅较大，黑龙江省总体呈平稳上升趋势；东北三省相比于东南三省，仍存在较明显的差距；社会服务机构规模增幅最大的是吉林省（17.83%），降幅最大的是江苏省（-1.56%），辽宁省和黑龙江省的增幅分别为 1.36% 和 3.21%，具体如表 2-23 所示。

表 2-23　2015~2019 年 6 省区社会服务机构规模的原始值及单年排序

年份	辽宁	吉林	黑龙江	江苏	浙江	广东	全国平均
	值/序	值/序	值/序	值/序	值/序	值/序	值
2015	0.74/14	0.49/22	0.18/28	1.79/7	1.95/6	0.72/16	1.81
2016	0.68/17	0.50/22	0.18/28	1.57/7	1.95/6	0.77/14	1.81
2017	0.74/15	0.49/22	0.18/28	1.57/7	2.00/6	0.80/14	1.81
2018	0.75/14	0.53/22	0.20/28	1.64/7	2.01/6	0.78/13	1.86
2019	0.78/19	0.83/15	0.20/28	1.68/7	2.12/6	0.82/16	1.99
平均	0.74/15.8	0.57/20.6	0.19/28	1.65/7	2.01/6	0.78/14.6	1.86

2015~2019 年，四个区域社会服务机构规模由高到低依次为：东部、中部、西部、东北；四个区域中，西部和中部地区普遍呈上升趋势，东部和东北地区呈波动上升趋势，其中东北地区上升幅度最大，东部地区上升幅度最小；东北地区社会服务机构规模与东部地区相比，差距较大，具体如表 2-24 所示。

2015~2019 年，七个区域社会服务机构规模由高到低依次为：华东、华北、华南、西北、华中、西南、东北；七个区域中，华北和华南地区普遍呈上升趋势，其他五个地区均呈波动上升趋势，其中华中地区的增幅最大（增幅为 7.45%）；就七个区域而言，东北地区处于末位，与最优的华东地区相比，差距悬殊，具体如表 2-25 所示。

表 2-24　2015~2019 年四大经济区社会服务机构规模的平均值及排序

年份	东北		东部		西部		中部	
	平均值	年排序	平均值	年排序	平均值	年排序	平均值	年排序
2015	0.47	21.3	4.38	7.3	0.58	21.0	0.64	17.8
2016	0.45	22.3	4.34	6.9	0.61	21.2	0.65	17.7
2017	0.47	21.7	4.31	6.9	0.64	21.3	0.66	17.7
2018	0.49	21.3	4.42	7.0	0.65	21.4	0.69	17.5
2019	0.60	20.7	4.74	7.6	0.66	21.7	0.78	16.3
平均	0.50	21.5	4.44	7.1	0.63	21.3	0.68	17.4

表 2-25　2015~2019 年七大地理区社会服务机构规模的平均值及排序

年份	东北	华北	华东	华南	华中	西北	西南
	值/序	值/序	值/序	值/序	值/序	值/序	值/序
2015	0.47/21.3	3.46/12.4	3.98/8.5	1.54/14.3	0.60/19.3	0.69/19.8	0.59/20.0
2016	0.45/22.3	3.53/12.0	3.82/8.5	1.68/14.0	0.59/19.0	0.74/20.0	0.60/20.0
2017	0.47/21.7	3.55/11.8	3.70/8.7	1.76/13.7	0.61/19.0	0.83/20.4	0.59/20.2
2018	0.49/21.3	3.56/12.2	3.85/8.7	1.81/13.3	0.65/18.8	0.83/20.6	0.60/20.2
2019	0.60/20.7	3.65/12.8	4.27/9.0	1.91/14.3	0.78/16.3	0.82/21.2	0.65/20.2
平均	0.50/21.5	3.55/12.2	3.92/8.7	1.74/13.9	0.65/18.5	0.78/20.4	0.61/20.1

（4）监管水平

1）银行不良资产比率（单位：%）。银行不良资产比率反映的是一个地区银行的不良资产情况，是衡量地区政府监管水平的重要指标，计算公式为银行不良资产期末余额与总资产期末余额的比值，是逆向指标。2015~2019 年，全国银行不良资产比率呈上升趋势，东北地区呈波动上升趋势；东北地区表现落后于全国平均水平；东北三省整体呈上升趋势，吉林省和黑龙江省呈先上升后下降的趋势，辽宁省呈逐渐上升趋势；相对而言，黑龙江省表现较好，吉林省次之，辽宁省最弱，东北三省在 2015 年的差距不大，与全国平均水平较接近，2015~2017 年辽宁省表现优于吉林省，2017 年之后吉林省反超辽宁省；总体而言，东北地区的银行不良资产比率整体高于全国平均水平，具体如图 2-21 所示。

2015~2019 年，东北三省银行不良资产比率在全国 31 个省市区连续 5 年数据集（共 155 个指标值）中相对位置分布情况如图 2-22 所示。可见，东北三省 5 年（共 15 个数据）银行不良资产比率的百分比排位位于 50% 以下的有 12 个，其中 7 个位于 25% 以下；排位的最大值是 2015 年的吉林省（70.8%），最小值是 2019 年的辽宁省（3.3%）。

图 2-21　2015～2019 年银行不良资产比率基本走势

注：①全国平均指 31 个省市区的平均水平；②全国范围内（可采集到的数据），银行不良资产比率的最大值为 2019 年海南省的 8.70%，最小值为 2015 年西藏自治区的 0.23%。

图 2-22　2015～2019 年东北三省银行不良资产比率百分比排位图

2015～2019 年，6 省区的银行不良资产比率由低到高排名依次为：广东、江苏、浙江、黑龙江、吉林、辽宁；东南三省普遍呈波动下降趋势，其中浙江省的下降幅度最大；东北三省中，黑龙江省和吉林省整体呈波动上升趋势，但近两年出现了一定程度的下滑，辽宁省呈不断上升趋势；东南三省相比于东北三省，存在一定优势；银行不良资产比率增幅最大的是辽宁省（42.07%），降幅最大的是浙江省（-15.00%），吉林省和黑龙江省的增幅分别为 22.62% 和 5.52%，具体如表 2-26 所示。

表 2-26　2015～2019 年 6 省区银行不良资产比率的原始值及单年排序

年份	辽宁	吉林	黑龙江	江苏	浙江	广东	全国平均
	值/序	值/序	值/序	值/序	值/序	值/序	值
2015	1.64/17	1.47/10	1.72/19	1.55/12	2.50/29	1.43/9	1.69
2016	2.09/20	2.68/27	2.04/18	1.42/8	2.26/24	1.38/6	1.89

续表

年份	辽宁	吉林	黑龙江	江苏	浙江	广东	全国平均
	值/序	值/序	值/序	值/序	值/序	值/序	值
2017	2.90/25	3.00/26	2.40/21	1.30/6	1.70/12	1.30/6	2.01
2018	4.10/30	3.10/25	2.30/19	1.30/6	1.20/5	1.30/6	2.15
2019	4.40/27	2.80/22	2.10/21	1.10/5	1.00/4	1.20/6	2.52
平均	3.03/23.8	2.61/22	2.11/19.6	1.33/7.4	1.73/14.8	1.32/6.6	2.05

2015~2019 年，四个区域的银行不良资产比率由低到高排名依次为：东部、中部、西部、东北；四个区域均呈波动上升趋势，东北地区上升趋势最大，增幅为 23.14%；东北地区银行不良资产比率与东部地区相比，差距较大，具体如表 2-27 所示。

表 2-27　2015~2019 年四大经济区银行不良资产比率的平均值及排序

年份	东北		东部		西部		中部	
	平均值	年排序	平均值	年排序	平均值	年排序	平均值	年排序
2015	1.61	15.3	1.59	14.1	1.73	16.0	1.84	19.0
2016	2.27	21.7	1.59	13.0	2.00	17.3	1.97	15.7
2017	2.77	24.0	1.56	10.9	2.24	17.9	1.93	14.0
2018	3.17	24.7	1.73	11.6	2.22	15.9	2.18	17.3
2019	3.10	23.3	2.36	13.0	2.82	15.7	1.88	16.0
平均	2.58	21.8	1.77	12.5	2.20	16.6	1.96	16.4

2015~2019 年，七个区域的银行不良资产比率由低到高排名依次为：西南、华东、华南、华中、华北、西北、东北；华东地区呈波动下降趋势，西南地区呈先上升后下降态势，其他五个区域均呈波动上升趋势；就七个区域而言，东北地区排名靠后，与最优的华南地区相比，差距明显，具体如表 2-28 所示。

表 2-28　2015~2019 年七大地理区银行不良资产比率的平均值及排序

年份	东北	华北	华东	华南	华中	西北	西南
	值/序	值/序	值/序	值/序	值/序	值/序	值/序
2015	1.61/15.3	1.99/17.0	2.00/20.7	1.43/12.0	1.70/16.5	1.52/13.6	1.40/13.6
2016	2.27/21.7	2.10/17.8	1.86/16.5	1.34/8.7	1.87/14.3	1.91/16.4	1.79/15.6
2017	2.77/24.0	2.20/17.4	1.72/12.3	1.23/6.7	1.90/13.3	2.30/18.4	2.00/16.4
2018	3.17/24.7	2.30/17.8	1.77/11.7	1.47/9.0	2.23/17.5	2.66/19.0	1.66/12.0
2019	3.10/23.3	2.54/18.2	1.57/10.5	3.70/14.3	1.90/15.8	4.18/20.4	1.40/10.4
平均	2.58/21.8	2.23/17.6	1.78/14.3	1.83/10.1	1.92/15.5	2.51/17.6	1.65/13.6

2）生产安全事故死亡率（单位：人/亿元）。生产安全事故死亡率反映一个地区政府对于生产安全的监管水平，是衡量地区政府监管的重要指标，计算公式为因公死亡人数与地区 GDP（亿元）的比值，是一个逆向指标，比例越大意味着政府的监管水平越差。总体而言，东北三省的生产安全事故死亡率略高于全国平均水平，由基本持平向逐渐拉开差距发展，2015~2019 年，全国生产安全事故死亡率整体呈稳定发展趋势，东北地区由平稳发展趋势转向上升趋势；2015~2018 年，东北地区生产安全事故死亡率与全国平均水平基本持平，2018~2019 年高于全国平均水平。辽宁省 2015~2016 年呈上升趋势，2016~2019 年趋于稳定。吉林省 2015~2016 年呈上升趋势，2016~2017 年趋于稳定，2017~2019 年呈先下降后上升趋势。黑龙江省呈稳定发展趋势，与全国平均水平基本持平。相对而言，吉林省较好，黑龙江省次之，辽宁省较差，具体如图 2-23 所示。

图 2-23　2015~2019 年生产安全事故死亡率基本走势

注：①全国平均指 31 个省市区的平均水平；②全国范围内（可采集到的数据），生产安全事故死亡率的最大值为 2019 年山西省的 0.06，最小值为 2017 年新疆维吾尔自治区的 0.00。

2015~2019 年，东北三省生产安全事故死亡率在全国 31 个省市区连续 5 年数据集（共 155 个指标值）中相对位置分布情况如图 2-24 所示。可见，东北三省 5 年（共 15 个数据）生产安全事故死亡率百分比排位处于 50% 以下的有 12 个；排位的最大值是 2015 年的吉林省（79.3%），最小值是 2016 年的辽宁省（18.9%），具体如图 2-24 所示。

2015~2019 年，6 省区生产安全事故死亡率由低到高依次为：江苏、广东、吉林、浙江、黑龙江、辽宁；东南三省中广东省呈波动下降趋势，江苏省发展趋势较为平稳，浙江省呈先平稳后下降并保持平稳的发展趋势；东北三省中辽宁省呈先上升后平稳的发展趋势，黑龙江省发展趋势较为平稳，吉林省呈波动上升趋势；东南三省中水平最高的江苏省略优于东北地区水平最高的吉林省；生产安全事故死亡率增幅最大的是吉林省（14.23%），降幅最大的是浙江省（-9.35%），辽宁省的增幅为 3.53%，黑龙江省的增幅为 3.24%，具体如表 2-29 所示。

2015~2019 年，四个区域生产安全事故死亡率由低到高依次为：东部、中部、东北、西部；东北地区呈先平稳后上升趋势，东部地区呈先平稳后下降的发展趋势，中部地区呈先下降后保持平稳的发展趋势，西部地区呈波动下降趋势；东北地区生产安全事故死亡率与最优的东部地区相比，存在一定的差距，具体如表 2-30 所示。

图 2-24　2015~2019 年东北三省生产安全事故死亡率百分比排位图

表 2-29　2015~2019 年 6 省区生产安全事故死亡率的原始值及单年排序

年份	辽宁	吉林	黑龙江	江苏	浙江	广东	全国平均
	值/序	值/序	值/序	值/序	值/序	值/序	值
2015	0.033/18	0.022/5	0.031/15	0.023/6	0.034/19	0.027/10	0.034
2016	0.040/25	0.027/17	0.034/22	0.023/6	0.032/19	0.026/14	0.032
2017	0.039/26	0.026/18	0.032/22	0.022/6	0.027/19	0.025/16	0.029
2018	0.038/24	0.023/10	0.030/21	0.022/6	0.025/13	0.025/14	0.031
2019	0.038/25	0.034/22	0.035/23	0.018/3	0.021/7	0.022/12	0.030
平均	0.038/23.6	0.026/14.4	0.032/20.6	0.021/5.4	0.028/15.4	0.025/13.2	0.031

表 2-30　2015~2019 年四大经济区生产安全事故死亡率的平均值及排序

年份	东北		东部		西部		中部	
	平均值	年排序	平均值	年排序	平均值	年排序	平均值	年排序
2015	0.029	12.7	0.026	11.0	0.041	20.5	0.036	17.0
2016	0.034	21.3	0.027	11.5	0.037	20.6	0.028	11.7
2017	0.032	22.0	0.025	12.4	0.033	19.2	0.026	12.7
2018	0.031	18.3	0.026	10.1	0.035	20.7	0.029	15.3
2019	0.036	23.3	0.024	10.3	0.033	20.4	0.029	13.0
平均	0.032	19.5	0.026	11.1	0.036	20.3	0.030	13.9

2015~2019 年，七个区域生产安全事故死亡率由低到高依次为：华南、华东、华中、东北、西南、华北、西北；华南地区呈平稳发展趋势，东北地区呈先平稳后上升趋势，华

北地区呈先下降后上升并保持平稳的发展趋势，华中和西南地区呈先下降后平稳的发展趋势，华东和西北地区呈先平稳后下降并保持平稳的发展趋势；就七个区域而言，东北地区排名处于中等水平，与最优的华南地区相比，存在一定的差距，具体如表2-31所示。

表2-31 2015~2019年七大地理区生产安全事故死亡率的平均值及排序

年份	东北	华北	华东	华南	华中	西北	西南
	值/序	值/序	值/序	值/序	值/序	值/序	值/序
2015	0.029/12.7	0.036/16.0	0.026/11.5	0.021/5.3	0.031/14.8	0.046/23.4	0.043/23.4
2016	0.034/21.3	0.035/16.0	0.025/10.3	0.023/7.3	0.024/9.8	0.046/26.6	0.033/19.2
2017	0.032/22.0	0.034/18.2	0.023/11.7	0.022/9.7	0.022/10.0	0.038/22.0	0.030/18.0
2018	0.031/18.3	0.036/17.0	0.024/10.8	0.023/8.0	0.023/10.8	0.043/26.0	0.032/18.8
2019	0.036/23.3	0.038/18.8	0.021/7.0	0.023/12.0	0.022/10.3	0.039/24.8	0.030/17.8
平均	0.032/19.5	0.036/17.2	0.024/10.3	0.022/8.5	0.025/11.1	0.042/24.6	0.034/19.4

（5）营商环境

1）万人新增企业数（单位：个/万人）。万人新增企业数反映一个地区的企业增加情况，是衡量地区营商环境的重要指标，计算公式为当年新增企业单位数与地区人口（万人）的比值。2015~2019年，全国万人新增企业数的平均水平呈波动上升的趋势，东北三省呈波动下降趋势；东北三省明显低于全国平均水平；吉林省趋势较为平缓，黑龙江省和辽宁省呈波动下降趋势，尤其在2019年下滑明显；相对而言，辽宁省和黑龙江省较好，吉林省较弱，但在2019年辽宁省和黑龙江省跌至吉林省之下。总体而言，东北地区万人新增企业数明显低于全国平均水平，且差距呈进一步扩大趋势，如图2-25所示。

图2-25 2015~2019年万人新增企业数基本走势

注：①全国平均指31个省市区的平均水平；②全国范围内（可采集到的数据），万人新增企业数的最大值为2019年广东省的111.59，最小值为2019年天津市的-77.77。

2015~2019年，东北三省万人新增企业数在全国31个省市区5年数据集（共155个指标值）中相对位置分布情况如图2-26所示。可见，东北三省5年（共15个数据）万人新增企业数的百分比排位处于 50% 以下的有 13 个，其中有 10 个位于 25% 以下；排位最大值的是 2017 年和 2018 年的黑龙江省（59.7%），最小值的是 2019 年的黑龙江省（1.2%），具体如图 2-26 所示。

图 2-26　2015~2019 年东北三省万人新增企业数百分比排位图

2015~2019 年，6 省区万人新增企业数由高到低排名依次为：广东、江苏、浙江、辽宁、黑龙江、吉林；东南三省中，广东省呈明显上升趋势，浙江省呈波动上升趋势，江苏省呈波动下降趋势；东北三省中，辽宁省、吉林省和黑龙江省均呈波动下降趋势；广东省增幅最大（269.3%），黑龙江省降幅最大（-70.18%），辽宁省的降幅为 -39.01%，吉林省的降幅为 -22.17%；东北三省相比东南三省，仍存在较明显的差距，具体如表 2-32 所示。

表 2-32　2015~2019 年 6 省区万人新增企业数的原始值及单年排序

年份	辽宁	吉林	黑龙江	江苏	浙江	广东	全国平均
	值/序	值/序	值/序	值/序	值/序	值/序	值
2015	11.88/20	3.58/29	4.45/28	25.57/3	19.71/8	9.48/22	14.10
2016	8.08/23	3.16/28	2.42/30	41.12/2	21.15/6	10.94/15	13.51
2017	12.48/20	3.20/29	17.13/16	53.70/2	51.52/3	38.21/5	21.71
2018	12.48/20	3.20/29	17.13/16	53.70/2	51.52/3	38.21/5	21.71
2019	-6.66/28	0.41/21	-8.04/29	-3.63/26	20.61/10	111.59/1	14.65
平均	7.65/22.2	2.71/27.2	6.62/23.8	34.09/7.0	32.90/6.0	41.68/9.6	17.13

2015~2019 年，四个区域的万人新增企业数由高到低排名依次为：东部、中部、西部、东北；东部和西部地区均呈波动上升趋势，中部和东北地区呈波动下降趋势；东部和西部地区的增幅分别为 5.42% 和 4.77%，中部和东北地区降幅分别为 -5.25% 和

-42.94%；东北地区万人新增企业数与东部地区相比，差距明显，具体如表2-33所示。

表2-33　2015~2019年四大经济区万人新增企业数的平均值及排序

年份	东北		东部		西部		中部	
	平均值	年排序	平均值	年排序	平均值	年排序	平均值	年排序
2015	6.63	25.7	19.32	10.5	11.72	18.8	13.90	14.7
2016	4.55	27.0	19.99	11.6	10.42	17.8	13.36	14.2
2017	10.94	21.7	31.14	11.1	16.46	19.8	21.88	13.8
2018	10.94	21.7	31.14	11.1	16.46	19.8	21.88	13.8
2019	-4.76	26.0	23.51	13.1	13.95	15.4	10.98	17.0
平均	5.66	24.4	25.02	11.5	13.80	18.3	16.40	14.7

2015~2019年，七个区域的万人新增企业数由高到低排名依次为：华东、华南、华北、华中、西南、西北、东北；华南和西南地区整体呈波动上升趋势，其余五个区域均呈波动下降趋势；其中，华南地区增幅最大（86.51%），东北地区降幅最大（-42.94%）；就七个区域而言，东北地区处于末位，与最优的华东地区相比，差距较大，具体如表2-34所示。

表2-34　2015~2019年七大地理区万人新增企业数的平均值及排序

年份	东北	华北	华东	华南	华中	西北	西南
	值/序	值/序	值/序	值/序	值/序	值/序	值/序
2015	6.63/25.7	19.67/10.4	19.21/9.5	11.75/18.7	12.21/17.3	11.15/19.6	12.76/17.4
2016	4.55/27.0	19.55/11.8	21.51/10.0	10.73/16.3	11.10/15.8	9.58/19.4	10.74/17.4
2017	10.94/21.7	24.65/13.4	34.82/9.3	21.69/15.7	18.22/16.3	18.33/20.2	15.67/19.0
2018	10.94/21.7	24.65/13.4	34.82/9.3	21.69/15.7	18.22/16.3	18.33/20.2	15.67/19.0
2019	-4.76/26.0	12.56/14.2	12.06/15.7	52.41/7.7	11.41/17.8	9.92/16.2	16.16/15.6
平均	5.66/24.4	20.22/12.6	24.48/10.8	23.65/14.8	14.23/16.7	13.46/19.1	14.20/17.7

2）民间固定资产投资增速（单位：%）。民间固定资产投资增速反映一个地区民间投资的发展速度，是反映该地区营商环境的重要指标，计算公式为本年和上年民间固定资产投资额的差值与上年民间固定资产投资额的比值。总体而言，东北地区民间固定资产投资增速低于全国平均水平，且差距较大，2015~2019年，全国民间固定资产投资增速呈波动下降趋势，东北地区呈波动上升趋势；东北地区民间固定资产投资增速整体落后于全国平均水平，并且差距较大；黑龙江省民间固定资产投资增速变化幅度不大，2015~2018年缓慢下降，2018~2019年呈上升趋势；吉林省整体呈波动下降趋势；辽宁省2015~2016年整体呈下降趋势，并在2016年达到了"低谷"，2016~2019年呈波动上升趋势；相对而言，吉林省较好，黑龙江省次之，辽宁省较弱，具体如图2-27所示。

图 2-27　2015~2019 年民间固定资产投资增速基本走势

注：①全国平均指 31 个省市区的平均水平；②全国范围内（可采集到的数据），民间固定资产投资增速的最大值为 2017 年西藏自治区的 23.78%，最小值为 2016 年辽宁省的 -62.65%。

2015~2019 年，东北三省民间固定资产投资增速在全国 31 个省市区连续 5 年数据集（共 155 个指标值）中相对位置分布情况如图 2-28 所示。可见，东北三省 5 年（共 15 个数据）民间固定资产投资增速的百分比排位位于 50% 以下的有 13 个，其中有 11 个位于 25% 以下；排位的最大值是 2015 年的吉林省（74.0%），最小值是 2016 年的辽宁省（0.0%），具体如图 2-28 所示。

图 2-28　2015~2019 年东北三省民间固定资产投资增速百分比排位图

2015~2019 年，6 省区民间固定资产投资增速由高到低依次为：广东、浙江、江苏、黑龙江、吉林、辽宁；东南三省中，广东省、浙江省民间固定资产投资增速呈波动下降趋势，江苏省呈平稳下降趋势；东北三省整体起伏相对较大，吉林省呈波动下降趋势，辽宁省与黑龙江省整体呈波动上升趋势；民间固定资产投资增速降幅最大的是吉林省（-58.63%），黑龙江省和辽宁省的民间固定资产投资增速分别为 18.74% 和 -25.27%，具体如表 2-35 所示。

表 2-35 2015~2019 年 6 省区民间固定资产投资增速的原始值及单年排序

年份	辽宁	吉林	黑龙江	江苏	浙江	广东	全国平均
	值/序	值/序	值/序	值/序	值/序	值/序	值
2015	-27.55/31	12.04/18	3.60/29	10.27/24	12.61/15	15.40/10	10.73
2016	-62.65/31	9.59/20	4.57/28	7.39/25	10.81/14	9.76/19	8.08
2017	-0.23/25	-4.59/27	6.05/20	7.28/18	4.69/23	13.39/7	4.42
2018	3.70/22	1.60/23	-4.70/25	5.50/19	7.10/15	10.70/8	2.97
2019	0.30/25	-16.20/31	6.30/16	5.10/19	10.00/5	11.10/2	4.12
平均	-17.29/26.8	0.49/23.8	3.16/23.6	7.11/21	9.04/14.4	12.07/9.2	6.06

2015~2019 年，四个区域民间固定资产投资增速由高到低依次为：中部、西部、东部、东北；四个区域民间固定资产投资增速整体呈波动下降趋势，其中东部地区的降幅最大（-17.10%），东北地区的降幅为-4.84%；东北地区民间固定资产投资增速与中部地区差距较大，具体如表 2-36 所示。

表 2-36 2015~2019 年四大经济区民间固定资产投资增速的平均值及排序

年份	东北		东部		西部		中部	
	平均值	年排序	平均值	年排序	平均值	年排序	平均值	年排序
2015	-3.97	26.0	11.68	18.3	11.46	14.3	15.06	10.5
2016	-16.16	26.3	8.83	20.4	12.17	12.4	10.75	10.7
2017	0.41	24.0	5.78	18.4	7.05	12.2	-1.11	15.7
2018	0.20	23.3	2.65	18.5	0.61	15.5	9.62	9.2
2019	-3.20	24.0	3.69	16.2	3.67	18.1	9.42	7.0
平均	-4.55	24.7	6.53	18.4	6.99	14.5	8.75	10.6

2015~2019 年，七个区域民间固定资产投资增速由高到低依次为：西南、华中、华南、华东、西北、华北、东北；华东、华中地区呈下降趋势，华北呈波动上升趋势，其他区域呈波动下降趋势，其中西南地区的降幅最大（-18.79%）；就七个区域而言，东北地区处于末位，与最优的西南地区相比，差距较大，具体如表 2-37 所示。

表 2-37 2015~2019 年七大地理区民间固定资产投资增速的平均值及排序

年份	东北	华北	华东	华南	华中	西北	西南
	值/序	值/序	值/序	值/序	值/序	值/序	值/序
2015	-3.97/26.0	4.59/21.6	11.80/17.7	14.51/12.0	16.24/7.8	11.25/19.6	17.23/7.8

年份	东北	华北	华东	华南	华中	西北	西南
	值/序	值/序	值/序	值/序	值/序	值/序	值/序
2016	−16.16/26.3	6.55/24.0	9.14/19.2	11.62/12.7	13.20/5.5	7.15/19.2	17.58/5.2
2017	0.41/24.0	−13.12/26.2	7.45/17.7	11.63/10.3	10.63/11.8	0.11/15.2	15.74/6.6
2018	0.20/23.3	−5.54/23.8	7.53/13.5	3.00/14.3	10.05/8.8	−5.92/21.2	10.88/8.4
2019	−3.20/24.0	6.62/12.6	4.52/16.0	3.83/12.3	9.50/6.8	1.26/21.8	4.28/17.8
平均	−4.55/24.7	−0.18/21.6	8.09/16.8	8.92/12.3	11.92/8.1	2.77/19.4	13.14/9.2

4. 主要结论

首先，总体而言，东北地区的政府治理指数与全国平均水平存在较大差距。在反映政府治理水平的5个方面（市场干预、政府规模、简政放权、监管水平、营商环境），东北三省均落后于东南三省，其中，"市场干预""简政放权""营商环境"存在的差距较大。

其次，动态来看，2015～2019年，东北地区的指数得分整体呈波动下降趋势，意味着绝对能力有所波动，并存在下降的风险。同时，东北地区在政府治理方面的相对排名靠后，与发展较好的东部地区存在明显差距。

再次，分省来看，辽宁省政府治理水平较好，吉林省次之，黑龙江省较弱。在全国各省相对排名的竞争中，东北三省均有所退步。吉林省在政府治理各分项指数上相对均衡，"监管水平"相对较强，"政府规模"和"营商环境"相对较弱；辽宁省在"市场干预""简政放权"上相对较强，"监管水平"和"营商环境"相对较弱；黑龙江省"政府规模"较强，"市场干预"和"简政放权"均较弱。

最后，在单项指标方面，东北地区的"政府分配资源的比重""政府人员规模""行政成本比重"优于全国平均水平；东北地区的"生产安全事故死亡率"在2015～2018年与全国平均水平基本持平，2019年表现弱于全国平均水平；"社会服务机构规模""银行不良资产比率""万人新增企业数""民间固定资产投资增速"的发展相对较落后。

（二）企态优化评价报告

1. 企态优化指数总体分析

对企态优化的测度包括国企效率、国企保增值、企业实力、民企规模、民企融资5个方面，共8项关键指标，汇集中国31个省市区2015～2019年企态优化方面的指标信息，得到了连续5年的企态优化指数得分。在此基础上，形成多年连续排序和单年排序。其中，多年连续排名用于反映各省市区企态优化的绝对发展水平随时间动态变化的情况（31 个省市区 5 年共 155 个排位，最高排序为 1，最低排序为 155），单年排序用于反映各省市区在全国范围内某个单年的相对发展水平（31 个省市区每年 31 个排位，最高排序为 1，最低排序为 31）。具体来说，31 个省市区企态优化的总体情况如表 2-38 所示。

表 2-38　2015~2019 年 31 个省市区企态优化指数得分、连续及单年排序

省市区	2015			2016 年			2017 年			2018 年			2019 年		
	值	总	年	值	总	年	值	总	年	值	总	年	值	总	年
重庆	63.0	77	6	72.2	51	6	78.0	33	7	104.7	8	3	161.5	1	1
上海	83.1	21	1	88.9	14	1	99.2	10	1	128.2	5	1	138.6	2	2
浙江	78.7	30	2	88.5	15	2	90.6	13	2	102.0	9	4	136.2	3	3
江苏	72.8	46	4	78.0	31	5	82.0	24	5	116.9	6	2	130.3	4	4
北京	75.5	39	3	81.2	25	3	88.3	16	3	87.2	17	5	115.9	7	5
广东	70.1	55	5	79.5	28	4	82.5	22	4	83.1	20	6	98.5	11	6
福建	48.5	128	16	60.4	89	10	67.5	62	11	76.9	35	7	93.9	12	7
天津	58.9	94	8	62.9	78	8	78.8	29	6	73.9	45	11	84.6	18	8
安徽	49.6	126	15	59.0	93	13	65.3	72	17	70.3	53	14	84.5	19	9
吉林	48.2	129	17	50.8	121	20	49.7	125	29	67.2	64	19	82.4	23	10
江西	34.7	150	27	41.3	142	28	47.3	131	30	62.8	80	22	81.2	26	11
山东	51.9	115	12	59.8	90	11	65.6	68	15	74.3	42	10	80.9	27	12
内蒙古	44.0	139	22	50.5	122	21	74.0	43	8	76.5	37	9	78.0	32	13
贵州	45.3	136	20	56.7	102	16	64.6	73	18	68.9	57	16	77.0	34	14
新疆	57.3	101	10	53.8	112	18	67.4	63	12	72.3	50	13	76.4	38	15
湖北	48.2	130	18	61.2	87	9	68.2	60	9	76.8	36	8	74.5	40	16
广西	47.0	133	19	54.4	107	17	61.6	85	19	68.8	58	17	74.3	41	17
四川	44.3	138	21	49.6	127	23	56.4	103	21	64.1	74	21	73.9	44	18
云南	50.9	120	13	50.5	123	22	67.1	65	13	68.3	59	18	72.6	47	19
海南	59.0	92	7	58.3	96	14	56.4	104	22	72.4	49	12	72.5	48	20
陕西	36.7	148	26	42.4	140	26	52.2	114	26	58.3	97	27	71.2	52	21
山西	53.9	111	11	58.0	99	15	65.3	71	16	70.1	54	15	70.0	56	22
湖南	38.9	145	24	45.7	135	25	55.5	105	23	60.9	88	26	65.7	67	23
辽宁	32.9	152	29	42.0	141	27	52.7	113	25	61.9	84	25	65.6	69	24
河北	40.7	144	23	47.0	132	24	61.6	86	20	62.1	83	24	63.0	76	25
宁夏	58.0	98	9	63.4	75	7	68.0	61	10	62.6	82	23	62.9	79	26
黑龙江	30.0	153	30	36.2	149	30	51.2	119	28	57.5	100	28	62.7	81	27

省市区	2015			2016 年			2017 年			2018 年			2019 年		
	值	总	年	值	总	年	值	总	年	值	总	年	值	总	年
甘肃	37.7	146	25	40.7	143	29	51.5	118	27	54.0	110	30	58.4	95	28
西藏	33.1	151	28	51.8	116	19	54.3	108	24	55.3	106	29	54.2	109	29
河南	25.3	155	31	29.9	154	31	37.6	147	31	45.0	137	31	51.5	117	30
青海	50.4	124	14	59.2	91	12	66.5	66	14	65.5	70	20	46.6	134	31
平均	50.6	114	16	57.2	97.7	16	65.4	74.5	16	73.2	58.5	16	82.6	45.5	16

注：①对于表中的字段名称，"值"表示各省市区对应年份的指数得分，"总"表示各省市区 2015~2019 年多年连续总排序，"年"表示各省市区 5 个单年的排序；②表中 31 个省市区按照 2019 年的指数得分由高到低（降序）排列。

东北地区的企态优化指数处于全国较靠后的位置，且总体上远落后于东南三省的发展水平。2015~2019 年，6 省区企态优化指数由高到低依次为：浙江、江苏、广东、吉林、辽宁、黑龙江；东南三省企态优化指数的发展普遍呈上升趋势，东北三省中除吉林省企态优化指数的发展呈波动上升趋势之外，其余两省普遍呈上升趋势，其中，黑龙江省和辽宁省的上升幅度较大，东北三省整体上升幅度高于东南三省整体上升幅度；东南三省水平较低的广东省依然明显优于东北地区最优的吉林省；6 省中，企态优化指数年增幅最大的是黑龙江省（27.29%），增幅最小的是广东省（10.15%），吉林省的增幅为 17.71%，辽宁省的增幅为 24.82%。就 2019 年而言，东北三省中，吉林省企态优化相对较好，在 31 个省域中的单年排序为 10，辽宁省和黑龙江省相对较差，排序分别为 24 和 27，具体如表 2-38 和表 2-39 所示。

表 2-39　2015~2019 年 6 省区企态优化指数值及单年排序

年份	辽宁	吉林	黑龙江	江苏	浙江	广东	全国平均
	值/序	值/序	值/序	值/序	值/序	值/序	值
2015	32.89/29	48.25/17	29.96/30	72.83/4	78.67/2	70.05/5	50.60
2016	42.05/27	50.85/20	36.16/30	78.03/5	88.48/2	79.55/4	57.23
2017	52.75/25	49.71/29	51.22/28	82.02/5	90.61/2	82.50/4	65.38
2018	61.94/25	67.19/19	57.54/28	116.94/2	102.02/4	83.12/6	73.19
2019	65.55/24	82.42/10	62.67/27	130.33/4	136.16/3	98.48/6	82.56
平均	51.04/26	59.68/19	47.51/28.6	96.03/4	99.19/2.6	82.74/5	65.79

2015~2019 年，全国企态优化指数和东北地区企态优化指数整体均呈上升趋势；东北地区企态优化指数明显低于全国平均水平，差距基本保持不变；就东北三省而言，吉林省呈波动上升趋势（2017 年略有下降），辽宁省和黑龙江省整体均呈上升趋势，东北三省平均水平始终处于全国平均水平之下；就企态优化指数而言，吉林省较好，辽宁省次之，黑

龙江省较弱，具体如图 2-29 所示。

图 2-29　2015~2019 年企态优化指数基本走势

注：①全国平均指 31 个省市区的平均水平；②全国范围内（可采集到的数据），企态优化指数的最大值为 2019 年重庆市的 161.534，最小值为 2015 年河南省的 25.298。

2015~2019 年，东北三省企态优化指数在全国 31 个省市区连续 5 年数据集（共 155 个指标值）中相对位置的分布情况如图 2-30 所示。可见，东北三省 5 年企态优化指数的百分比排位处于 50% 之下的有 12 个；排位最大值的是 2019 年的吉林省（85.7%），最小值的是 2015 年的黑龙江省（1.2%），具体如图 2-30 所示。

图 2-30　2015~2019 年东北三省企态优化指数百分比排位图

2. 全国视角下东北地区企态优化进展分析

2015~2019 年，四大区域企态优化指数由高到低依次为：东部、西部、中部、东北；四个区域的企态优化指数均呈上升趋势，其中，东北地区上升幅度最大（22.40%），东部地区上升幅度最小（14.67%）；就企态优化指数而言，东北地区排名末位，与表现最优的东部地区相比差距较大，如表 2-40 所示。

表 2-40　2015～2019 年四大经济区企态优化指数的平均值及排序

年份	东北		东部		西部		中部	
	平均值	年排序	平均值	年排序	平均值	年排序	平均值	年排序
2015	37.03	25.0	63.92	8.0	47.30	17.8	41.77	21.0
2016	43.02	25.7	70.48	8.2	53.77	18.0	49.15	20.2
2017	51.23	27.3	77.24	8.9	63.47	16.6	56.52	21.0
2018	62.22	24.0	87.71	8.2	68.27	18.8	64.32	19.3
2019	70.21	20.3	101.43	9.2	75.59	19.3	71.25	18.5
平均	52.74	24.5	80.15	8.5	61.68	18.1	56.60	20.0

注：为确保区分度，对于具有平均意义的排序，本书保留一位小数，以下各表同。

2015～2019 年，七大区域企态优化指数由高到低依次为：华东、华南、华北、西南、西北、东北、华中；七大区域整体均呈平稳上升趋势，其中东北地区上升幅度最大（22.40%），华东地区增幅为 18.18%；就企态优化指数而言，东北地区处于七个区域的倒数第二位，与水平最佳的华东地区相比，差距较大，如表 2-41 所示。

表 2-41　2015～2019 年七大地理区企态优化的平均值及排序

年份	东北	华北	华东	华南	华中	西北	西南
	值/序	值/序	值/序	值/序	值/序	值/序	值/序
2015	37.03/25.3	54.60/13.4	64.12/8.3	58.67/10.3	36.77/25.0	48.02/16.8	47.31/17.6
2016	43.02/25.7	59.93/14.2	72.44/7.0	64.11/11.7	44.50/23.3	51.89/18.4	56.17/17.2
2017	51.23/27.3	73.60/10.6	78.37/8.5	66.84/15.0	52.12/23.3	61.12/17.8	64.06/16.6
2018	62.22/24.0	73.97/12.8	94.77/6.3	74.75/11.7	61.39/21.8	62.54/22.6	72.26/17.4
2019	70.21/20.3	82.28/14.6	110.74/6.2	81.74/14.3	68.23/20.0	63.11/24.2	87.87/16.2
平均	52.74/24.5	68.87/13.1	84.09/7.3	69.22/12.6	52.60/22.7	57.33/20.0	65.53/17.0

为便于直观分析，将指数信息按空间分类、时间排列、优劣序化等方式整理后，形成多年指数得分、多年连续排名及单年排名的可视化集成图（见图 2-31～图 2-33），结合表 2-38 的信息，以全国四大经济区为划分标准，对东北三省企态优化方面的振兴进程评价如下：

（1）东北地区企态优化指数得分明显低于东部地区，略低于西部和中部地区

从四大区域的平均得分曲线的变化情况可以看出，东部地区发展相对成熟，基础夯实（2015 年为 63.9），且与其他地区的差距还在进一步拉大（2019 年为 101.4）。其余三个地区总体水平较为相近，且均呈平稳上升趋势。就指数得分而言，东北地区最优水平居于末位。从地区平均指数得分来看，东北地区的平均指数得分位于 37～71，中部地区和西部地区的基础相对较好，平均指数得分分别位于 41～72 和 47～76；以 2015 年为基点（得分37.0），东北地区起步条件低于其他地区，2015～2019 年呈平稳上升趋势，但 2019 年在四

个区域中仍处于最低水平（得分 70.2），平均年指数得分变动为 8.3，高于中部和西部地区的平均年指数得分变动。

图 2-31　2015～2019 年 31 个省市区企态优化指数得分变动情况

图 2-32　2015～2019 年 31 个省市区企态优化多年连续排序变动情况

（2）东北地区企态优化多年连续排序上升幅度较大，但整体水平较为落后

从四大区域的多年连续排序曲线的变化情况可以看出，2015～2019 年，东部地区整体表现最优，基础较好（2015 年平均排序为 76.4），2019 年平均排序上升至 20.8；东北地区呈上升趋势，上升幅度最大（21.8）；中部地区整体呈上升趋势，略低于东北地区，上

升幅度为 20.5；东部地区整体上升幅度（13.9）略低于西部地区（16.8）；东北地区平均水平一直低于东部和中部地区，但与其他三个地区的差距整体呈缩小趋势；就最优水平而言，东部和西部地区表现突出，中部其次，东北地区最优排序水平最低。

图 2-33　2015~2019 年 31 个省市区企态优化单年排序变动情况

（3）东北地区企态优化相对水平上升幅度较大，但与其他三大区域相比仍有一定差距

从四大区域的单年排名曲线的变化情况可以看出，在相对位次的排序竞争中，2015~2019 年，东部和西部地区均呈下降趋势，下降幅度分别为 1.1 和 1.6，而中部和东北地区均呈上升趋势，其中东北地区的提升幅度最大（5.0）。东北地区从 2017 年开始，排序开始回升，2019 年平均排名上升至 20.3，但仍然低于其他三大区域。就区域最优排序而言，东北地区与其他三大区域相比仍有一定差距，且远低于表现最优的东部地区。

3. 企态优化分项指数分析

2015~2019 年，东北三省在"国企效率""国企保增值""企业实力""民企规模"4 个分项指标下，指数平均得分均低于东南三省平均水平和全国平均水平，在"民企融资"方面低于东南三省平均水平，略高于全国平均水平。东北三省中，辽宁省在"民企规模"的指数平均得分最高，但略低于全国平均水平；黑龙江省在"民企融资"方面表现比较突出，高于全国平均水平；吉林省在"国企效率""国企保增值""企业实力"的指数平均得分均高于辽宁省和黑龙江省，但仅有"企业实力"略高于全国平均水平。东南三省 5 个分项指数的发展较好，平均得分显著高于全国平均水平和东北三省，优势明显。就东北三省整体而言，与东南三省和全国平均均有较大差距。如表 2-42 和图 2-34 所示。

表 2-42　2015～2019 年 6 省区企态优化方面分项指数平均得分

	国企效率	国企保增值	企业实力	民企规模	民企融资
辽宁	64.23	23.15	26.32	83.54	57.93
吉林	75.28	42.69	56.76	77.95	45.74
黑龙江	50.25	24.15	43.21	55.31	64.63
江苏	163.27	63.41	78.18	114.57	60.73
浙江	148.64	68.42	78.02	121.11	79.75
广东	102.03	67.83	73.80	89.94	80.10
东北三省平均	63.25	30.00	42.10	72.27	56.10
东南三省平均	137.98	66.56	76.67	108.54	73.53
各省平均	88.87	46.33	56.12	84.29	53.35
各省最高	211.06	82.96	98.31	121.11	86.55
各省最低	17.82	13.97	15.25	52.35	4.13

（a）

（b）

图 2-34　2015～2019 年 6 省区企态优化方面分项指数平均得分雷达图

2015～2019 年，全国在反映企态优化 5 个方面的整体进展较为良好，其中，"国企效率""企业实力""民企规模"整体呈平稳上升趋势，"国企效率"的增幅相对较高，"国企保增值"呈先上升后下降的趋势，"民企融资"呈先下降后上升趋势。除广东省的"国企保增值""民企规模"和江苏省的"国企保增值""民企融资"以外，东南三省各分项指数均处于全国前列（从年排名得出），尤其是浙江省"民企规模"连续 5 年均居全国首位。就东北三省 5 个分项指数而言，排名均较为靠后，仅黑龙江省和辽宁省的"民企融资"在 2017 年后表现较佳；辽宁省的"企业实力"呈波动上升趋势，2019 年排名末位（29 名），"国企保增值"呈先上升后下降的趋势，其中，辽宁省的"民企融资"排名呈逐年上升趋势，从 2015 年的 24 名稳步上升至 2019 年的 8 名；吉林省"国企效率"和"民企规模"连续 5 年呈上升趋势，且"国企效率"上升幅度较大，2018～2019 年连续两年位于 11 名；黑龙江省"国企效率""国企保增值"和"民企规模"连年排名末位，"民企融资"近年来表现良好，2017～2019 年位居全国十名左右。具体如表 2-43 所示。

表 2-43　2015～2019 年 6 省区企态优化方面分项指数

分项指数	年份	辽宁	吉林	黑龙江	江苏	浙江	广东	全国平均
		值/序	值/序	值/序	值/序	值/序	值/序	值
国企效率	2015	37.89/26	41.07/25	35.40/27	78.90/8	86.91/3	81.63/6	61.16
	2016	39.97/26▲	48.55/25▲	36.29/28▲	82.37/7▲	84.71/4▽	80.97/8▽	64.13▲
	2017	58.06/25▲	54.59/26▲	43.02/29▲	88.78/8▲	90.02/6▲	89.33/7▲	74.90▲
	2018	89.84/12▲	96.85/11▲	57.97/29▲	247.12/3▲	159.39/4▲	97.96/8▲	103.08▲
	2019	95.41/15▲	135.33/11▲	78.58/24▲	319.19/4▲	322.15/3▲	160.26/9▲	141.06▲
国企保增值	2015	18.90/28	50.27/11	22.33/23	65.72/6	61.76/7	67.07/5	41.08
	2016	19.83/29▲	51.66/11▲	17.47/30▽	67.19/6▲	75.71/5▲	76.61/4▲	42.01▲
	2017	23.50/28▲	28.58/25▽	24.80/27▲	67.03/11▽	75.43/6▽	75.13/8▽	52.79▲
	2018	30.49/24▲	41.16/20▲	32.84/23▲	66.31/11▽	63.21/14▽	64.72/13▽	51.99▽
	2019	23.03/29▽	41.78/19▲	23.30/28▽	50.82/13▽	66.00/8▲	55.61/11▽	43.77▽
企业实力	2015	22.86/27	52.51/15	33.22/25	76.52/4	70.11/8	69.18/9	50.78
	2016	30.99/27▲	55.31/14▲	39.42/24▲	77.62/5▲	78.82/3▲	72.05/8▲	53.52▲
	2017	28.12/28▽	56.34/14▲	44.92/23▲	78.59/4▲	80.10/3▲	75.71/7▲	56.48▲
	2018	24.11/30▽	56.01/16▽	46.96/22▲	78.87/4▲	80.32/3▲	75.96/8▲	57.86▲
	2019	25.53/29▲	63.63/17▲	51.55/23▲	79.29/5▲	80.74/3▲	76.09/8▲	61.97▲
民企规模	2015	60.95/12	48.94/19	13.38/30	88.06/2	95.54/1	54.25/17	52.73
	2016	78.12/18▲	71.72/20▲	40.88/30▲	115.63/2▲	124.45/1▲	89.49/13▲	80.57▲
	2017	84.89/23▲	86.53/19▲	66.97/26▲	120.40/3▲	126.62/1▲	93.35/15▲	90.70▲
	2018	89.75/19▲	86.82/22▲	71.28/25▲	121.95/3▲	127.04/1▲	95.41/15▲	93.35▲
	2019	104.01/16▲	95.75/21▲	84.03/26▲	126.82/5▲	131.92/1▲	117.21/10▽	104.11▲

续表

分项指数	年份	辽宁	吉林	黑龙江	江苏	浙江	广东	全国平均
		值/序	值/序	值/序	值/序	值/序	值/序	值
民企融资	2015	23.86/24	48.45/15	45.48/16	54.96/12	79.04/4	78.13/6	47.24
	2016	41.32/18▲	27.00/22▽	46.73/15▲	47.37/14▽	78.70/5▽	78.61/6▲	45.91▽
	2017	69.15/12▲	22.51/27▽	76.40/7▲	55.31/17▲	80.88/2▲	78.99/4▲	52.03▲
	2018	75.53/10▲	55.11/20▲	78.66/9▲	70.47/12▲	80.14/7▽	81.55/6▲	59.68▲
	2019	79.78/8▲	75.62/14▲	75.88/12▽	75.52/15▲	80.01/7▽	83.24/3▲	61.92▲

注：表中符号"▲"表示本年的数据相对于前一年是增长的，符号"▽"表示本年的数据相对于前一年是减少的。

进一步统计升降符（▲或▽）的数量，对不同地区的发展态势及稳定性进行分析和对比可知，2015~2019年，全国5项指数▲的数量远远大于▽的数量，6个省份的5项指数中▲的数量为95，▽的数量为25，▲的数量约为▽的四倍；东北三省5个分项指数中的4项▲的总数高于东南三省的总数，东北三省和东南三省的"国企效率"分别为12个和10个▲，"国企保增值"分别为8个和4个▲，"民企规模"分别为12个和11个▲，"民企融资"分别为9个和8个▲，1项低于东南三省，东北三省和东南三省的"企业实力"分别为9个和12个▲，东北地区总体发展水平高于东南三省。

2015~2019年，辽宁省▲的数量为17个，占85%，吉林省▲的数量为16个，占80%，黑龙江省▲的数量为17个，占85%，江苏省▲的数量为16个，占80%，浙江省▲的数量为14个，占70%，广东省▲的数量为15个，占75%，东北三省中黑龙江省和辽宁省上升势头超过了东南三省中上升较快的江苏省；就东北三省而言，黑龙江省和辽宁省的发展较好，吉林省较弱。

（1）国企效率

国企效率主要用国企劳均主营业务收入来衡量。国企劳均主营业务收入（单位：万元/人）反映一个地区国有控股工业企业单位劳动力的平均主营业务收入状况，是衡量该地区国企效率的核心指标，计算公式为国有控股工业企业主营业务收入与国有单位采矿业、制造业和电力业就业人数总和的比值。2015~2019年，全国与东北地区国企劳均主营业务收入呈上升趋势；总体而言，东北地区国企劳均主营业务收入明显落后于全国平均水平，并且差距在2015~2017年逐渐扩大，在2017~2018年差距减小，在2018~2019年差距有扩大趋势；东北三省在2015~2017年国企劳均主营业务收入的发展趋势基本持平，在2017~2019年呈上升趋势；相对而言，吉林省发展较好，辽宁省次之，黑龙江省较弱；东北三省国企劳均主营业务收入与全国平均水平相差较大，且差距在逐渐扩大，具体如图2-35所示。

2015~2019年，东北三省国企劳均主营业务收入在全国31个省市区5年数据集（共155个指标值）中相对位置分布情况如图2-36所示。可见，东北三省5年（共15个数据）国企劳均主营业务收入的百分比排位位于50%以下的有10个，且均位于25%以下；

此外，排位的最大值是 2019 年的吉林省（89.6%），最小值是 2015 年的黑龙江省（7.1%），具体如图 2-36 所示。

图 2-35　2015～2019 年国企劳均主营业务收入对比

注：①全国平均指 31 个省市区的平均水平；②全国范围内，国企劳均主营业务收入的最大值为 2019 年重庆市的 13066，最小值为 2015 年西藏自治区的 64。

图 2-36　2015～2019 年东北三省国企劳均主营业务收入百分比排位图

　　2015～2019 年，6 省区国企劳均主营业务收入由高到低依次为：江苏、浙江、广东、吉林、辽宁、黑龙江；6 省区中除浙江省与广东省呈波动上升外其余省份普遍呈现持续上升趋势；东南三省国企劳均主营业务收入的整体发展水平明显高于东北地区，东南三省相对较低的广东省依然优于东北地区最高的吉林省；国企劳均主营业务收入增幅最大的是吉林省（216.81%），增幅最小的是黑龙江省（51.38%），辽宁省的增幅为 139.78%，具体如表 2-44 所示。

　　2015～2019 年，四大区域国企劳均主营业务收入由高到低依次为：东部、西部、中部、东北；四大区域国企劳均主营业务收入整体呈稳步上升趋势；东北地区涨幅最大（138.84%），但东北地区国企劳均主营业务收入与东部地区差距较大，具体如表 2-45 所示。

表 2-44　2015～2019 年 6 省区国企劳均主营业务收入的原始值及单年排序

年份	辽宁	吉林	黑龙江	江苏	浙江	广东	全国平均
	值/序	值/序	值/序	值/序	值/序	值/序	值
2015	324.3/26	343.2/25	309.5/27	968.4/8	1535.3/3	1161.8/6	725.6
2016	336.7/26	387.7/25	314.8/28	1213.8/7	1379.4/4	1114.7/8	812.5
2017	491.7/25	450.6/26	354.8/29	1667.8/8	1756.0/6	1706.6/7	1116.1
2018	1742.7/12	2239.3/11	490.6/29	6033.2/3	3904.0/4	2317.9/8	1966.5
2019	2137.5/15	3319.9/11	945.6/24	7782.5/4	7854.2/3	3924.9/9	2994.8
平均	1006.6/20.8	1348.1/19.6	483.1/27.4	3533.1/6	3285.8/4	2045.2/7.6	1523.1

表 2-45　2015～2019 年四大经济区国企劳均主营业务收入的平均值及排序

年份	东北		东部		西部		中部	
	平均值	年排序	平均值	年排序	平均值	年排序	平均值	年排序
2015	325.67	26.0	1167.01	8.9	556.19	18.2	528.56	18.5
2016	346.39	26.3	1374.26	8.6	575.49	18.4	583.21	18.3
2017	432.36	26.7	1881.46	9.1	832.83	17.8	748.98	18.5
2018	1490.87	17.3	3114.26	9.8	1433.70	19.7	1357.14	18.3
2019	2134.33	16.7	4539.54	10.7	2423.13	18.4	1993.91	19.7
平均	945.92	22.6	2415.31	9.4	1164.27	18.5	1042.36	18.7

2015～2019 年,七大区域国企劳均主营业务收入由高到低依次为:华东、华北、西南、华南、东北、华中、西北;西北地区整体呈波动上升趋势,其他地区普遍呈上升趋势,其中西南地区的增幅最大(142.33%);就七个区域而言,东北地区处于中下水平,与最优的华东地区相比,差距较大,具体如表 2-46 所示。

表 2-46　2015～2019 年七大地理区国企劳均主营业务收入的平均值及排序

年份	东北	华北	华东	华南	华中	西北	西南
	值/序	值/序	值/序	值/序	值/序	值/序	值/序
2015	325.7/26.0	970.2/11.0	1246.2/6.5	656.0/17.0	412.1/22.0	595.9/16.6	518.3/20.4
2016	346.4/26.3	1230.0/10.8	1411.3/6.2	667.4/17.0	457.0/21.5	570.3/17.2	569.8/20.6
2017	432.4/26.7	1645.8/10.2	1952.4/7.0	1135.0/15.3	596.5/20.8	734.9/18.6	778.8/20.2
2018	1490.9/17.3	1793.5/14.4	3930.0/6.8	1747.8/13.7	1343.2/19.3	883.5/22.2	1781.8/20.4
2019	2134.3/16.7	2867.7/13.6	5587.0/7.5	2498.7/17.0	1850.9/21.5	1266.1/20.2	3469.2/19.0
平均	945.9/22.6	1701.4/12.0	2825.4/6.8	1341.0/16.0	931.9/21.0	810.1/19.0	1423.6/20.1

(2)国企保增值

由于缺乏区域内国家对国企的增资和减资的数据,直接准确计算国企保值增值率存在一定困难，因此，国企保值增值率主要用国企利润率来衡量。国企利润率（单位:%）反映一个地区国有企业盈利能力，是衡量该地区国有企业保值增值率的核心指标，计算公式为该地区国有及国有控股工业企业利润总额与国有及国有控股工业企业主营业务收入的比值。2015~2019 年，全国平均国企利润率呈波动趋势，东北地区呈波动上升趋势；东北地区国企利润率落后于全国平均水平；就东北三省而言，黑龙江省国企利润率整体呈波动上升趋势，到 2016 年下降幅度增大，而在 2016~2018 年呈上升趋势，在 2018~2019 年呈下降趋势；吉林省整体呈波动下降趋势，辽宁省整体呈波动上升趋势；就东北三省而言，吉林省较好，黑龙江省次之，辽宁省较弱，具体如图 2-37 所示。

图 2-37 2015~2019 年国企利润率基本走势

注：①全国平均指 31 个省市区的平均水平；②全国范围内（可采集到的数据），国企利润率的最大值为 2017 年天津市的 19.83%，最小值为 2019 年青海省的-35.72%。

2015~2019 年，东北三省国企利润率在全国 31 个省市区连续 5 年数据集（共 155 个指标值）中相对位置分布情况如图 2-38 所示。可见，东北三省 5 年（共 15 个数据）国企利润率的百分比排位位于 50% 以下的有 13 个，位于 25% 以下的有 7 个；排位最大值的是 2016 年的吉林省（60.1%），最小值的是 2016 年的黑龙江省（3.2%），具体如图 2-38 所示。

图 2-38 2015~2019 年东北三省国企利润率百分比排位图

2015～2019 年，6 省区国企利润率由高到低依次为：浙江、广东、江苏、吉林、黑龙江、辽宁；东南三省中浙江省国企利润率发展呈波动上升趋势，其余两省呈波动下降趋势，吉林省国企利润率发展呈波动下降趋势，辽宁省和黑龙江省均呈波动上升趋势；东南三省国企利润率的整体发展水平明显高于东北地区，东南三省相对较低的江苏省依然优于东北地区最高的吉林省；国企利润率增幅最大的是黑龙江省（10.91%），降幅最大的是辽宁省（-84.06%），吉林省的降幅为-3.01%，具体如表 2-47 所示。

表 2-47　2015～2019 年 6 省区国企利润率的原始值及单年排序

年份	辽宁	吉林	黑龙江	江苏	浙江	广东	全国平均
	值/序	值/序	值/序	值/序	值/序	值/序	值
2015	-0.925/28	5.707/11	1.662/23	7.146/6	6.778/7	7.272/5	3.954
2016	-0.224/29	5.837/11	-2.003/30	7.283/6	8.378/5	8.840/4	4.353
2017	2.540/28	3.957/25	3.516/27	7.269/11	8.231/6	8.078/8	6.456
2018	4.111/24	4.970/20	4.300/23	7.202/11	6.913/14	7.054/13	6.318
2019	2.186/29	5.021/19	2.387/28	5.759/13	7.173/8	6.205/11	3.954
平均	1.538/27.6	5.098/17.2	1.973/26.2	6.932/9.4	7.495/8	7.490/8.2	4.999

　　2015～2019 年，四大区域国企利润率由高到低依次为：东部、西部、中部、东北；中部和东北地区国企利润率呈现波动上升趋势，其他地区均呈波动下降趋势，其中中部地区的增幅最大（30.42%），东北地区增幅为 12.22%；东北地区国企利润率与东部地区相比差距较大，具体如表 2-48 所示。

表 2-48　2015～2019 年四大经济区国企利润率的平均值及排序

年份	东北		东部		西部		中部	
	平均值	年排序	平均值	年排序	平均值	年排序	平均值	年排序
2015	2.15	20.7	7.21	9.3	2.52	17.5	2.29	21.8
2016	1.20	23.3	7.00	9.1	3.52	18.1	3.19	19.7
2017	3.34	26.7	8.67	10.3	6.38	15.2	4.47	21.8
2018	4.46	22.3	7.15	12.6	6.73	14.4	5.09	19.0
2019	3.20	25.3	5.90	13.1	1.96	15.8	5.07	16.5
平均	2.87	23.7	7.19	10.9	4.18	16.2	4.02	19.8

　　2015～2019 年，七大区域国企利润率由高到低依次为：华南、华东、华北、西南、华中、东北、西北；其中，华中地区呈上升趋势，华南和西北地区呈波动下降趋势，其他地区均呈波动上升趋势；就七大区域而言，东北地区处于中下水平，与最优的华南地区相比，差距较大，具体如表 2-49 所示。

表 2-49　2015～2019 年七大地理区国企利润率的平均值及排序

年份	东北	华北	华东	华南	华中	西北	西南
	值/序	值/序	值/序	值/序	值/序	值/序	值/序
2015	2.15/20.7	3.50/18.8	5.96/11.7	8.39/7.7	3.11/20.0	2.65/20.0	2.41/13.4
2016	1.20/23.3	4.40/17.2	6.79/10.0	6.70/9.0	3.54/18.3	2.95/20.2	3.91/15.8
2017	3.34/26.7	9.69/10.2	7.10/12.7	6.24/14.7	4.41/21.5	4.85/20.2	7.69/11.6
2018	4.46/22.3	7.09/12.8	7.01/13.3	6.72/13.0	4.77/19.8	5.33/18.4	8.19/11.0
2019	3.20/25.3	5.03/16.6	6.31/11.5	6.28/11.3	4.81/17.5	-2.55/18.4	4.92/14.4
平均	2.87/23.7	5.94/15.1	6.63/11.8	6.87/11.1	4.13/19.4	2.65/19.4	5.31/13.3

（3）企业实力

1）百万人上市公司数（单位：个/百万人）。百万人上市公司数反映一个地区单位人口所占有的上市公司数量，是衡量地区企业实力的重要指标，计算公式为地区当年所有上市公司数量与地区总人口（百万人）的比值。2015～2019 年，全国百万人上市公司数的平均水平呈平稳上升趋势，东北地区呈波动上升趋势；东北三省明显低于全国平均水平，且差距在进一步拉大；就东北三省而言，吉林省和黑龙江省发展趋势较为平稳，辽宁省呈平稳下降趋势；相对而言，吉林省优势较明显，辽宁省次之，黑龙江省较弱。总体而言，东北三省的百万人上市公司数与全国平均水平差距较大，且这种差距呈进一步扩大的趋势，具体如图 2-39 所示。

图 2-39　2015～2019 年百万人上市公司数基本走势

注：①全国平均指 31 个省市区的平均水平；②全国范围内（可采集到的数据），百万人上市公司数的最大值为 2019 年北京市的 15.92，最小值为 2015 年贵州省的 0.57。

2015～2019 年，东北三省百万人上市公司数在全国 31 个省市区连续 5 年数据集（共 155 个指标值）中相对位置分布情况如图 2-40 所示。可见，东北三省 5 年（共 15 个数据）百万人上市公司数的百分比排位处于 50% 以下的数量为 12 个，其中有 5 个位于 25% 以下；排位最大值的是 2019 年的吉林省（52.5%），最小值的是 2015 年的黑龙江省（18.1%），具体如图 2-40 所示。

图 2-40　2015~2019 年东北三省百万人上市公司数百分比排位图

2015~2019 年，6 省区百万人上市公司数由高到低依次为：浙江、江苏、广东、吉林、辽宁、黑龙江；辽宁省呈波动下降趋势，江苏省呈上升趋势，其他省份呈波动上升趋势；东南三省较低的广东省依然高于东北地区较高的吉林省；百万人上市公司数增幅最大的是江苏省（13.32%），降幅最大的是辽宁省（-1.34%），黑龙江省和吉林省的增幅分别为 1.86% 和 1.85%，具体如表 2-50 所示。

表 2-50　2015~2019 年 6 省区百万人上市公司数的原始值及单年排序

年份	辽宁	吉林	黑龙江	江苏	浙江	广东	全国平均
	值/序	值/序	值/序	值/序	值/序	值/序	值
2015	1.14/20	1.45/15	0.92/25	3.46/4	4.60/3	2.05/8	2.19
2016	1.16/21	1.54/15	0.92/25	3.96/5	5.01/3	2.19/8	2.35
2017	1.08/22	1.55/17	0.95/25	4.76/4	6.05/3	2.67/8	2.59
2018	1.03/22	1.52/17	0.95/25	4.98/4	6.22/3	2.66/8	2.66
2019	1.08/22	1.56/17	0.99/25	5.30/5	6.50/3	2.77/8	2.80
平均	1.10/21.4	1.52/16.2	0.95/25	4.49/4.4	5.68/3	2.47/8	2.52

2015~2019 年，四个区域百万人上市公司数由高到低依次为：东部、西部、中部、东北；东北地区呈波动上升趋势，东部、西部以及中部地区普遍呈整体上升趋势，其中东部地区增幅最大（8.10%），东北地区增幅最小（0.82%）；东北地区百万人上市公司数与最优的东部地区相比差距明显，具体如表 2-51 所示。

2015~2019 年，七个区域百万人上市公司数由高到低依次为：华东、华北、华南、西南、西北、东北、华中；东北地区整体呈波动上升趋势，其他区域普遍呈平稳上升趋势，其中西南地区的增幅最大（10.08%），东北地区增幅为 0.82%；就七个区域而言，东北地区排名靠后，与最优的华东地区相比，差距较大，具体如表 2-52 所示。

表 2-51　2015~2019 年四大经济区百万人上市公司数的平均值及排序

年份	东北		东部		西部		中部	
	平均值	年排序	平均值	年排序	平均值	年排序	平均值	年排序
2015	1.17	20.0	4.12	8.5	1.38	18.8	1.11	20.8
2016	1.21	20.3	4.41	8.6	1.50	18.7	1.16	20.8
2017	1.19	21.3	5.01	8.2	1.60	18.8	1.24	20.7
2018	1.17	21.3	5.15	8.5	1.66	18.7	1.27	20.5
2019	1.21	21.3	5.46	8.6	1.74	18.5	1.29	20.7
平均	1.19	20.9	4.83	8.5	1.57	18.7	1.22	20.7

表 2-52　2015~2019 年七大地理区百万人上市公司数的平均值及排序

年份	东北	华北	华东	华南	华中	西北	西南
	值/序	值/序	值/序	值/序	值/序	值/序	值/序
2015	1.17/20.0	3.54/16.8	3.65/8.3	1.95/14.0	1.06/21.3	1.50/14.8	1.46/20.2
2016	1.21/20.3	3.72/16.8	3.95/8.5	2.03/14.0	1.11/21.3	1.58/14.6	1.67/20.0
2017	1.19/21.3	4.01/16.8	4.64/7.7	2.21/14.7	1.19/21.3	1.70/14.8	1.78/19.8
2018	1.17/21.3	4.15/17.0	4.75/8.0	2.24/14.3	1.24/21.0	1.72/14.6	1.90/19.8
2019	1.21/21.3	4.42/16.8	5.02/8.3	2.27/14.7	1.27/21.0	1.77/14.8	2.04/19.2
平均	1.19/20.9	3.97/16.8	4.40/8.2	2.14/14.3	1.18/21.2	1.65/14.7	1.77/19.8

2）上市公司资产比重（单位：%）。上市公司资产比重反映一个地区上市公司资产情况，是衡量该地区企业实力的重要指标，计算公式为地区当年所有上市公司总资产与地区生产总值的比值。2015~2019 年，全国上市公司资产比重的平均水平整体呈现上升趋势，2018~2019 年上升幅度较大，东北地区上市公司资产比重的平均水平呈平稳上升趋势；东北地区全面落后于全国平均水平，2015~2018 年差距基本保持不变，2018~2019 年差距明显拉大；就东北三省而言，吉林省和黑龙江省整体呈微弱的波动上升趋势，辽宁省呈现微弱的波动下降趋势，三省水平基本相当，黑龙江省较好，吉林省次之，辽宁省较弱。总体而言，东北地区的上市公司资产比重低于全国平均水平，具体如图 2-41 所示。

图 2-41　2015~2019 年上市公司资产比重基本走势

注：①全国平均指 31 个省市区的平均水平；②全国范围内（可采集到的数据），上市公司资产比重的最大值为 2019 年北京市的 4625.99%，最小值为 2016 年西藏自治区的 10.69%。

2015～2019 年，东北三省上市公司资产比重在全国 31 个省市区连续 5 年数据集（共 155 个指标值）中相对位置分布情况如图 2-42 所示。可见，东北三省 5 年（共 15 个数据）上市公司资产比重百分比排位处于 50% 以下的有 12 个，其中有 6 个位于 25% 以下；排位的最大值是 2019 年的黑龙江省（72.7%），最小值是 2015 年的辽宁省（1.2%），具体如图 2-42 所示。

图 2-42　2015～2019 年东北三省上市公司资产比重百分比排位图

2015～2019 年，6 省区上市公司资产比重由高到低依次为：江苏、浙江、广东、黑龙江、吉林、辽宁；2015～2019 年，东南三省和东北三省上市公司资产比重普遍呈上升趋势；东南三省上市公司资产比重较低的广东省依然高于东北地区最高的黑龙江省；上市公司资产比重增幅最大的是浙江省（45.46%），增幅最小的是辽宁省（5.65%），吉林省和黑龙江省的增幅分别为 10.48% 和 24.28%，具体如表 2-53 所示。

表 2-53　2015～2019 年 6 省区上市公司资产比重的原始值及单年排序

年份	辽宁	吉林	黑龙江	江苏	浙江	广东	全国平均
	值/序	值/序	值/序	值/序	值/序	值/序	值
2015	14.67/31	27.75/19	25.71/21	44.27/9	33.64/15	36.60/10	37.01
2016	20.07/26	28.82/21	31.05/19	76.38/3	54.92/7	40.26/12	40.01
2017	19.97/27	29.93/21	37.31/20	78.33/3	62.78/6	44.47/12	42.26
2018	18.01/29	30.45/22	39.93/18	82.36/3	64.57/5	46.83/10	43.41
2019	17.98/31	39.39/21	50.68/14	92.85/6	94.81/5	47.19/15	228.03
平均	18.14/28.8	31.27/20.8	36.94/18.4	74.84/4.8	62.15/7.6	43.07/11.8	78.14

2015～2019 年，四个区域上市公司资产比重由高到低依次为：东部、西部、中部、东北；西部地区呈波动上升的趋势，东部、东北和中部呈上升趋势，其中东部地区上升幅度

最大（340.48%），中部地区上升幅度最小（4.66%）；东北地区上市公司资产比重与东部地区差距悬殊，具体如表2-54所示。

表2-54 2015~2019年四大经济区上市公司资产比重的平均值及排序

年份	东北		东部		西部		中部	
	平均值	年排序	平均值	年排序	平均值	年排序	平均值	年排序
2015	22.71	23.7	41.56	13.0	39.46	15.3	31.69	18.7
2016	26.65	22.0	53.36	10.3	35.33	17.9	33.81	18.7
2017	29.07	22.7	56.32	10.0	37.77	17.6	34.38	19.5
2018	29.46	23.0	56.20	10.3	38.85	18.0	38.15	18.0
2019	36.02	22.0	607.50	8.7	55.02	17.7	37.60	21.8
平均	28.78	22.7	162.99	10.5	41.29	17.3	35.13	19.3

2015~2019年，七个区域上市公司资产比重由高到低依次为：华北、华东、华南、西南、西北、东北、华中；其中，西北地区呈波动上升趋势，华南地区呈先上升后下降趋势，其余地区均呈上升趋势；就七个区域而言，东北地区排序处于中下水平，与最优的华北地区相比，差距悬殊，具体如表2-55所示。

表2-55 2015~2019年七大地理区上市公司资产比重的平均值及排序

年份	东北	华北	华东	华南	华中	西北	西南
	值/序	值/序	值/序	值/序	值/序	值/序	值/序
2015	22.71/23.7	42.11/11.0	39.21/14.8	39.73/14.3	23.40/23.8	50.80/12.4	33.32/16.2
2016	26.65/22.0	46.32/10.4	52.78/10.7	50.58/14.3	24.50/24.0	31.93/21.0	40.55/14.0
2017	29.07/22.7	47.74/10.0	55.37/10.8	53.54/14.3	26.23/24.3	33.46/20.8	43.82/13.8
2018	29.46/23.0	48.49/11.0	53.78/12.5	51.90/13.0	32.59/21.5	32.69/22.2	48.51/12.2
2019	36.02/22.0	970.14/10.8	205.58/10.7	48.58/17.7	33.06/24.0	62.09/18.4	57.65/14.2
平均	28.78/22.7	230.96/10.6	81.34/11.9	48.87/14.7	27.96/23.5	42.19/19.0	44.77/14.1

（4）民企规模

1）民企资产占比（单位：%）。民企资产占比反映一个地区社会总资产中的民企资产情况，是衡量地区民企规模的重要指标，计算公式为地区民企资本与社会总资本的比值。全国民企资产占比的平均水平呈波动上升趋势，2015~2018年，东北地区民企资产占比的平均水平呈缓慢下降趋势，2018~2019年，东北地区民企资产占比的平均水平略有回升；东北地区整体落后于全国平均水平，且有一定差距；就东北三省而言，黑龙江省和吉林省民企资产占比的平均水平与东北地区相似，吉林省呈缓慢下降趋势，黑龙江省2019年略有回升，辽宁省呈现先下降后上升的趋势；相对而言，辽宁省表现较好，吉林省次之，黑龙江省较弱；总体而言，东北地区的民企资产占比低于全国平均水平，且存在不小的差距，具体如图2-43所示。

图 2-43 2015~2019 年民企资产占比基本走势

注：①全国平均指 31 个省市区的平均水平；②全国范围内（可采集到的数据），民企资产占比的最大值为 2019 年浙江省的 70.77%，最小值为 2016 年北京市的 4.68%。

2015~2019 年，东北三省民企资产占比在全国 31 个省市区连续 5 年数据集（共 155 个指标值）中相对位置分布情况如图 2-44 所示。可见，东北三省 5 年（共 15 个数据）民企资产占比的百分比排位处于 50% 以下的数量有 13 个，其中有 5 个位于 25% 以下；排位最大值的是 2019 年的辽宁省（57.1%），最小值的是 2018 年的黑龙江省（16.8%）。

图 2-44 2015~2019 年东北三省民企资产占比百分比排位图

2015~2019 年，6 省区民企资产占比的取值由高到低依次为：浙江、江苏、广东、辽宁、吉林、黑龙江；广东省呈现平稳上升的趋势，浙江省呈先下降再上升的趋势，江苏省呈现波动上升的趋势；东北三省中，辽宁省和黑龙江省呈先下降后上升的趋势，吉林省呈下降趋势，东北三省整体明显低于东南三省；民企资产占比增幅最大的是广东省（6.37%），降幅最大的是吉林省（-9.47%），黑龙江省和辽宁省的增幅分别为 1.03% 和 1.36%，具体如表 2-56 所示。

表 2-56　2015~2019 年 6 省区民企资产占比的原始值及单年排序

年份	辽宁	吉林	黑龙江	江苏	浙江	广东	全国平均
	值/序	值/序	值/序	值/序	值/序	值/序	值
2015	30.84/14	25.26/17	16.18/25	63.43/2	69.03/1	42.03/9	30.33
2016	24.60/16	22.51/18	15.43/25	64.44/2	67.60/1	43.90/9	30.28
2017	23.16/16	21.21/18	15.08/25	62.00/2	66.58/1	45.55/10	29.72
2018	25.28/16	17.74/21	14.64/26	60.99/2	66.24/1	45.43/7	29.77
2019	32.51/14	15.70/25	16.85/24	63.49/2	70.77/1	52.74/5	31.56
平均	27.28/15.2	20.48/19.8	15.64/25.0	62.87/2.0	68.04/1.0	45.93/8.0	30.33

　　2015~2019 年，四个区域民企资产占比由高到低依次为：中部、东部、西部、东北；东北地区呈现先下降后上升的趋势，东部和西部地区呈现上升趋势，中部地区呈现波动下降趋势，其中，东部地区上升幅度最大（2.17%），东北地区下降幅度最大（-2.50%）；东北地区民企资产占比与表现最优的中部地区差距较大，具体如表 2-57 所示。

表 2-57　2015~2019 年四大经济区民企资产占比的平均值及排序

年份	东北		东部		西部		中部	
	平均值	年排序	平均值	年排序	平均值	年排序	平均值	年排序
2015	24.09	18.7	36.95	13.3	21.45	20.7	40.19	9.8
2016	20.85	19.7	37.04	13.4	21.88	20.3	40.56	9.8
2017	19.82	19.7	36.42	13.4	21.86	20.4	39.22	9.7
2018	19.22	21.0	36.31	13.0	22.81	19.8	38.03	10.8
2019	21.69	21.0	40.16	12.2	22.71	20.4	39.85	11.0
平均	21.13	20.0	37.38	13.1	22.14	20.3	39.57	10.2

　　2015~2019 年，七个区域民企资产占比由高到低依次为：华东、华中、华南、西南、华北、东北、西北；华南和西南地区整体呈上升趋势，西北地区呈先升后降的态势，华北、华东、华中、东北地区呈现先下降后上升的趋势；其中，华南地区的增幅最大（3.79%），东北地区降幅最大（-2.50%）；就七个区域而言，东北地区处于中下水平，与最优的华东地区相比，差距明显，具体如表 2-58 所示。

表 2-58　2015~2019 年七大地理区民企资产占比的平均值及排序

年份	东北	华北	华东	华南	华中	西北	西南
	值/序	值/序	值/序	值/序	值/序	值/序	值/序
2015	24.09/18.7	22.74/19.6	48.17/7.7	27.67/17.0	45.11/7.5	18.99/22.4	21.38/20.6
2016	20.85/19.7	22.62/19.8	48.09/8.0	28.19/17.3	45.55/7.0	19.23/22.2	22.34/19.8

续表

年份	东北	华北	华东	华南	华中	西北	西南
	值/序	值/序	值/序	值/序	值/序	值/序	值/序
2017	19.82/19.7	20.77/20.6	47.11/7.7	29.46/17.3	43.88/7.0	20.20/21.6	22.09/20.0
2018	19.22/21.0	22.11/19.6	46.23/8.2	29.49/16.3	41.81/8.8	21.47/21.0	22.81/19.4
2019	21.69/21.0	23.34/19.6	49.67/7.5	31.87/16.0	45.37/8.5	21.04/22.0	23.24/19.6
平均	21.13/20.0	22.31/19.8	47.86/7.8	29.33/16.8	44.34/7.8	20.19/21.8	22.37/19.9

2）民企数量占比（单位：%）。民企数量占比反映一个地区的民企数量情况，是衡量地区民企规模的重要指标，计算公式为地区当年私营企业法人单位数与企业法人单位数的比值。2015~2019 年，全国民企数量占比的平均水平整体呈上升趋势，东北地区与全国相似，呈平稳上升趋势；东北地区略落后于全国平均水平，且差距在逐渐缩小；就东北三省而言，三个省份均呈现平稳上升趋势，在 2015~2016 年，辽宁省民企数量占比最高，且高于全国平均水平，吉林省次之，大致与全国平均水平相一致，黑龙江省民企数量占比最低；在 2016~2019 年，黑龙江省上升幅度较大，且超过全国平均水平，辽宁省次之，上升趋势平稳，吉林省较弱，辽宁省和吉林省整体水平均低于全国水平。总体而言，东北地区的民企数量占比以较小差距低于全国平均水平，且差距水平趋于稳定，具体如图 2-45 所示。

图 2-45 2015~2019 年民企数量占比基本走势

注：①全国平均指 31 个省市区的平均水平；②全国范围内，民企数量占比的最大值为 2019 年宁夏回族自治区的 95.49%，最小值为 2015 年海南省的 42.17%。

2015~2019 年，东北三省民企数量占比在全国 31 个省市区连续 5 年数据集（共 155 个指标值）中相对位置分布情况如图 2-46 所示。可见，东北三省 5 年（共 15 个数据）民企数量占比的百分比排位处于 50% 以下的有 10 个，其中有 4 个位于 25% 以下；排位的最大值是 2019 年的黑龙江省（72.0%），最小值是 2015 年的黑龙江省（1.9%）。

2015~2019 年，6 省区民企数量占比由高到低依次为：浙江、江苏、辽宁、黑龙江、广东、吉林；东南三省整体呈上升趋势，广东省 2018~2019 年增幅明显；东北三省整体呈上升趋势；民企数量占比增幅最大的是黑龙江省（20.40%），增幅最小的是浙江省（2.11%），辽宁省和吉林省的增幅分别为 5.66% 和 8.12%，具体如表 2-59 所示。

图 2-46　2015~2019 年东北三省民企数量占比百分比排位图

表 2-59　2015~2019 年 6 省区民企数量占比的原始值及单年排序

年份	辽宁	吉林	黑龙江	江苏	浙江	广东	全国平均
	值/序	值/序	值/序	值/序	值/序	值/序	值
2015	66.52/13	56.43/24	46.75/30	82.86/2	87.53/1	63.95/17	63.96
2016	68.20/16	57.73/25	53.84/28	84.64/2	90.98/1	63.94/21	67.08
2017	69.91/19	67.28/25	79.47/14	89.31/6	92.33/1	63.62/28	76.05
2018	69.91/19	67.28/25	79.47/14	89.31/6	92.33/1	63.62/28	76.05
2019	81.58/25	74.76/29	84.90/22	92.42/9	94.92/3	84.53/23	86.77
平均	71.22/18.4	64.70/25.6	68.89/21.6	87.71/5	91.62/1.4	67.93/23.4	73.98

2015~2019 年，四个区域民企数量占比由高到低依次为：东部、中部、西部、东北；四个区域均普遍呈上升趋势，其中，中部地区上升幅度最大（11.57%），东部地区上升幅度最小（6.51%）；东北地区民企数量占比与表现最优的东部地区存在一定差距，具体如表 2-60 所示。

表 2-60　2015~2019 年四大经济区民企数量占比的平均值及排序

年份	东北		东部		西部		中部	
	平均值	年排序	平均值	年排序	平均值	年排序	平均值	年排序
2015	56.57	22.3	68.96	11.7	62.63	17.3	61.99	17.5
2016	59.93	23.0	71.00	13.1	65.85	17.2	66.60	15.0

续表

年份	东北		东部		西部		中部	
	平均值	年排序	平均值	年排序	平均值	年排序	平均值	年排序
2017	72.22	19.3	75.42	16.1	76.95	15.6	77.24	15.0
2018	72.22	19.3	75.42	16.1	76.95	15.6	77.24	15.0
2019	80.41	25.3	86.91	15.7	86.28	15.6	90.68	12.7
平均	68.27	21.9	75.54	14.5	73.73	16.2	74.75	15.0

2015~2019 年，七个区域民企数量占比由高到低依次为：华东、华北、西南、西北、华中、东北、华南；七个区域普遍呈现上升趋势；就七个区域而言，东北地区民企数量占比排名处于中下水平，与最优的华东地区相比，差距明显，具体如表 2-61 所示。

表 2-61　2015~2019 年七大地理区民企数量占比的平均值及排序

年份	东北	华北	华东	华南	华中	西北	西南
	值/序	值/序	值/序	值/序	值/序	值/序	值/序
2015	56.57/22.3	65.48/14.6	75.75/6.5	60.98/17.7	57.12/22.0	59.90/18.4	64.06/16.8
2016	59.93/23.0	69.36/14.6	78.25/7.3	62.20/19.3	61.05/19.0	62.62/19.2	67.91/16.0
2017	72.22/19.3	77.73/14.8	82.99/10.5	66.93/20.7	73.72/18.3	75.21/17.2	76.53/16.0
2018	72.22/19.3	77.73/14.8	82.99/10.5	66.93/20.7	73.72/18.3	75.21/17.2	76.53/16.0
2019	80.41/25.3	89.07/15.2	89.53/12.7	81.95/20.3	91.37/12.0	87.91/15.8	83.03/16.0
平均	68.27/21.9	75.87/14.8	81.90/9.5	67.80/19.7	71.40/17.9	72.17/17.6	73.61/16.2

3）民企就业占比。民企就业占比反映一个地区民营企业创造就业机会的情况，是衡量地区民企规模的重要指标，计算公式为地区民企就业人数与总就业人数的比值。2015~2019 年，全国民企就业占比的平均水平整体呈上升趋势，但上升态势逐渐放缓，东北地区整体呈平稳上升趋势；东北地区整体落后于全国平均水平，但差距在逐渐减小；就东北三省而言，整体均呈现上升趋势；相对而言，吉林省表现最优，高于全国平均水平，辽宁省次之，与全国平均水平较为相似，黑龙江省较弱。总体而言，东北地区的民企就业占比略低于全国平均水平，但差距逐年减小，且趋于稳定，具体如图 2-47 所示。

2015~2019 年，东北三省民企就业占比在全国 31 个省市区连续 5 年数据集（共 155 个指标值）中相对位置的分布情况如图 2-48 所示。可见，东北三省 5 年（共 15 个数据）民企就业占比的百分比排位处于 50% 以下的有 9 个，其中有 5 个位于 25% 以下；排位的最大值是 2019 年的吉林省（97.4%），最小值是 2015 年的黑龙江省（0.6%）。

2015~2019 年，6 省区民企就业占比由高到低依次为：浙江、吉林、江苏、广东、辽宁、黑龙江；东南三省和东北三省整体均呈上升趋势；民企就业占比增幅最大的是黑龙江省（24.53%），增幅最小的是浙江省（13.12%），辽宁省和吉林省的增幅分别为 14.52% 和 18.31%，具体如表 2-62 所示。

图 2-47 2015~2019 年民企就业占比基本走势

注：①全国平均指 31 个省市区的平均水平；②全国范围内（可采集到的数据），民企就业占比的最大值为 2019 年重庆市的 78.61%，最小值为 2015 年天津市的 28.87%。

图 2-48 2015~2019 年东北三省民企就业占比百分比排位图

表 2-62 2015~2019 年 6 省区民企就业占比的原始值及单年排序

年份	辽宁	吉林	黑龙江	江苏	浙江	广东	全国平均
	值/序	值/序	值/序	值/序	值/序	值/序	值
2015	42.69/15	43.10/13	30.63/30	44.16/11	48.39/5	40.17/25	42.18
2016	59.62/22	65.64/9	46.04/30	67.53/6	70.75/3	65.01/13	61.70
2017	63.78/22	70.30/7	49.39/30	69.57/8	71.88/3	68.04/10	64.63
2018	65.91/19	73.33/5	53.90/30	70.99/8	72.28/7	69.69/13	66.59
2019	67.49/20	74.68/3	60.69/28	72.58/7	73.78/5	71.06/12	68.24
平均	59.90/19.6	65.41/7.4	48.13/29.6	64.97/8.0	67.42/4.6	62.79/14.6	60.67

2015~2019 年，四个区域民企就业占比由高到低依次为：西部、东部、中部、东北；四个区域普遍呈上升趋势，其中，东北地区增幅最大（18.56%），西部地区增幅最小

（15.00%）；东北地区民企就业占比与表现最优的西部地区存在一定的差距，具体如表2-63 所示。

表 2-63　2015~2019 年四大经济区民企就业占比的平均值及排序

年份	东北		东部		西部		中部	
	平均值	年排序	平均值	年排序	平均值	年排序	平均值	年排序
2015	38.81	19.3	42.30	16.1	42.72	15.1	42.61	16.0
2016	57.10	20.3	62.17	15.2	62.94	15.3	60.75	16.7
2017	61.15	19.7	65.13	14.8	65.69	15.5	63.41	17.2
2018	64.38	18.0	67.13	14.1	66.59	16.9	66.80	16.3
2019	67.62	17.0	68.32	14.0	68.35	17.2	68.21	16.5
平均	57.81	18.9	61.01	14.8	61.26	16.0	60.35	16.5

2015~2019 年，七个区域民企就业占比由高到低依次为：华东、西南、华南、华中、东北、西北、华北；七个区域普遍呈上升趋势，其中，东北地区增幅最大（18.56%），西南地区增幅最大（13.11%）；就七个区域而言，东北地区排名位于中游，与最优的西南地区相比，依然存在较大的差距，具体如表2-64 所示。

表 2-64　2015~2019 年七大地理区民企就业占比的平均值及排序

年份	东北	华北	华东	华南	华中	西北	西南
	值/序	值/序	值/序	值/序	值/序	值/序	值/序
2015	38.81/19.3	38.96/22.0	45.18/11.0	42.38/17.0	43.13/14.3	38.89/20.8	46.27/10.0
2016	57.10/20.3	56.04/23.0	66.72/9.0	64.14/16.0	60.28/16.8	57.52/21.0	67.96/9.2
2017	61.15/19.7	59.72/21.8	69.22/9.2	66.66/15.3	62.99/17.8	63.32/18.6	67.50/12.6
2018	64.38/18.0	60.36/23.2	71.66/8.2	69.65/12.7	67.56/15.5	62.69/23.4	69.36/12.0
2019	67.62/17.0	61.33/23.4	73.01/7.5	71.06/12.3	68.78/16.5	65.37/23.0.	70.54/130
平均	57.81/18.9	55.28/22.7	65.16/9.0	62.78/14.7	60.55/16.2	57.56/21.4	64.33/11.4

（5）民企融资

民企融资主要用民企与国企资产负债率比来衡量。民企与国企资产负债率比（单位：%）反映一个地区民营企业与国有企业资产负债率的对比情况，是衡量该地区民营企业融资难易的核心指标，计算公式为该地区民企资产负债率与国企资产负债率的比值。2015~2019 年，全国民企与国企资产负债率比呈波动上升趋势，东北地区呈波动上升趋势；东北地区民企与国企资产负债率比在 2017 年超越全国平均水平；就东北三省而言，黑龙江省民企与国企资产负债率比整体呈波动上升趋势，2015~2018 年呈上升趋势，2019 年呈下降趋势；吉林省整体呈波动上升趋势，2015~2017 年呈下降趋势，2017~2019 年呈上升趋势；辽宁省整体呈平稳上升趋势；就东北三省而言，黑龙江省相对较好，辽宁省次之，吉林省较弱。总体而言，东北三省的民企与国企资产负债率比与全国平均水平差距较小，具体如图 2-49 所示。

图 2-49　2015~2019 年民企与国企资产负债率比基本走势

注：①全国平均指 31 个省市区的平均水平；②全国范围内（可采集到的数据），民企与国企资产负债率比的最大值为 2019 年北京市的 135.02，最小值为 2016 年河南省的 40.94。

2015~2019 年，东北三省民企与国企资产负债率比在全国 31 个省市区连续 5 年数据集（共 155 个指标值）中相对位置分布情况如图 2-50 所示。可见，东北三省 5 年（共 15 个数据）民企与国企资产负债率比的百分比排位位于 50% 以下的有 7 个，其中有 3 个位于 25% 以下；排位最大值的是 2019 年的辽宁省（85.0%），最小值的是 2017 年的吉林省（10.3%）。

图 2-50　2015~2019 年东北三省民企与国企资产负债率比百分比排位图

2015~2019 年，6 省区民企与国企资产负债率比由高到低依次为：广东、浙江、黑龙江、江苏、辽宁、吉林；东北三省整体呈波动上升趋势；民企与国企资产负债率比增幅最大的是辽宁省（12.28%），增幅最小的是浙江省（0.48%），吉林省和黑龙江省的增幅分别为 3.94% 和 4.61%，具体如表 2-65 所示。

表 2-65　2015~2019 年 6 省区民企与国企资产负债率比的原始值及单年排序

年份	辽宁 值/序	吉林 值/序	黑龙江 值/序	江苏 值/序	浙江 值/序	广东 值/序	全国平均 值
2015	75.15/24	88.92/15	87.38/16	92.08/12	110.46/4	108.44/6	88.75
2016	85.21/18	77.76/22	88.03/15	88.36/14	109.70/5	109.52/6	87.53
2017	98.80/12	73.27/27	104.66/7	92.24/17	114.49/2	110.35/4	91.08
2018	102.73/10	92.15/20	109.62/9	99.42/12	112.87/7	115.96/6	97.57
2019	112.07/8	102.93/14	103.50/12	102.72/15	112.59/7	119.68/3	98.91
平均	94.79/14.4	87.01/19.6	98.64/11.8	94.96/14	112.02/5	112.79/5	92.77

2015~2019 年，四大区域民企与国企资产负债率比由高到低依次为：东部、西部、东北、中部；东北地区民企与国企资产负债率比整体呈上升趋势，且增幅最大，西部地区、东部地区、中部地区略呈波动上升趋势；东北地区民企与国企资产负债率比与东部地区差距较大，具体如表 2-66 所示。

表 2-66　2015~2019 年四大经济区民企与国企资产负债率比的平均值及排序

年份	东北 平均值	东北 年排序	东部 平均值	东部 年排序	西部 平均值	西部 年排序	中部 平均值	中部 年排序
2015	83.82	18.3	99.75	11.7	89.20	15.1	71.98	23.8
2016	83.67	18.3	95.80	12.9	90.11	14.0	70.50	24.0
2017	92.24	15.3	98.74	12.6	93.34	14.7	73.21	24.7
2018	101.50	13.0	106.15	11.8	98.21	16.0	80.05	24.5
2019	106.17	11.3	107.79	11.0	98.27	16.8	81.76	25.2
平均	93.48	15.3	101.65	12.0	93.83	15.3	75.50	24.4

2015~2019 年，七大区域民企与国企资产负债率比由高到低依次为：华南、华北、华东、西南、东北、西北、华中；东北地区呈上升趋势，且增幅最大，华北、华南、华东、华中、西南和西北地区呈波动上升趋势；就七个区域而言，东北地区处于中下水平，与最优的华南地区相比，差距较大，具体如表 2-67 所示。

表 2-67　2015~2019 年七大地理区民企与国企资产负债率比的平均值及排序

年份	东北 值/序	华北 值/序	华东 值/序	华南 值/序	华中 值/序	西北 值/序	西南 值/序
2015	83.82/18.3	96.24/12.0	91.73/15.7	107.80/7.3	63.60/27.8	91.77/14.2	86.32/16.6

续表

年份	东北	华北	华东	华南	华中	西北	西南
	值/序	值/序	值/序	值/序	值/序	值/序	值/序
2016	83.67/18.3	92.01/14.4	88.83/16.3	104.22/7.0	62.85/27.8	90.60/13.4	90.45/14.4
2017	92.24/15.3	100.40/12.2	91.24/16.8	102.99/9.0	65.20/28.0	94.77/13.6	90.75/16.2
2018	101.50/13.0	104.33/12.2	98.10/15.8	113.90/7.3	74.13/27.3	96.62/16.4	97.73/17.6
2019	106.17/11.3	105.82/13.2	101.96/13.8	111.95/8.3	74.46/28.5	92.41/20.0	102.23/14.8
平均	93.48/15.3	99.76/12.8	94.37/15.7	108.17/7.8	68.05/27.9	93.23/15.5	93.50/15.9

4. 主要结论

首先，总体而言，东北三省的企态优化指数明显低于全国平均水平。在反映企态优化水平的5个方面（国企效率、国企保增值、企业实力、民企规模、民企融资），东北三省全面落后于东南三省，其中，"国企效率"方面东北三省和东南三省之间存在的差距最大，其余四个方面也存在明显差距。值得关注的是，东北三省的"国企效率"与东南三省的差距在进一步拉大，这成为东北地区企态优化方面最显著的问题。

其次，动态来看，2015~2019年，东北地区的指数得分的增长速度高于中部地区和西部地区，意味着相对能力的不断上升；东北地区的连续排名变动情况在全国四大区域来看最高，与其余三个地区的差距在逐渐减小；东北地区的单年排名变动情况在全国四大区域来看也是最高的，说明东北地区企态优化的发展状况较为理想。

再次，分省来看，吉林省企态优化水平较好，辽宁省次之，黑龙江省较弱。在全国各省相对排名的竞争中，吉林省排名波动较大，辽宁省和黑龙江省排名波动较小。吉林省"国企效率""国企保增值""企业实力"相对较强，"民企融资"相对较弱，辽宁省"民企规模"相对较强，"国企保增值"和"企业实力"相对薄弱，黑龙江省"民企融资"相对较强，"国企效率""民企规模""国企保增值"均较为薄弱。

最后，在单项指标方面，东北地区仅有"民企数量占比"、"民企就业占比"和"民企与国企资产负债率比"与全国平均水平差距较小；其他各项指标特别是"国企劳均主营业务收入""百万人上市公司数"等指标的发展均比较落后。

（三）区域开放评价报告

1. 区域开放指数总体分析

对区域开放的测度涵括了贸易开放、投资开放、生产开放、市场开放、区位支撑5个方面，共 11 项关键指标。汇集中国 31 个省市区 2015～2019 年区域开放的指标信息，得到连续 5 年的指数得分。在此基础上，形成多年连续排名和单年排名。其中，多年连续排名用于反映各省市区区域开放的绝对发展水平随时间动态变化的情况（31 个省市区 5 年共 155 个排位，最高排序为 1，最低排序为 155），单年排名用于反映各省市区在全国范围内某单年的相对发展水平（31 个省市区每年 31 个排位，最高排序为 1，最低排序为 31）。31 个省市区区域开放的总体情况如表 2-68 所示。

表 2-68 2015～2019 年 31 个省市区区域开放指数得分、连续及单年排序

省市区	2015			2016 年			2017 年			2018 年			2019 年		
	值	总	年	值	总	年	值	总	年	值	总	年	值	总	年
上海	92.8	4	1	92.4	5	1	94.1	2	1	94.3	1	1	93.6	3	1
北京	79.7	13	4	79.6	14	4	81.1	8	2	81.0	9	2	80.7	10	2
广东	81.3	7	2	80.4	11	3	79.4	15	3	79.3	16	3	78.2	21	3
江苏	79.0	17	5	78.9	18	5	78.5	19	4	78.1	22	4	77.2	23	4
天津	79.9	12	3	85.1	6	2	78.5	20	5	74.9	25	5	77.0	24	5
浙江	74.5	26	6	72.3	31	7	72.5	30	7	71.4	32	6	70.6	33	6
福建	72.5	29	7	72.8	27	6	72.6	28	6	66.9	35	8	65.9	39	7
重庆	63.8	45	9	66.7	36	8	66.6	37	8	67.6	34	7	65.7	41	8
山东	61.7	49	10	61.9	48	10	62.1	47	10	61.2	50	10	63.9	44	9
辽宁	66.0	38	8	65.2	43	9	65.9	40	9	65.3	42	9	63.1	46	10
安徽	56.0	55	12	56.1	54	11	56.5	53	11	57.4	52	11	55.1	56	11
海南	58.2	51	11	51.4	67	14	49.0	76	15	52.0	64	12	54.4	59	12
江西	54.8	57	13	54.7	58	12	53.1	63	13	51.9	65	14	51.2	68	13
湖北	51.6	66	14	53.5	61	13	53.8	60	12	53.4	62	13	50.6	69	14
陕西	46.6	83	16	46.6	82	16	48.1	77	16	50.4	72	15	50.1	74	15
河北	44.5	90	17	44.8	88	18	45.0	87	18	45.1	86	17	47.2	79	16
河南	49.8	75	15	50.4	71	15	50.5	70	14	50.4	73	16	47.1	80	17
四川	43.1	96	18	43.9	93	19	46.2	84	17	47.9	78	18	47.1	81	18
湖南	37.6	109	22	39.8	103	21	42.3	101	22	44.1	92	19	44.6	89	19
山西	38.6	107	21	41.1	102	20	42.6	99	21	43.6	94	20	44.3	91	20
广西	38.9	106	20	38.0	108	22	42.8	97	19	43.3	95	21	42.5	100	21
吉林	39.7	104	19	45.6	85	17	42.7	98	20	36.9	110	24	38.9	105	22
黑龙江	28.7	119	24	28.6	121	24	29.9	117	24	31.1	114	24	30.4	116	23
内蒙古	30.5	115	23	34.2	111	23	31.2	113	23	32.6	112	23	29.0	118	24
宁夏	26.1	125	25	26.4	124	25	28.6	122	25	28.0	123	25	28.6	120	25
贵州	18.2	136	27	20.2	134	27	24.0	127	26	23.7	128	26	22.5	130	26
云南	24.4	126	26	22.1	131	26	21.4	132	27	22.6	129	27	20.5	133	27

续表

省市区	2015			2016 年			2017 年			2018 年			2019 年		
	值	总	年	值	总	年	值	总	年	值	总	年	值	总	年
甘肃	13.6	142	29	13.6	144	30	13.6	143	29	14.3	138	28	14.4	137	28
西藏	9.2	151	31	11.2	149	31	8.9	152	31	8.4	154	31	12.1	147	29
新疆	14.0	140	28	18.4	135	28	14.1	139	28	13.4	145	29	11.6	148	30
青海	12.1	146	30	14.0	141	29	9.5	150	30	8.6	153	30	7.9	155	31
平均	48.0	78.7	16	48.7	77.5	16	48.6	77.6	16	48.4	77.6	16	47.9	78.7	16

注：①对于表中的字段名称，"值"表示各省市区对应年份的指数得分，"总"表示各省市区 2015~2019 年多年连续总排序，"年"表示各省市区 5 个单年的排序；②表中 31 个省市区按照 2019 年单年的指数得分由高到低（降序）排列。

辽宁省的区域开放发展指数处于全国中等偏上位置，吉林省和黑龙江省处于中等偏下位置，均落后于东南三省。2015~2019 年，6 省区区域开放指数由高到低依次为：广东、江苏、浙江、辽宁、吉林、黑龙江；东南三省整体均呈下降趋势；东南三省水平较低的浙江省持续优于东北三省最优的辽宁省；区域开放指数年均增幅最大的是黑龙江省（1.48%），降幅最大的是浙江省（-1.31%），辽宁省的降幅为-1.08%，吉林省的降幅为-0.49%。就 2019 年而言，东北三省中辽宁省的区域开放发展相对较好，在 31 个省域中的单年排名为 10；吉林省与黑龙江省相对较差，排序分别为 22 和 23，具体如表 2-68 和表 2-69 所示。

表 2-69　2015~2019 年 6 省区区域开放指数的值及单年排序

年份	辽宁	吉林	黑龙江	江苏	浙江	广东	全国平均
	值/序	值/序	值/序	值/序	值/序	值/序	值
2015	66.00/8	39.72/19	28.67/24	78.98/5	74.50/6	81.28/2	47.98
2016	65.15/9	45.65/17	28.61/24	78.88/5	72.34/7	80.40/3	48.70
2017	65.92/9	42.75/20	29.92/24	78.53/4	72.47/7	79.43/3	48.55
2018	65.33/9	36.89/22	31.14/24	78.13/4	71.38/6	79.30/3	48.36
2019	63.15/10	38.95/22	30.37/23	77.19/4	70.60/6	78.21/3	47.94
平均	65.11/9	40.79/20	29.74/23.8	78.34/4.4	72.26/6.4	79.72/2.8	48.31

2015~2019 年，全国区域开放整体呈缓慢波动下降趋势，东北地区亦呈缓慢波动下降态势，且低于全国平均水平；辽宁省的区域开放明显高于全国平均水平，整体呈缓慢波动下降态势；黑龙江省呈波动上升趋势，2015~2018 年明显上升，2018~2019 年又有所下降；吉林省整体呈波动下降态势。就东北三省而言，辽宁省区域开放水平较高，吉林省次之，黑龙江省较弱，如图 2-51 所示。

图 2-51 2015～2019 年区域开放指数基本走势

注：①全国平均指 31 个省市区的平均水平；②全国范围内（可采集到的数据），区域开放指数的最大值为 2018 年上海市的 94.28，最小值为 2019 年青海省的 7.86。

2015～2019 年，东北三省区域开放指数在全国 31 个省市区连续 5 年数据集（共 155 个指标值）中相对位置分布情况如图 2-52 所示。可见，东北三省 5 年（共 15 个数据）区域开放指数的百分比排位处于 50% 以下的有 10 个；此外，排位最大值的是 2015 年的辽宁省（75.9%），最小值的是 2016 年的黑龙江省（22.0%）。

图 2-52 2015～2019 年东北三省区域开放指数百分比排位图

2. 全国视角下东北地区区域开放进展分析

2015～2019 年，四大区域的区域开放指数由高到低依次为：东部、中部、东北、西部；东部及东北地区整体呈波动下降趋势，其他地区整体呈波动上升态势，西部地区增幅最大（0.85%），东北地区降幅为 -0.36%；东北地区持续低于东部地区，且与东部地区的差距较大，具体如表 2-70 所示。

表 2-70　2015~2019 年四大经济区区域开放指数的平均值及排序

年份	东北		东部		西部		中部	
	平均值	年排序	平均值	年排序	平均值	年排序	平均值	年排序
2015	44.8	17.0	72.42	7.0	28.36	23.5	48.07	16.2
2016	46.47	16.7	71.96	7.0	29.59	23.7	49.28	15.3
2017	46.2	17.7	71.27	7.1	29.58	23.3	49.81	15.5
2018	44.45	18.3	70.41	7.0	30.07	23.3	50.14	15.3
2019	44.15	18.3	70.87	6.5	29.32	23.5	48.82	15.7
平均	45.21	17.6	71.39	6.8	29.39	23.4	49.22	15.6

注：为确保区分度，对于具有平均意义的排序，本书保留一位小数，以下各表同。

2015~2019 年，七大区域的区域开放指数由高到低依次为：华东、华南、华北、华中、东北、西南、西北；华北、西北和西南地区整体呈波动上升趋势，其他地区均呈波动下降趋势，其中西南地区的增幅最大（1.45%），东北地区的降幅为-0.36%；就七个区域而言，东北地区处于中下水平，与华东地区相比，差距明显，具体如表 2-71 所示。

表 2-71　2015~2019 年七大地理区区域开放的平均值及排序

年份	东北	华北	华东	华南	华中	西北	西南
	值/序	值/序	值/序	值/序	值/序	值/序	值/序
2015	44.80/17.0	54.64/13.6	72.76/6.8	59.47/11.0	48.45/16.0	22.47/25.6	31.72/22.2
2016	46.47/16.7	56.97/13.4	72.40/6.7	56.61/13.0	49.62/15.3	23.79/25.6	32.80/22.2
2017	46.20/17.7	55.67/13.8	72.70/6.5	57.07/12.3	49.95/15.3	22.77/25.6	33.41/21.8
2018	44.45/18.3	55.43/13.6	71.55/6.7	58.20/12.3	49.95/15.3	22.96/25.4	34.04/21.6
2019	44.15/18.3	55.63/13.4	71.05/6.3	58.37/12.0	48.40/15.8	22.52/25.8	33.56/21.6
平均	45.21/17.6	55.67/13.6	72.09/6.6	57.94/12.1	49.27/15.5	22.90/25.6	33.10/21.9

为便于直观分析，将指数信息按空间分类、时间排列、优劣序化等方式整理后，形成多年连续排名及单年排名的可视化集成图（见图 2-53~图 2-55），结合表 2-68 的信息，以全国四大经济区为划分标准，对东北三省区域开放的振兴进程评价如下：

（1）东北地区区域开放指数得分呈波动趋势，上升速度居四大区域第三位

从四大区域平均得分曲线的变化情况可以看出，中国在区域开放上成效较微，四大区域中西部与中部地区指数得分水平均呈波动上升趋势，其他两个区域指数得分整体呈波动下降趋势。其中，西部与中部上升速度最大；东北与东部地区上升速度分别位于第三、第四；东北地区指数得分上升速度虽大于东部地区，但指数得分在 2015~2019 年持续低于东部地区，与东部地区的整体差距显著。

（2）东北地区区域开放绝对水平呈波动上升态势，居四大区域第三位

从四大区域连续排名曲线的变化情况可以看出，东北和东部地区整体呈下降趋势，下

降速度为年均下降 0.5 名和 0.8 名，中部与西部地区均呈波动上升趋势，上升速度最快的是中部地区，连续排名年均上升 0.7 名，西部地区上升 0.6 名。东北地区的连续排名持续低于中部地区，具体来说，东北三省中，黑龙江省从 2015 年的 119 名降至 2016 年的 121 名后，2018 年回升至 114 名，2019 年降至 116 名；吉林省从 2015 年的 104 名升至 2016 年的 85 名，喜创新高，但在 2018 年跌至 110 名，随后在 2019 年回升至 105 名；辽宁省从 2015 年的 38 名降至 2016 年的 43 名后开始回升，在 2017 年回升至 40 名，随后开始降至 2018 年的 42 名与 2019 年的 46 名。

图 2-53　2015~2019 年 31 个省市区区域开放指数得分变动情况

图 2-54　2015~2019 年 31 个省市区区域开放多年连续排序变动情况

图 2-55　2015～2019 年 31 个省市区区域开放单年排序变动情况

（3）东北地区区域开放相对水平呈波动下降趋势，且下降幅度较高

从四大区域单年排名曲线的变化情况可以看出，在相对位次的排序竞争中，东北地区呈波动下降趋势，东北地区 2019 年较 2015 年下降 1.3 名，东北地区的下降幅度较大；而中部和东部地区的提升幅度分别为 0.5 名和 0.1 名；西部地区单年排名基本稳定，变动幅度为 0。东北地区的单年排序持续低于中部地区，就东北三省而言，辽宁省单年排名由第 8 名降至第 10 名，黑龙江省由第 24 名升至第 23 名，吉林省由 19 名退到 22 名，三个省份整体呈现下降趋势。

3. 区域开放分项指数分析

2015～2019 年，东北三省 5 个分项指标均低于东南三省平均水平，辽宁省 5 个分项指数均高于全国平均水平，表现相对较好，吉林省仅投资开放高于全国平均水平，黑龙江省均低于全国平均水平，表现较弱。东南三省的平均得分显著高于全国平均得分和东北三省平均得分，优势明显。分省来看，东南三省 5 个分项指数的发展相对均衡，江苏省的区位支撑、浙江省的投资开放、生产开放与区位支撑以及广东省的投资开放略低，广东省的贸易开放为全国最优水平；东北三省中，辽宁省 5 个分项指数的发展相对均衡，其中投资开放较弱，吉林省和黑龙江省发展均衡性较弱，且差距较大。就东北三省而言，辽宁省的贸易开放与生产开放相对较强，投资开放相对较弱，吉林省投资开放相对较强，其他分项指标较为薄弱，黑龙江省各分项指标均薄弱。总体来看，东北三省 5 个分项指数与东南三省的差距明显，具体表 2-72 和图 2-56 所示。

表 2-72　2015~2019 年 6 省区域开放方面分项指数平均得分

	贸易开放	投资开放	生产开放	市场开放	区位支撑
辽宁	70.4	48.21	77.91	67.88	61.15
吉林	38.2	49.9	42.71	30.33	42.83
黑龙江	25.96	30.66	31.78	21.21	39.1
江苏	83.13	77.86	85.18	75.35	70.19
浙江	84.03	56.36	77.16	74.81	68.93
广东	85.89	67.45	85.24	78.69	81.33
东北三省平均	44.85	42.92	50.8	39.8	47.69
东南三省平均	84.35	67.22	82.52	76.28	73.48
各省平均	46.71	47.86	47.65	45.38	53.92
各省最高	85.89	88.55	91.66	106.89	95.13
各省最低	-4.25	1.73	6.11	4.59	14.69

图 2-56　2015~2019 年 6 省区域开放方面分项指数平均得分雷达图

2015~2019 年，全国在反映区域开放 5 个分项指数方面的整体进展良好，其中"贸易开放"呈现先降后升的态势，"投资开放"呈现先升后降的态势，"生产开放"呈现为下降趋势，"市场开放"呈现波动上升态势，"区位支撑"呈上升趋势。除浙江省的"投资开放"与"区位支撑"以外，东南三省各分项指数均处于全国前列（从年排名得出），尤其是广东省"贸易开放"连续 5 年均处于全国前三位。东南三省的"贸易开放""投资开放""生产开放"整体呈下降趋势，其中，广东省的"市场开放"整体呈波动上升趋势，"区位支撑"整体呈波动下降趋势，其他分项指标呈下降趋势；江苏省的"生产开放"与"市场开放"呈下降趋势，"贸易开放"与"投资开放"呈波动下降趋势，"区位支撑"呈波动上升趋势；浙江省的"投资开放"和"生产开放"呈下降趋势；就东北三省 5 个分项指数而言，仅辽宁省 5 个分项指数的排名相对靠前（2015~2019 年的投资开放相对靠后），吉林省和黑龙江省的排名相对靠后，其中吉林省"投资开放"在 2016 年与 2017 年处于前列，增长迅速，但其他年份下落至靠后排位；东北三省除"投资开放"整体呈波动下降趋势，以及"市场开放"呈波动上升趋势外，其他分项指标均呈现波动上升或波动下降的变动趋势，具体如表 2-73 所示。

表 2-73　2015~2019 年 6 省区域开放方面分项指数

分项指数	年份	辽宁	吉林	黑龙江	江苏	浙江	广东	全国平均
		值/序	值/序	值/序	值/序	值/序	值/序	值
贸易开放	2015	78.41/6	27.50/22	23.78/24	83.44/4	84.50/3	88.30/1	46.46
	2016	65.88/10 ▽	37.80/18 ▲	20.44/25 ▽	82.67/4 ▽	83.50/3 ▽	86.67/1 ▽	44.81 ▽
	2017	68.92/9 ▲	39.37/18 ▲	22.30/25 ▲	83.26/4 ▲	84.01/3 ▲	85.24/2 ▽	46.99 ▲
	2018	69.65/9 ▲	40.83/18 ▲	28.24/23 ▲	83.34/4 ▲	84.14/3 ▲	85.00/2 ▽	47.44 ▲
	2019	69.14/9 ▽	45.48/18 ▲	35.03/22 ▲	82.96/4 ▽	84.01/2 ▽	84.26/1 ▽	47.83 ▲
投资开放	2015	51.31/16	48.92/19	35.47/22	77.83/4	57.73/14	70.62/7	48.14
	2016	48.74/19 ▽	72.91/7 ▲	33.84/23 ▽	78.84/4 ▲	56.98/15 ▽	68.9/9 ▽	49.68 ▲
	2017	51.49/18 ▲	59.19/13 ▽	40.51/20 ▲	78.55/4 ▽	56.51/16 ▽	67.08/10 ▽	49.12 ▽
	2018	49.32/17 ▽	36.60/21 ▽	34.85/22 ▽	77.41/6 ▽	55.83/14 ▽	67.06/9 ▽	47.55 ▽
	2019	40.17/19 ▽	31.90/21 ▽	8.66/26 ▽	76.65/5 ▽	54.75/13 ▽	63.60/9 ▽	44.83 ▽
生产开放	2015	75.59/8	47.88/19	29.70/24	87.92/3	79.30/6	88.28/2	49.41
	2016	79.86/6 ▲	43.73/21 ▽	31.9/23 ▲	86.91/2 ▽	78.13/8 ▽	86.75/3 ▽	49.34 ▽
	2017	78.21/5 ▽	41.06/21 ▽	29.60/23 ▽	85.06/2 ▽	76.85/7 ▽	84.59/3 ▽	47.23 ▽
	2018	78.27/4 ▲	33.95/22 ▽	31.57/23 ▲	84.24/2 ▽	76.24/8 ▽	83.63/3 ▽	46.74 ▽
	2019	77.63/5 ▽	46.92/16 ▲	36.11/20 ▲	81.76/4 ▽	75.27/7 ▽	82.94/3 ▽	45.56 ▽
市场开放	2015	66.35/7	31.66/22	18.91/27	76.70/5	75.40/6	77.98/3	44.95
	2016	69.36/7 ▲	28.07/22 ▽	19.54/28 ▲	76.05/5 ▽	74.79/6 ▽	78.09/3 ▲	46.75 ▲
	2017	68.90/7 ▽	28.03/22 ▽	19.33/27 ▽	75.35/5 ▽	74.86/6 ▲	78.54/3 ▲	44.84 ▽
	2018	67.82/7 ▽	27.94/22 ▽	21.55/25 ▲	74.54/6 ▽	74.76/5 ▽	79.55/3 ▲	45.06 ▲
	2019	66.97/8 ▽	35.92/19 ▲	26.73/23 ▲	74.11/6 ▽	74.23/5 ▽	79.29/3 ▽	45.32 ▲

续表

分项 指数	年份	辽宁	吉林	黑龙江	江苏	浙江	广东	全国平均
		值/序	值/序	值/序	值/序	值/序	值/序	值
区位 支撑	2015	58.34/12	42.65/17	35.47/24	69.02/8	75.57/5	81.20/4	50.93
	2016	61.91/12▲	45.73/17▲	37.36/25▲	69.94/7▲	68.29/8▽	81.56/4▲	52.95▲
	2017	62.09/14▲	46.10/20▲	37.87/25▲	70.4/7▲	70.13/8▲	81.69/4▲	54.57▲
	2018	61.60/14▽	45.14/22▽	39.51/25▲	71.11/6▲	65.91/11▽	81.24/3▽	55.01▲
	2019	61.81/14▲	34.52/27▽	45.31/23▲	70.46/7▽	64.74/12▽	80.95/3▽	56.15▲

注：表中符号"▲"表示本年的数据相对于前一年是增长的，符号"▽"表示本年的数据相对于前一年是减少的。

进一步统计升降符（▲或▽）的数量，对不同地区的发展态势进行分析和对比可知，2015~2019年，全国5项指数▲的数量大于▽的数量。从分项指数来看，全国"贸易开放"和"区位支撑"的▲的数量大于▽的数量，"投资开放""市场开放"与"生产开放"的▲的数量小于▽；东北地区各分项指标中▲的数量均多于东南三省，其中"生产开放"的差距最大（为6个），发展势头优于东南三省；总体而言，东北三省▲的总数量明显多于东南三省，东北地区为32个，占东北三省升降符总数的53.3%，东南三省为15个，占25%。

2015~2019年，辽宁省▲的数量为9个，占辽宁省升降符总数的45.0%，吉林省▲的数量为9个，占45.0%，黑龙江省▲的数量为14个，占70.0%，江苏省▲的数量为6个，占30.0%，浙江省▲的数量为4个，占20.0%，广东省▲的数量为5个，占25.0%；就东北三省而言，辽宁省的发展态势相对较好，吉林省次之，黑龙江省较弱；其中"投资开放"的整体发展态势均不理想，"区位支撑"的发展相对平稳。

（1）贸易开放

1）对外贸易依存度。对外贸易依存度反映一个地区对国际市场的依赖程度，是衡量地区对外开放程度的重要指标，计算公式是进出口总额与地区GDP之比。2015~2019年，全国对外贸易依存度平均水平呈下行态势，东北地区呈上行态势，但仍低于全国平均水平；2015~2019年，东北三省对外贸易依存度平稳上升，黑龙江省尤为明显，2015年之后辽宁省对外贸易依存度明显上升，吉林省和黑龙江省基本不变；就东北三省而言，辽宁省发展较好，黑龙江省次之，吉林省较弱。总体而言，东北地区对外贸易依存度与全国平均水平差距较大，具体如图2-57所示。

2015~2019年，东北三省对外贸易依存度在全国31个省市区连续5年数据集（共155个指标值）中相对位置分布情况如图2-58所示。可见，东北三省5年（共15个数据）对外贸易依存度的百分比排位位于50%以下的有9个，其中位于25%以下的有3个；此外，排位的最大值是2018年的辽宁省（77.2%），最小值是2016年的黑龙江省（18.1%），具体如图2-58所示。

图 2-57　2015~2019 年对外贸易依存度基本走势

注：①全国平均指 31 个省市区的平均水平；②全国范围内（可采集到的数据），对外贸易依存度的最大值为 2015 年上海市的 1.1137，最小值为 2019 年青海省的 0.0127。

图 2-58　2015~2019 年东北三省对外贸易依存度百分比排位图

2015~2019 年，6 省区对外贸易依存度由高到低依次为：广东、浙江、江苏、辽宁、黑龙江、吉林；东南三省对外贸易依存度虽呈波动下降趋势，但明显高于东北三省和全国平均水平；东北三省中对外贸易依存度较高的辽宁省持续低于东南三省中较低的江苏省；对外贸易依存度降幅最大的是广东省（-6.02%），增幅最大的是黑龙江省（14.52%），吉林省的增幅为 8.22%，具体如表 2-74 所示。

表 2-74　2015~2019 年 6 省区对外贸易依存度的原始值及单年排序

年份	辽宁	吉林	黑龙江	江苏	浙江	广东	全国平均
	值/序	值/序	值/序	值/序	值/序	值/序	值
2015	0.21/11	0.08/23	0.09/22	0.48/5	0.50/4	0.87/2	0.25
2016	0.26/8	0.08/22	0.07/24	0.43/5	0.47/4	0.78/2	0.22
2017	0.29/8	0.08/23	0.08/24	0.47/5	0.49/4	0.76/3	0.23

续表

年份	辽宁	吉林	黑龙江	江苏	浙江	广东	全国平均
	值/序	值/序	值/序	值/序	值/序	值/序	值
2018	0.30/8	0.09/22	0.11/20	0.47/5	0.51/4	0.74/3	0.24
2019	0.29/8	0.11/20	0.14/15	0.44/6	0.49/5	0.66/3	0.23
平均	0.27/8.6	0.09/22	0.10/21	0.46/5.2	0.49/4.2	0.76/2.6	0.23

2015~2019 年，四个区域对外贸易依存度由高到低依次为：东部、东北、中部、西部；东部和西部地区呈下降趋势，东北地区呈上升趋势；中部地区整体趋于平稳，但在 2016 年出现小幅度下降；东北地区的对外贸易依存度与东部地区差距明显，如表 2-75 所示。

表 2-75 2015~2019 年四大经济区对外贸易依存度的平均值及排序

年份	东北		东部		西部		中部	
	平均值	年排序	平均值	年排序	平均值	年排序	平均值	年排序
2015	0.13	18.7	0.53	6.5	0.11	21.3	0.11	19.8
2016	0.14	18.0	0.47	6.8	0.09	21.6	0.10	19.2
2017	0.15	18.3	0.48	6.8	0.10	21.3	0.11	19.7
2018	0.17	16.7	0.50	7.1	0.10	21.3	0.11	19.8
2019	0.18	14.3	0.47	6.8	0.10	21.8	0.11	20.5
平均	0.15	17.2	0.49	6.8	0.10	21.5	0.11	19.8

2015~2019 年，七个区域对外贸易依存度由高到低依次为：华东、华南、华北、东北、华中/西南、西北；西北地区在 2015~2016 年呈下降趋势，2017~2019 年趋于平稳，华中地区整体趋于平稳，但在 2016 年出现小幅度下降，东北地区在 2015~2019 年呈平稳上升趋势，华东、华南、西北、西南地区整体呈波动下降趋势，其中华南地区降幅最大；就七个区域而言，东北地区排名居中，与最优的华东地区相比，差距较大，如表 2-76 所示。

表 2-76 2015~2019 年七大地理区对外贸易依存度的平均值及排序

年份	东北	华北	华东	华南	华中	西北	西南
	值/序	值/序	值/序	值/序	值/序	值/序	值/序
2015	0.13/18.7	0.30/17.0	0.48/6.7	0.43/8.0	0.11/19.5	0.09/22.8	0.13/19.8
2016	0.14/18.0	0.27/15.6	0.44/7.0	0.38/8.3	0.10/19.8	0.08/22.4	0.10/21.2
2017	0.15/18.3	0.29/15.8	0.46/6.7	0.38/8.7	0.11/19.8	0.08/22.4	0.11/21.0
2018	0.17/16.7	0.31/16.2	0.46/7.2	0.37/8.7	0.11/19.5	0.08/23.8	0.12/19.8
2019	0.18/14.3	0.32/15.4	0.43/7.5	0.35/8.7	0.11/20.3	0.08/23.8	0.11/21.0
平均	0.15/17.2	0.30/16.0	0.45/7.0	0.38/8.5	0.11/19.8	0.08/23.0	0.11/20.6

2）净出口贡献率（单位：%）。净出口贡献率反映的是商品和服务在国际市场的竞争能力，是衡量地区贸易开放的重要指标，计算公式为净出口（地区 GDP 与资本形式总额及最终消费支出的差值）与地区 GDP 的比值。2015～2018 年，全国净出口贡献率平均水平呈缓慢上升趋势且持续为负值，东北地区呈缓慢下降趋势且亦持续为负值；东北地区净出口贡献率高于全国平均水平；2015～2016 年，辽宁省下降趋势明显，下跌至负值，吉林省上升趋势明显，2016～2018 年，辽宁省和吉林省发展较为平稳，黑龙江省整体呈平稳下降趋势；就东北三省而言，辽宁省发展较好，吉林省次之，黑龙江省较弱。总体而言，东北地区的净出口贡献率略高于全国平均水平，但优势呈现减弱的趋势，具体如图 2-59 所示。

图 2-59　2015～2019 年净出口贡献率基本走势

注：①全国平均指 31 个省市区的平均水平；②全国范围内（可采集到的数据），净出口贡献率的最大值为 2015 年辽宁省的 10.62%，最小值为 2018 年青海省的-117.60%；③净出口贡献率 2019 年未收集到数据。

2015～2018 年，东北三省净出口贡献率在全国 31 个省市区连续 4 年数据集（共 124 个指标值）中相对位置分布情况如图 2-60 所示。可见，东北三省 4 年（共 12 个数据）净出口贡献率的百分比排位位于 50% 以下的有 8 个；此外，排位最大值的是 2015 年的辽宁省（100%），最小值的是 2018 年的黑龙江省（23.5%），具体如图 2-60 所示。

图 2-60　2015～2019 年东北三省净出口贡献率百分比排位图

2015~2019 年，6 省份净出口贡献率由高到低依次为：浙江、江苏、广东、辽宁、吉林、黑龙江；东南三省中，广东省呈下降趋势，江苏省和浙江省整体呈波动下降态势，但均高于全国平均水平；东北三省的净出口贡献率在 2015~2018 年（除 2015 年的辽宁）均为负值，辽宁省呈下降趋势，吉林省呈上升趋势，黑龙江省呈波动下降趋势；净出口贡献率东南三省和东北三省增幅较小，降幅均较大，降幅最大的是辽宁省（-39.98%），其次为吉林省（-22.83%），黑龙江省的增幅为 0.10%，具体如表 2-77 所示。

表 2-77 2015~2019 年 6 省区净出口贡献率的原始值及单年排序

年份	辽宁	吉林	黑龙江	江苏	浙江	广东	全国平均
	值/序	值/序	值/序	值/序	值/序	值/序	值
2015	10.62/1	-17.74/18	-24.32/22	6.38/4	7.16/3	7.18/2	-19.14
2016	-2.63/12	-6.38/17	-23.10/21	6.16/3	6.57/2	6.58/1	-18.99
2017	-2.12/13	-5.59/17	-24.87/25	6.40/2	6.81/1	5.48/3	-17.95
2018	-2.12/13	-5.59/17	-24.87/25	6.40/2	6.81/1	5.48/3	-17.95
2019	—	—	—	—	—	—	—
平均	0.94/9.8	-8.83/17.3	-24.29/23.3	6.33/2.8	6.84/1.8	6.18/2.3	-18.51

2015~2019 年，四个区域净出口贡献率由高到低依次为：东部、中部、东北、西部；东部、中部、西部地区均呈上升趋势，东北地区呈下降趋势；东北地区增幅为 1.20%，其他区域均为降幅，中部地区降幅最大（-14.32%）；东北地区相比于东部地区差距明显，具体如表 2-78 所示。

表 2-78 2015~2019 年四大经济区净出口贡献率的平均值及排序

年份	东北		东部		西部		中部	
	平均值	年排序	平均值	年排序	平均值	年排序	平均值	年排序
2015	-10.48	13.7	-0.70	8.5	-40.64	22.8	-11.22	16.2
2016	-10.70	16.7	-0.62	7.8	-40.53	22.8	-10.69	15.8
2017	-10.86	18.3	-0.51	8.1	-40.02	22.6	-6.40	14.8
2018	-10.86	18.3	-0.51	8.1	-40.02	22.6	-6.40	14.8
2019	—	—	—	—	—	—	—	—
平均	-10.73	16.8	-0.58	8.1	-40.30	22.7	-8.68	15.4

2015~2018 年，七个区域净出口贡献率由高到低依次为：华东、华北、华中、东北、华南、西南、西北；其中，东北、西北、西南地区呈下降趋势，华北、华南地区整体呈上升趋势，华中地区呈波动上升趋势，华东地区呈波动下降趋势；东北地区增幅最大（1.20%），华北地区降幅最大（-20.43%）；就七个区域而言，东北地区排名居中，与最优的华东地区相比，差距较大，具体如表 2-79 所示。

表 2-79 2015~2019 年七大地理区净出口贡献率的平均值及排序

年份	东北	华北	华东	华南	华中	西北	西南
	值/序	值/序	值/序	值/序	值/序	值/序	值/序
2015	−10.48/13.7	−12.07/16.2	3.19/5.8	−12.32/14.3	−9.39/15.5	−56.12/26.2	−33.12/20.6
2016	−10.70/16.7	−10.04/15.6	3.01/4.7	−13.20/14.7	−8.41/15.5	−56.69/26.4	−33.57/20.4
2017	−10.86/18.3	−4.67/13.8	3.07/4.3	−9.07/16.0	−8.79/16.8	−57.22/26.0	−34.06/20.2
2018	−10.86/18.3	−4.67/13.8	3.07/4.3	−9.07/16.0	−8.79/16.8	−57.22/26.0	−34.06/20.2
2019	—	—	—	—	—	—	—
平均	−10.73/16.8	−7.86/14.9	3.08/4.8	−10.92/15.3	−8.85/16.1	−56.81/26.2	−33.70/20.4

（2）投资开放

1）人均实际利用外资额（单位：美元/人）。人均实际利用外资额是指国外商业公司在一个地区的投资项目中，已经到账并投入商业运作应用的资金在该地区的人均分配情况，它反映了地区人口吸收并有效利用外资的平均水平，是衡量区域开放的重要指标，计算公式为实际利用外资额与地区常住人口的比值。2015~2016 年，全国人均实际利用外资额的平均水平呈小幅上升，2016 年后全国人均实际利用外资额的平均水平呈下降趋势。2015~2019 年，东北地区呈波动下降趋势且基本低于全国平均水平；2015~2016 年吉林省整体呈上升趋势，黑龙江省整体平稳，辽宁省呈明显下降趋势；2016~2019 年吉林省下降幅度明显，辽宁省和黑龙江省呈小幅下降趋势；就东北三省而言，吉林省发展较好，黑龙江省次之，辽宁省较弱。总体而言，东北地区的人均实际利用外资额与全国平均水平相比，差距明显，具体如图 2-61 所示。

图 2-61 2015~2019 年人均实际利用外资额基本走势

注：①全国平均指 31 个省市区的平均水平；②全国范围内（可采集到的数据），人均实际利用外资额的最大值为 2016 年天津市的 1973.47，最小值为 2018 年新疆维吾尔自治区的 0.05。

2015~2019 年，东北三省人均实际利用外资额在全国 31 个省市区连续 5 年数据集（共 151 个指标值）中相对位置分布情况如图 2-62 所示。可见，东北三省 5 年（共 15 个

数据）人均实际利用外资额的百分比排位位于 50% 以下的数量有 14 个，其中有 3 个位于
25% 以下；此外，排位的最大值是 2016 年的吉林省（90.6%），吉林省其他年份的人均实
际利用外资额的百分比排位均低于 50%，最小值是 2019 年的吉林省（2.0%），辽宁省 5
年人均实际利用外资额的百分比排位均在 50% 以下，黑龙江省 5 年人均实际利用外资额的
百分比排位均在 50% 及以下，具体如图 2-62 所示。

图 2-62　2015~2019 年东北三省人均实际利用外资额百分比排位图

2015~2019 年，6 省区人均实际利用外资额由高到低依次为：江苏、浙江、广东、吉
林、黑龙江、辽宁；东南三省中江苏省呈波动上升趋势，浙江省、广东省呈波动下降趋
势；东北地区相对较强的吉林省持续低于东南三省中较弱的广东省；人均实际利用外资额
增幅最大的是江苏省（1.73%），降幅最大的是吉林省（-24.51%），辽宁省降幅为
-8.97%，黑龙江省的降幅是-24.07%，具体如表 2-80 所示。

表 2-80　2015~2019 年 6 省区人均实际利用外资额的原始值及单年排序

年份	辽宁	吉林	黑龙江	江苏	浙江	广东	全国平均
	值/序	值/序	值/序	值/序	值/序	值/序	值
2015	118.33/20	77.28/23	142.94/15	304.35/5	306.20/4	247.72/6	209.23
2016	98.27/20	350.91/5	129.73/17	325.74/6	315.43/7	212.30/10	243.49
2017	122.11/18	122.04/19	133.94/16	317.01/5	316.46/6	205.09/12	209.89
2018	112.44/19	15.57/28	131.37/16	318.50/5	324.89/4	256.63/9	190.54
2019	75.88/20	1.51/29	5.35/27	325.36/4	298.64/6	204.49/11	180.53
平均	105.41/19.4	113.46/20.8	108.66/18.2	318.19/5	312.32/5.4	225.25/9.6	206.74

2015~2019 年，四大区域人均实际利用外资额由高到低依次为：东部、中部、东北、
西部；中部、西部地区呈波动上升趋势，东部和东北地区呈波动下降趋势；东北地区人均
实际利用外资额持续低于最优的东部地区，且差距较大，具体如表 2-81 所示。

表 2-81　2015~2019 年四大经济区人均实际利用外资额的平均值及排序

年份	东北		东部		西部		中部	
	平均值	年排序	平均值	年排序	平均值	年排序	平均值	年排序
2015	112.85	19.3	426.98	7.2	60.73	23.6	166.75	12.7
2016	192.97	14.0	470.49	9.9	84.36	22.2	182.14	13.3
2017	126.03	17.7	386.69	10.0	81.04	21.7	193.37	12.2
2018	86.46	21.0	318.08	10.2	87.03	21.0	219.79	11.5
2019	27.58	25.3	307.10	9.5	85.97	20.5	219.44	11.5
平均	109.18	19.5	381.87	9.4	79.82	21.8	196.30	12.2

2015~2019 年，七个区域人均实际利用外资额由高到低依次为：华北、华东、华中、西南、华南、东北、西北；华中地区呈平缓上升趋势，西北和西南地区呈波动上升趋势，其他地区均呈波动下降趋势；就七个区域而言，东北地区处于下游水平，与最优的华北地区相比，差距较大，如表 2-82 所示。

表 2-82　2015~2019 年七大地理区人均实际利用外资额的平均值及排序

年份	东北	华北	华东	华南	华中	西北	西南
	值/序	值/序	值/序	值/序	值/序	值/序	值/序
2015	112.85/19.3	452.08/12.6	329.26/6.7	167.93/13.0	175.12/11.8	38.65/26.3	68.69/22.6
2016	192.97/14.0	588.51/11.6	337.13/8.3	85.76/20.0	197.56/12.5	34.95/26.4	134.52/18.3
2017	126.03/17.7	416.57/13.6	331.11/7.2	81.81/21.3	215.03/10.5	37.53/25.2	138.95/17.3
2018	86.46/21.0	287.21/12.6	317.84/8.8	108.58/18.7	246.80/10.0	45.46/24.8	143.39/16.5
2019	27.58/25.3	242.73/12.8	324.70/8.5	109.34/17.7	249.58/9.8	49.72/23.8	149.14/15.8
平均	109.18/19.5	397.42/12.6	328.01/7.9	110.68/18.1	216.82/10.9	41.37/25.3	124.16/18.3

2）外商投资企业货物进出口占比（单位：%）。外商投资货物进出口占比反映的是地区企业的对外贸易吸引外商投资的能力，是衡量地区投资开放程度的重要指标，计算公式为外商投资货物进出口总额与货物进出口总额（按境内目的地和货源地分）的比值。2015~2019 年，全国外商投资货物进出口占比的平均水平整体呈缓慢下降趋势；东北地区整体低于全国平均水平，在 2015~2017 年呈缓慢波动上升趋势，2017 年赶超全国平均水平，吉林省和辽宁省高于全国平均水平，黑龙江省与全国平均水平差距较大；就东北三省而言，吉林省发展较好，辽宁省次之，黑龙江省较弱。总体而言，东北地区外商投资货物进出口占比低于全国平均水平，但两者之间的差距呈现缩小趋势，具体如图 2-63 所示。

2015~2019 年，东北三省外商投资企业货物进出口占比在全国 31 个省市区连续 5 年数据集（共 154 个指标值）中相对位置分布情况如图 2-64 所示。可见，东北三省 5 年（共 15 个数据）外商投资企业货物进出口占比的百分比排位位于 50% 以下的有 5 个，位于 25% 以下有 4 个；此外，排位最大值为 2017 年的吉林省（73.8%），最小值为 2019 年的黑龙江省（18.9%），具体如图 2-64 所示。

图 2-63　2015~2019 年外商投资企业货物进出口占比基本走势

注：①全国平均指 31 个省市区的平均水平；②全国范围内（可采集到的数据），外商投资企业货物进出口占比的最大值为 2016 年陕西省的 73.280%，最小值为 2016 年西藏自治区的 0.0152%。

图 2-64　2015~2019 年东北三省外商投资企业货物进出口占比百分比排位图

2015~2019 年，6 省区外商投资企业货物进出口占比由高到低依次为：江苏、吉林、广东、辽宁、浙江、黑龙江；东南三省中，江苏省呈波动下降趋势，广东省和浙江省整体呈下降趋势；东北三省中，辽宁省和黑龙江省呈波动下降趋势，吉林省 2015~2017 年呈上升趋势，2017~2019 年呈下降趋势；东北三省中表现较好的吉林省与东南三省中最优的江苏省差距明显；外商投资企业货物进出口占比降幅最小的是黑龙江省（-0.22%），降幅最大的是浙江省（-5.52%），吉林省的降幅为-0.83%，辽宁省的降幅为-3.84%，具体如表 2-83 所示。

2015~2019 年，四个区域外商投资企业货物进出口占比从高到低依次为：东部、中部、东北、西部；东部呈下降趋势，东北、西部、中部均呈波动下降态势；东北地区外商投资企业货物进出口占比与东部地区差距较大，具体如表2-84所示。

表2-83 2015~2019年6省区外商投资企业货物进出口占比的原始值及单年排序

年份	辽宁	吉林	黑龙江	江苏	浙江	广东	全国平均
	值/序	值/序	值/序	值/序	值/序	值/序	值
2015	38.60/14	46.86/10	7.44/25	58.06/6	23.43/19	46.58/11	34.17
2016	40.31/14	48.53/11	7.81/24	59.58/6	21.92/21	44.36/12	33.69
2017	37.77/14	50.60/8	15.06/23	59.20/6	21.06/22	42.32/12	34.25
2018	37.06/14	48.08/10	8.51/25	56.94/7	19.69/22	40.51/12	32.59
2019	32.67/14	45.30/9	7.38/25	55.32/7	18.26/20	36.69/12	30.20
平均	37.28/14	47.87/9.6	9.24/24.4	57.82/6.4	20.87/20.8	42.09/11.8	32.97

表2-84 2015~2019年四大经济区外商投资企业货物进出口占比的平均值及排序

年份	东北		东部		西部		中部	
	平均值	年排序	平均值	年排序	平均值	年排序	平均值	年排序
2015	30.97	16.3	46.92	10.6	21.95	20.1	36.93	14.8
2016	32.22	16.3	44.96	11.9	21.46	20.8	40.11	13.2
2017	34.48	15.0	42.85	12.5	24.43	20.0	39.44	14.3
2018	31.22	16.3	40.77	12.7	23.23	19.9	38.35	13.5
2019	28.45	16.0	39.07	12.0	20.43	20.6	35.86	13.5
平均	31.47	16.0	42.91	11.9	22.31	20.3	38.14	13.9

2015~2019年，七个区域外商投资企业货物进出口占比由高到低依次为：华东、华南、华中、华北、东北、西南、西北；华东、华南地区呈下降趋势，华北、华中、东北、西南、西北地区呈波动下降趋势；东北地区2015~2017年呈上升趋势，2017~2019年呈下降趋势；就七个区域而言，东北地区处于中下水平，与最优的华东地区差距明显，具体如表2-85所示。

表2-85 2015~2019年七大地理区外商投资企业货物进出口占比的平均值及排序

年份	东北	华北	华东	华南	华中	西北	西南
	值/序	值/序	值/序	值/序	值/序	值/序	值/序
2015	30.97/16.3	35.37/15.2	43.50/11.7	45.64/11.3	36.99/14.8	17.01/22.4	31.12/16.3
2016	32.22/16.3	36.46/14.8	42.94/12.5	41.96/13.0	38.53/13.8	17.97/22.2	27.58/18.6
2017	34.48/15.0	34.38/15.8	42.21/13.0	39.68/13.3	38.60/14.8	17.50/22.8	34.44/16.2
2018	31.22/16.3	33.09/15.0	40.11/13.5	38.60/13.0	36.93/14.3	17.92/22.2	31.46/16.8
2019	28.45/16.0	34.24/14.4	37.91/12.5	32.24/14.3	33.06/14.5	16.70/22.0	27.98/18.0
平均	31.47/16.0	34.71/15.0	41.33/12.6	39.62/13.0	36.82/14.4	17.42/22.3	30.49/17.2

（3）生产开放

生产开放主要用外资工业企业资产比重来予以衡量。外资工业企业资产比重（单位：%）反映一个地区生产开放的水平，是衡量地区生产开放程度的核心指标，计算公式为地区外商投资工业企业资产（包括外商及港澳台商投资工业企业资产）与地区工业总产值的比值。2015~2019年，全国外资工业企业资产比重平均水平呈缓慢下降趋势，东北地区则呈现出先缓慢上升后缓慢下降再缓慢上升的趋势；东北地区在2016~2018年与全国平均水平基本保持一致；就东北三省，辽宁省在2015~2016年呈上升趋势，2016~2019年呈缓慢下降趋势，吉林省在2015-2018年呈现缓慢的下降趋势，2018-2019年呈现缓慢上升趋势，吉林省和黑龙江省发展较弱。东北三省外资工业企业资产占比与全国平均水平的差距在逐渐缩小，如图2-65所示。

图2-65　2015~2019年外资工业企业资产比重基本走势

注：①全国平均指31个省市区的平均水平；②全国范围内（可采集到的数据），外资工业企业资产比重的最大值为2015年上海市的65.20%，最小值为2015年西藏自治区的1.46%。

2015~2019年，东北三省外资工业企业资产比重在全国31个省市区连续5年数据集（共155个指标值）中相对位置分布情况如图2-66所示。可见，东北三省5年（共15个

图2-66　2015~2019年东北三省外资工业企业资产比重百分比排位图

数据）外资工业企业资产比重的百分比排位位于 50% 以下的有 10 个；此外，排位的最大值是 2016 年的辽宁省（87.0%），最小值是 2017 年的黑龙江省（25.3%）。

2015~2019 年，6 省区外资工业企业资产比重由高到低依次为：广东、江苏、辽宁、浙江、吉林、黑龙江；江苏省、浙江省、广东省均呈下降趋势，辽宁省总体呈波动上升趋势，吉林省呈先下降后上升趋势，黑龙江省呈现波动上升态势；东南三省的整体发展水平明显高于东北地区，东南三省中最优的广东省是黑龙江省发展水平的近 5 倍；外资工业企业资产比重降幅最大的是江苏省（-5.67%），增幅最大的是黑龙江省（4.23%），辽宁省的增幅为 3.44%，吉林省的降幅为 -0.43%，如表 2-86 所示。

表 2-86　2015~2019 年 6 省区外资工业企业资产比重的原始值及单年排序

年份	辽宁	吉林	黑龙江	江苏	浙江	广东	全国平均
	值/序	值/序	值/序	值/序	值/序	值/序	值
2015	28.53/8	15.04/19	10.16/24	52.29/3	35.68/6	52.99/2	20.59
2016	36.76/6	13.93/21	10.75/23	50.35/2	33.42/8	50.05/3	20.46
2017	33.58/5	13.21/21	10.13/23	46.79/2	30.95/7	45.87/3	18.87
2018	33.69/4	11.30/22	10.66/23	45.19/2	29.79/8	44.02/3	18.47
2019	32.47/5	14.78/16	11.88/20	40.43/4	27.91/7	42.70/3	17.89
平均	33.01/5.6	13.65/19.8	10.72/22.6	47.01/2.6	31.55/7.2	47.12/2.8	19.25

2015~2019 年，四个区域外资工业企业资产比重由高到低依次为：东部、东北、中部、西部；东部地区总体呈下降趋势，中部地区呈先上升后下降趋势，西部地区则呈波动下降态势，东北地区呈现波动上升态势，增幅为 2.51%；东北地区外资工业企业资产比重与东部地区差距较大，如表 2-87 所示。

表 2-87　2015~2019 年四大经济区外资工业企业资产比重的平均值及排序

年份	东北		东部		西部		中部	
	平均值	年排序	平均值	年排序	平均值	年排序	平均值	年排序
2015	17.91	17.0	37.85	6.4	9.83	22.8	14.65	18.0
2016	20.48	16.7	36.37	6.9	9.84	23.2	15.16	16.5
2017	18.97	16.3	33.25	6.6	9.25	22.9	14.07	17.7
2018	18.55	16.3	32.28	6.9	9.40	22.3	13.57	18.3
2019	19.71	13.7	31.82	6.5	8.82	22.8	11.90	19.3
平均	19.13	16.0	34.31	6.7	9.43	22.8	13.87	18.0

2015~2019 年，七个区域外资工业企业资产比重由高到低依次为：华东、华南、华北、东北、华中、西南、西北；只有东北地区总体呈上升趋势，其他区域总体普遍呈下降趋势；就七个区域而言，东北地区排名居中，与最优的华东地区差距明显，如表 2-88 所示。

表 2-88　2015~2019 年七大地理区外资工业企业资产比重的平均值及排序

年份	东北	华北	华东	华南	华中	西北	西南
	值/序	值/序	值/序	值/序	值/序	值/序	值/序
2015	17.91/17.0	24.65/12.8	38.08/7.7	29.70/9.0	14.52/16.8	8.61/24.6	8.49/23.6
2016	20.48/16.7	23.98/12.6	37.00/7.5	27.98/10.3	14.99/16.0	8.36/25.0	9.03/23.6
2017	18.97/16.3	21.58/12.6	34.04/7.3	26.06/10.3	13.94/17.3	8.16/24.0	8.21/24.0
2018	18.55/16.3	21.93/12.0	32.60/7.7	25.96/9.0	13.06/18.8	7.91/24.2	8.42/23.6
2019	19.71/13.7	23.88/11.0	30.10/7.7	24.91/9.0	10.85/21.3	7.37/24.6	8.10/23.8
平均	19.13/16.0	23.20/12.2	34.36/7.6	26.92/9.5	13.47/18.0	8.08/24.5	8.45/23.7

（4）市场开放

1）单位 GDP 外商投资企业数（单位：户/亿元）。单位 GDP 外商投资企业数反映地区吸引外商投资的能力，是衡量地区市场开放程度的重要指标，计算公式为地区外商投资企业数与地区 GDP 的比值。2015~2019 年，全国单位 GDP 外商投资企业数平均水平呈缓慢下降趋势，东北地区呈波动上升趋势，持续低于全国平均水平；辽宁省在 2015~2016 年呈上升趋势，而在 2016~2019 年呈下降趋势，吉林省和黑龙江省总体呈平稳波动趋势，在 2015~2019 年略微上升；就东北三省而言，辽宁省发展较好，吉林省和黑龙江省次之。总体而言，东北地区单位 GDP 外商投资企业数与全国平均水平相比存在一定的差距，如图 2-67 所示。

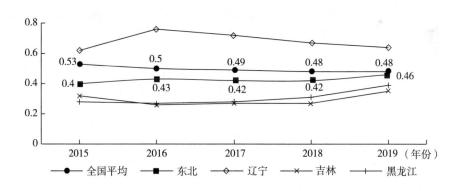

图 2-67　2015~2019 年单位 GDP 外商投资企业数基本走势

注：①全国平均指 31 个省市区的平均水平；②全国范围内（可采集到的数据），单位 GDP 外商投资企业数的最大值为 2015 年上海市的 2.98，最小值为 2017 年贵州省的 0.12。

2015~2019 年，东北三省单位 GDP 外商投资企业数在全国 31 个省市区连续 5 年数据集（共 155 个指标值）中相对位置分布情况如图 2-68 所示。可见，东北三省 5 年中（共 15 个数据）单位 GDP 外商投资企业数的百分比排位位于 50% 以下的有 6 个；此外，排位最大值的是 2016 年的辽宁省（84.4%），最小值的是 2016 年的吉林省（38.3%）。

图 2-68　2015~2019 年东北三省单位 GDP 外商投资企业数百分比排位图

2015~2019 年，6 省区单位 GDP 外商投资企业数由高到低依次为：广东、浙江、江苏、辽宁、黑龙江、吉林；东南三省中江苏、浙江两省呈下降趋势，但仍优于全国平均水平；东北三省中水平较高的辽宁省低于东南三省中较低的江苏省；单位 GDP 外商投资企业数降幅最大的是江苏省（-4.51%），增幅最大的是黑龙江省（10.36%），东北三省均呈上升趋势，辽宁、吉林省和黑龙江省的增幅分别为 0.94%、2.83% 和 10.36%，如表2-89 所示。

表 2-89　2015~2019 年 6 省区单位 GDP 外商投资企业数的原始值及单年排序

年份	辽宁	吉林	黑龙江	江苏	浙江	广东	全国平均
	值/序	值/序	值/序	值/序	值/序	值/序	值
2015	0.62/9	0.32/15	0.28/20	0.76/7	0.76/6	1.53/2	0.53
2016	0.76/5	0.26/20	0.27/19	0.72/8	0.73/7	1.48/2	0.50
2017	0.72/7	0.27/17	0.28/15	0.68/8	0.72/6	1.51/2	0.49
2018	0.67/7	0.27/17	0.31/13	0.64/8	0.72/6	1.76/2	0.48
2019	0.64/7	0.35/12	0.39/11	0.63/8	0.69/6	1.66/2	0.48
平均	0.68/7	0.29/16.2	0.31/15.6	0.69/7.8	0.72/6.2	1.59/2	0.50

2015~2019 年，四个区域单位 GDP 外商投资企业数由高到低依次为：东部、东北、中部、西部；四个区域除东北地区以外，普遍呈下降趋势，东北地区增幅为 3.57%，中部地区降幅最大（-3.89%），西部地区降幅最小（-1.67%）；东北地区单位 GDP 外商投资企业数与东部地区差距较大，如表 2-90 所示。

2015~2019 年，七个区域单位 GDP 外商投资企业数由高到低依次为：华东、华南、华北、东北、华中、西南、西北；七大区域除东北地区以外普遍呈下降趋势，其中，东北地区的增幅为 3.57%，降幅最大的是华东地区（-4.21%），降幅最小的是华南地区（-0.44%）；就七个区域而言，东北地区排名居中，与最优的华东地区相比，差距明显，如表2-91所示。

表2-90 2015～2019年四大经济区单位GDP外商投资企业数平均值及排序

年份	东北		东部		西部		中部	
	平均值	年排序	平均值	年排序	平均值	年排序	平均值	年排序
2015	0.40	14.7	1.06	6.8	0.24	22.0	0.28	20.0
2016	0.43	14.7	1.00	7.3	0.23	21.8	0.26	19.7
2017	0.42	13.0	0.96	6.9	0.23	22.1	0.24	20.5
2018	0.42	12.3	0.97	7.0	0.22	21.8	0.24	21.3
2019	0.46	10.0	0.95	6.4	0.23	22.6	0.23	21.8
平均	0.43	12.9	0.99	6.9	0.23	22.0	0.25	20.7

表2-91 2015～2019年七大地理区单位GDP外商投资企业数的平均值及排序

年份	东北	华北	华东	华南	华中	西北	西南
	值/序	值/序	值/序	值/序	值/序	值/序	值/序
2015	0.40/14.7	0.54/16.2	1.03/8.5	0.87/9.3	0.29/19.5	0.23/23.0	0.27/19.8
2016	0.43/14.7	0.53/15.2	0.98/8.7	0.79/10.7	0.26/20.0	0.22/22.6	0.25/19.8
2017	0.42/13.0	0.51/15.6	0.94/8.7	0.77/10.0	0.25/19.0	0.22/24.0	0.24/20.2
2018	0.42/12.3	0.50/16.2	0.92/8.7	0.86/9.7	0.25/19.8	0.21/23.4	0.23/20.2
2019	0.46/10.0	0.54/14.8	0.85/9.0	0.86/8.3	0.24/20.5	0.22/23.4	0.23/22.8
平均	0.43/12.9	0.52/15.6	0.94/8.7	0.83/9.6	0.26/19.8	0.22/23.3	0.24/20.6

2）货运活跃度（单位：亿吨公里/万平方公里）。货运活跃度反映一个地区的市场开放水平，是衡量区域开放的必要指标，计算公式为货物周转量与地区面积的比值，其中货物周转量是实际运送货物吨数与货物平均运距的乘积。2015～2019年，全国货运活跃度的平均水平总体上呈上升的趋势，东北地区总体较为平稳，但明显低于全国平均水平；就东北三省而言，辽宁省发展较好，吉林省次之，黑龙江省较差。总体而言，东北地区的货运活跃度明显低于全国平均水平，且差距呈现进一步扩大的趋势，具体如图2-69所示。

2015～2019年，东北三省货运活跃度在全国31个省市区连续5年数据集（共155个指标值）中相对位置分布情况如图2-70所示。可见，东北三省5年（共15个数据）货运活跃度的百分比排位处于50%以下的有10个，其中位于25%以下有6个；此外，排位最大值的是2017年的辽宁省（85.7%），最小值的是2015年的黑龙江省（7.7%），如图2-70所示。

2015～2019年，6省区货运活跃度由高到低依次为：广东、浙江、江苏、辽宁、吉林、黑龙江；东南三省明显优于吉林省和黑龙江省，辽宁省和黑龙江省呈波动下降态势，吉林省呈波动上升态势；东南三省水平较低的江苏省总体上优于东北地区较高的辽宁省；

就东南三省来看，货运活跃度增幅最大的是广东省（20.98%）；就东北三省来看，吉林省总体呈波动上升趋势，增幅为 6.62%，黑龙江呈缓慢波动上升趋势，增幅为 0.12%，而辽宁省呈波动下降态势，降幅为 -6.02%，具体如表 2-92 所示。

图 2-69 2015～2019 年货运活跃度基本走势

注：①全国平均指 31 个省市区的平均水平；②全国范围内（可采集到的数据），货运活跃度的最大值为 2019 年上海市的 47823.52，最小值为 2015 年西藏自治区的 0.97。

图 2-70 2015～2019 年东北三省货运活跃度百分比排位图

表 2-92 2015～2019 年 6 省区货运活跃度的原始值及单年排序

年份	辽宁	吉林	黑龙江	江苏	浙江	广东	全国平均
	值/序	值/序	值/序	值/序	值/序	值/序	值
2015	790.81/6	76.06/23	33.98/28	812.40/5	935.52/3	828.17/4	1359.70
2016	822.61/7	100.04/26	39.26/31	722.91/9	937.14/5	1212.89/4	1436.63
2017	874.38/6	87.23/23	36.45/28	882.81/5	990.81/4	1551.10/3	1686.93
2018	730.26/7	90.97/23	35.21/28	874.20/5	1131.19/4	1574.35/3	1870.10
2019	600.37/11	96.20/22	34.15/28	927.96/5	1174.59/4	1523.09/3	1967.85
平均	763.69/7.4	90.10/23.4	35.81/28.6	844.05/5.8	1033.85/4	1337.92/3.4	1664.24

2015~2019 年，四个区域货运活跃度由高到低依次为：东部、中部、东北、西部；东部地区呈上升趋势，西部地区总体呈波动上升态势，东北地区总体呈波动下降态势，中部地区则呈现先上升后下降趋势，东部地区的上升幅度最大（12.29%），东北地区的降幅最大（-4.72%）；东北地区货运活跃度与东部地区差距显著，具体如表 2-93 所示。

表 2-93　2015~2019 年四大经济区货运活跃度的平均值及排序

年份	东北		东部		西部		中部	
	平均值	年排序	平均值	年排序	平均值	年排序	平均值	年排序
2015	300.28	19.0	3810.70	6.6	87.52	24.0	348.76	14.2
2016	320.64	21.3	3887.15	7.0	201.85	22.4	379.95	15.5
2017	332.69	19.0	4768.55	6.9	102.97	23.9	395.93	13.8
2018	285.48	19.3	5330.85	7.0	108.39	23.9	417.90	13.8
2019	243.57	20.3	5683.46	6.2	96.33	23.9	380.38	14.3
平均	296.53	19.8	4696.14	6.7	119.41	23.6	384.58	14.3

2015~2019 年，七个区域货运活跃度由高到低依次为：华东、华北、华南、华中、东北、西南、西北；华东地区呈上升趋势，华北地区在 2015~2016 年呈下降趋势，在 2016~2019 年呈上升趋势，华南、华中、西南地区呈波动上升态势，西北地区在 2015~2016 年呈上升趋势，2016~2019 年呈波动下降态势，东北地区呈波动下降态势；就七个区域而言，东北地区排名靠后，与表现最优的华东地区相比，差距显著，具体如表 2-94 所示。

表 2-94　2015~2019 年七大地理区货运活跃度的平均值及排序

年份	东北	华北	华东	华南	华中	西北	西南
	值/序	值/序	值/序	值/序	值/序	值/序	值/序
2015	300.3/19.0	746.3/12.6	5701.9/6.2	444.5/12.0	282.5/15.3	69.5/25.0	99.1/23.4
2016	320.6/21.3	677.9/14.2	5658.2/7.8	927.1/9.3	318.9/16.5	283.8/19.8	151.7/24.2
2017	332.7/19.0	690.5/12.4	7259.5/6.2	666.9/13.0	322.4/15.3	77.6/24.8	121.8/23.2
2018	285.5/19.3	721.5/12.6	8174.7/5.8	681.0/13.0	343.8/15.5	77.8/24.8	130.6/23.0
2019	243.6/20.3	799.2/11.8	8661.7/5.7	718.8/11.7	300.5/16.3	68.7/24.3	121.0/24.0
平均	296.5/19.8	727.1/12.7	7091.2/6.3	687.7/11.8	313.6/15.8	115.5/23.8	124.9/23.6

3）客运活跃度（单位：亿人公里/平方公里）。客运活跃度反映一个地区的市场开放水平，是衡量区域开放的必要指标，计算公式为客运周转量与地区面积的比值，其中客运周转量是指在一定时期内运送旅客数量与平均运距的乘积。2015~2019 年，全国客运活跃度总体保持平稳态势，有小幅度上升，东北地区整体保持平稳，且明显低于全国平均水平；东北三省中吉林省和黑龙江省趋势变化不明显，辽宁省整体呈平稳态势发展；就东北

三省而言，辽宁省发展较好，吉林省次之，黑龙江省较弱。总体而言，东北地区的客运活跃度明显低于全国平均水平，且差距较大，具体如图 2-71 所示。

图 2-71　2015~2019 年客运活跃度基本走势

注：①全国平均指 31 个省市区的平均水平；②全国范围内（可采集到的数据），客运活跃度的最大值为 2019 年上海市的 357.89，最小值为 2015 年西藏自治区的 0.31。

2015~2019 年，东北三省客运活跃度在全国 31 个省市区连续 5 年数据集（共 155 个指标值）中相对位置分布情况如图 2-72 所示。可见，东北三省 5 年（共 15 个数据）客运活跃度的百分比排位处于 50% 以下的有 10 个，其中位于 25% 以下有 5 个；此外，排位的最大值是 2017 年的辽宁省（61.6%），最小值是 2019 年的黑龙江省（12.9%）。

图 2-72　2015~2019 年东北三省客运活跃度百分比排位图

2015~2019 年，6 省区客运活跃度由高到低依次为：江苏、广东、浙江、辽宁、吉林、黑龙江；东南三省中，广东省呈上升趋势，江苏省呈先上升后下降趋势，浙江省呈波动上升态势；东南三省明显优于东北三省，且东南三省水平相对较低的浙江省优于东北地区较高的辽宁省；客运活跃度降幅最大的是黑龙江省（-3.85%），增幅最大的是广东省（4.58%），辽宁省的增幅为 0.49%，吉林省的降幅为-0.31%，具体如表 2-95 所示。

表 2-95　2015~2019 年 6 省区的客运活跃度的原始值及单年排序

年份	辽宁	吉林	黑龙江	江苏	浙江	广东	全国平均
	值/序	值/序	值/序	值/序	值/序	值/序	值
2015	62.37/14	22.96/22	10.72/27	142.80/4	103.56/5	99.97/6	65.77
2016	63.21/13	23.01/21	10.36/27	144.25/4	101.89/6	105.03/5	66.09
2017	64.42/12	22.70/22	9.94/27	147.69/4	107.45/6	111.80/5	67.46
2018	64.34/12	22.80/22	9.54/27	150.03/4	108.20/6	115.87/5	67.92
2019	63.61/13	22.67/22	9.07/27	146.06/4	106.98/7	118.28/5	68.27
平均	63.59/12.8	22.83/21.8	9.92/27	146.17/4	105.62/6	110.19/5.2	67.10

2015~2019 年，四个区域客运活跃度由高到低依次为：东部、中部、东北、西部；东部地区呈现上升态势，中部和西部地区两个区域均呈波动上升趋势；东北区域呈波动下降趋势；东北地区客运活跃度与东部地区差距较大，具体如表 2-96 所示。

表 2-96　2015~2019 年四大经济区客运活跃度的平均值及排序

年份	东北		东部		西部		中部	
	平均值	年排序	平均值	年排序	平均值	年排序	平均值	年排序
2015	32.02	21.0	129.81	7.6	20.08	23.7	67.29	12.2
2016	32.19	20.3	131.15	7.6	19.73	23.8	67.33	12.3
2017	32.35	20.3	134.12	7.8	20.11	23.8	68.58	12.0
2018	32.23	20.3	135.10	7.8	20.57	23.8	68.52	12.0
2019	31.78	20.7	136.86	7.5	20.40	23.8	67.96	12.3
平均	32.11	20.5	133.41	7.7	20.18	23.7	67.94	12.2

2015~2019 年，七个区域客运活跃度由高到低依次为：华东、华北、华中、华南、东北、西南、西北；华南地区呈持续上升态势，华北、华东、华中和西南地区呈波动上升态势，东北和西北地区呈现波动下降；就七个区域而言，东北地区处于排位靠后，与表现最优的华东地区相比，差距较大，具体如表 2-97 所示。

表 2-97　2015~2019 年七大地理区客运活跃度的平均值及排序

年份	东北	华北	华东	华南	华中	西北	西南
	值/序	值/序	值/序	值/序	值/序	值/序	值/序
2015	32.02/21.0	97.75/13.0	131.97/7.2	54.26/15.0	73.12/11.0	14.49/25.2	26.89/22.0
2016	32.19/20.3	98.25/13.2	132.04/7.3	56.82/14.7	74.04/11.0	14.25/25.2	26.18/22.2
2017	32.35/20.3	95.25/13.4	137.45/7.3	60.94/14.7	76.25/10.8	14.72/25.2	26.35/22.2
2018	32.23/20.3	97.38/13.4	136.86/7.3	62.95/14.7	75.65/10.8	14.84/25.2	27.04/22.2
2019	31.78/20.7	99.64/12.8	137.72/7.5	63.17/14.7	74.84/11.0	14.33/25.2	27.20/22.2
平均	32.11/20.5	97.66/13.2	135.21/7.3	59.63/14.7	74.78/10.9	14.53/25.2	26.73/22.2

（5）区位支撑

1）城市化水平（单位：%）。城市化水平反映一个地区的城市化发展程度，是衡量区域开放的重要指标，计算公式为地区城镇人口与总人口的比值。2015~2019 年，全国城市化水平的平均表现整体呈上升趋势，东北地区呈缓慢上升趋势且明显高于全国平均水平，但这种优势呈进一步缩小的趋势；就东北三省而言，辽宁省和黑龙江省发展较平稳，吉林省呈稳步上升趋势。相对而言，辽宁省发展较好，黑龙江省次之，吉林省较弱，总体而言，东北地区城市化水平明显高于全国平均水平，但优势逐步缩小，具体如图 2-73 所示。

图 2-73　2015~2019 年城市化水平基本走势

注：①全国平均指 31 个省市区的平均水平；②全国范围内（可采集到的数据），城市化水平的最大值为 2019 年上海市的 88.30%，最小值为 2015 年西藏自治区的 27.74%。

2015~2019 年，东北三省城市化水平在全国 31 个省市区连续 5 年数据集（共 155 个指标值）中相对位置分布情况如图 2-74 所示。可见，东北三省 2015~2019 年（共 15 个数据）城市化水平的百分比排位位于 50% 以上的有 12 个，其中，位于 75% 以上的有 5 个；此外，排位最大值的是 2019 年的辽宁省（83.7%），最小值的是 2015 年的吉林省（39.6%）。

图 2-74　2015~2019 年东北三省城市化水平百分比排位图

2015~2019 年，6 省区城市化水平由高到低依次为：广东、江苏、浙江、辽宁、黑龙江、吉林；东南三省呈平稳上升态势，其中浙江省增幅较大；东北三省亦呈平稳上升态势，其中东北三省的城市化水平均低于东南三省中较低的浙江省；城市化水平增幅最大的是浙江省（1.60%），最小的是辽宁省（0.38%），黑龙江省和吉林省的增幅分别为0.89% 和 1.34%，具体如表 2-98 所示。

表 2-98　2015~2019 年 6 省区城市化水平的原始值及单年排序

年份	辽宁	吉林	黑龙江	江苏	浙江	广东	全国平均
	值/序	值/序	值/序	值/序	值/序	值/序	值
2015	67.35/5	55.31/14	58.80/11	66.52/6	65.80/7	68.71/4	56.64
2016	67.37/6	55.97/17	59.20/11	67.72/5	67.00/7	69.20/4	57.85
2017	67.49/7	56.65/18	59.40/12	68.76/5	68.00/6	69.85/4	58.98
2018	68.10/7	57.53/18	60.10/13	69.61/5	68.90/6	70.70/4	59.99
2019	68.11/7	58.27/18	60.90/13	70.61/5	70.00/6	71.40/4	60.85
平均	67.68/6.4	56.75/17	59.68/12	68.64/5.2	67.94/6.4	69.97/4	58.86

2015~2019 年，四个区域城市化水平由高到低依次为：东部、东北、中部、西部；四个区域普遍呈上升趋势，其中西部地区上升幅度最大（2.62%），东北地区上升幅度最小（0.80%）；东北地区城市化水平与东部地区差距较大，具体如表 2-99 所示。

表 2-99　2015~2019 年四大经济区城市化水平的平均值及排序

年份	东北		东部		西部		中部	
	平均值	年排序	平均值	年排序	平均值	年排序	平均值	年排序
2015	60.49	10.0	68.38	7.9	48.25	22.3	51.96	19.8
2016	60.85	11.3	69.40	7.5	49.68	22.5	53.44	19.5
2017	61.18	12.3	70.22	7.3	51.11	22.4	54.92	19.5
2018	61.91	12.7	70.95	7.3	52.27	22.4	56.19	19.2
2019	62.43	12.7	71.53	7.7	53.31	22.2	57.37	19.2
平均	61.37	11.8	70.09	7.5	50.92	22.4	54.78	19.4

2015~2019 年，七个区域城市化水平由高到低依次为：华北、华东、东北、华南、华中、西北、西南；七个区域普遍呈平稳上升态势，西南地区增幅最大；就七个区域而言，东北地区处于中上水平，与最优的华北地区相比差距较大，具体如表 2-100 所示。

2）运网密度（单位：公里/平方公里）。运网密度反映一个地区交通运输的发展水平，是衡量区域开放程度的重要指标，计算公式为地区交通线路总长度与地区总面积的比值。2015~2019 年，全国运网密度的平均水平呈上升趋势，东北地区亦呈平稳上升趋势；东北地区整体水平明显低于全国平均水平；东北三省均呈平稳发展趋势；就东北三省而言，辽宁省发展较好，吉林省次之，黑龙江省较弱。总体而言，东北地区的运网密度明显低于全国平均水平，且这种差距有缓慢扩大的趋势，具体如图 2-75 所示。

表 2-100　2015~2019 年七大地理区城市化水平的平均值及排序

年份	东北	华北	华东	华南	华中	西北	西南
	值/序	值/序	值/序	值/序	值/序	值/序	值/序
2015	60.49/10.0	67.16/10.4	65.01/9.3	56.96/15.3	51.55/20.0	49.97/22.0	44.34/24.4
2016	60.85/11.3	68.03/10.0	66.21/9.2	58.02/15.0	53.11/19.8	51.26/22.2	46.11/24.4
2017	61.18/12.3	68.76/10.0	67.22/8.8	59.03/15.0	54.67/19.8	52.72/22.0	47.69/24.4
2018	61.91/12.7	69.44/10.0	68.05/8.8	59.99/15.0	56.01/19.3	54.02/22.0	48.85/24.4
2019	62.43/12.7	70.12/9.8	68.79/9.0	60.57/16.0	57.21/19.5	55.03/21.8	50.01/24.0
平均	61.37/11.8	68.70/10.0	67.05/9.0	58.92/15.3	54.51/19.7	52.60/22.0	47.40/24.3

图 2-75　2015~2019 年运网密度基本走势

注：①全国平均指 31 个省市区的平均水平；②全国范围内（可采集到的数据），运网密度的最大值为 2017 年上海市的 2.53，最小值为 2015 年西藏自治区的 0.06。

2015~2019 年，东北三省运网密度在全国 31 个省市区连续 5 年数据集（共 155 个指标值）中相对位置分布情况如图 2-76 所示。可见，东北三省 5 年（共 15 个数据）运网密度的百分比排位均位于 50% 以下，其中有 6 个位于 25% 以下；此外，排位最大值的为 2018 年的辽宁省（40.9%），最小值的是 2019 年的黑龙江省（16.2%）。

图 2-76　2015~2019 年东北三省运网密度百分比排位图

2015～2019 年，6 省区运网密度由高到低依次为：江苏、广东、浙江、辽宁、吉林、黑龙江；东南三省中浙江省和广东省整体呈波动上升趋势，江苏省在 2015～2019 年呈下降趋势；东南三省中水平较低的浙江省优于东北地区较高的辽宁省；运网密度增幅最大的是吉林省（2.24%），降幅最大的是江苏省（-1.01%），黑龙江省的降幅为-0.13%，辽宁省的增幅为 0.93%，具体如表 2-101 所示。

表 2-101　2015～2019 年 6 省区运网密度的原始值及单年排序

年份	辽宁	吉林	黑龙江	江苏	浙江	广东	全国平均
	值/序	值/序	值/序	值/序	值/序	值/序	值
2015	0.85/18	0.55/23	0.38/26	1.83/2	1.24/11	1.29/10	0.98
2016	0.85/19	0.58/23	0.39/26	1.81/3	1.25/11	1.30/10	1.00
2017	0.88/20	0.59/23	0.39/26	1.81/3	1.30/11	1.31/10	1.02
2018	0.89/20	0.60/23	0.39/26	1.81/4	1.31/10	1.30/11	1.03
2019	0.89/20	0.60/23	0.38/26	1.75/4	1.27/12	1.32/10	1.06
平均	0.87/19.4	0.59/23	0.39/26	1.80/3.2	1.27/11	1.31/10.2	1.02

2015～2019 年，四个区域运网密度由高到低依次为：东部、中部、东北、西部；四个区域均呈平稳上升的趋势，西部地区上升幅度最大，幅度为 3.28%；东北地区运网密度与东部地区相比差距较大，具体如表 2-102 所示。

表 2-102　2015～2019 年四大经济区运网密度的平均值及排序

年份	东北		东部		西部		中部	
	平均值	年排序	平均值	年排序	平均值	年排序	平均值	年排序
2015	0.60	22.3	1.43	9.3	0.57	22.7	1.25	10.7
2016	0.61	22.7	1.44	9.5	0.59	22.5	1.29	10.5
2017	0.62	23.0	1.46	9.6	0.61	22.3	1.31	10.5
2018	0.63	23.0	1.47	9.5	0.62	22.3	1.33	10.7
2019	0.62	23.0	1.47	9.6	0.65	22.7	1.40	9.8
平均	0.62	22.8	1.45	9.5	0.61	22.5	1.32	10.4

2015～2019 年，七个区域运网密度由高到低依次为：华东、华中、华北、华南、西南、东北、西北；七个区域中华北地区呈波动上升趋势，其他区域均呈平稳上升趋势，其中西南地区增幅最大，增幅为 3.86%；就七大区域而言，东北地区排序靠后，与最优的华东地区相比，差距较大，具体如表 2-103 所示。

3）国际旅游收入占比（单位：%）。国际旅游收入占比反映一个地区的对外开放程度，是衡量地区区域开放程度的重要指标，计算公式为地区向国际旅游者提供商品和各种服务所得外汇收入与 GDP 的比值。2015～2019 年，全国国际旅游收入占比的平均水平整体呈先增后减趋势，发展较平稳，东北地区整体亦呈先增后减趋势，波动较小；东北地区明显低于全国平均水平；2015~2016 年，辽宁省和吉林省整体呈上升趋势，2016~2019 年辽宁省和吉林省整体呈下降趋势，而从整体来看，黑龙江省呈平稳发展态势；就东北三省而言，辽宁省发展较好，吉林省次之，黑龙江省较弱。总体而言，东北地区国际旅游收入占比与全国平均水平的差距明显，具体如图 2-77 所示。

表 2-103　2015~2019 年七大地理区运网密度的平均值及排序

年份	东北	华北	华东	华南	华中	西北	西南
	值/序	值/序	值/序	值/序	值/序	值/序	值/序
2015	0.60/22.3	1.02/14.4	1.59/7.2	0.88/18.0	1.29/10.0	0.38/26.0	0.85/18.0
2016	0.61/22.7	1.04/14.6	1.61/7.2	0.90/18.0	1.33/10.0	0.39/25.8	0.87/17.8
2017	0.62/23.0	1.01/15.0	1.65/7.3	0.94/17.7	1.35/9.8	0.41/25.4	0.89/17.8
2018	0.63/23.0	1.01/15.8	1.66/7.2	0.98/16.3	1.36/10.0	0.42/25.4	0.93/17.8
2019	0.62/23.0	1.03/15.6	1.65/7.3	1.01/16.3	1.46/9.0	0.42/26.0	0.98/18.0
平均	0.62/22.8	1.02/15.1	1.63/7.2	0.94/17.3	1.36/9.8	0.40/25.7	0.90/17.9

图 2-77　2015~2019 年国际旅游收入占比基本走势

注：①全国平均指 31 个省市区的平均水平；②全国范围内（可采集到的数据），国际旅游收入占比的最大值为 2018 年云南省的 1.66%，最小值为 2015 年甘肃省的 0.01%。

2015~2019 年，东北三省国际旅游收入占比在全国 31 个省市区连续 5 年数据集（共 155 个指标值）中相对位置分布情况如图 2-78 所示。可见，东北三省 5 年（共 15 个数据）国际旅游收入占比的百分比排位处于 50% 以下的有 11 个，其中有 3 个位于 25% 以下；此外，排位最大值的是 2016 年的辽宁省（62.3%），最小值的是 2019 年的吉林省（3.8%）。

2015~2019 年，6 省区国际旅游收入占比由高到低依次为：广东、浙江、辽宁、江苏、吉林、黑龙江；东南三省除了江苏省其他两省普遍呈下降趋势；东北地区水平较高的辽宁省与东南三省中较高的广东省差距较大；国际旅游收入占比增幅最大的是黑龙江省（25.12%），降幅最大的是吉林省（-20.91%），辽宁省的增幅为8.86%；具体如表2-104所示。

图2-78 2015~2019年东北三省国际旅游收入占比百分比排位图

表2-104 2015~2019年6省区国际旅游收入占比的原始值及单年排序

年份	辽宁	吉林	黑龙江	江苏	浙江	广东	全国平均
	值/序	值/序	值/序	值/序	值/序	值/序	值
2015	0.36/15	0.32/18	0.16/24	0.31/19	0.99/8	1.53/1	0.55
2016	0.54/13	0.36/18	0.20/24	0.33/19	0.44/14	1.53/2	0.58
2017	0.51/14	0.35/18	0.20/24	0.33/19	0.47/16	1.50/2	0.61
2018	0.46/14	0.31/19	0.22/24	0.34/17	0.31/18	1.42/3	0.55
2019	0.48/14	0.05/30	0.33/19	0.33/18	0.30/21	1.31/3	0.55
平均	0.47/14	0.28/20.6	0.22/23	0.33/18.4	0.50/15.4	1.46/2.2	0.57

2015~2019年，四个区域国际旅游收入占比由高到低依次为：东部、西部、东北、中部；其中，东北和东部地区总体呈先上升后下降趋势，西部、中部两个区域总体呈上升趋势；东北地区国际旅游收入占比与最优的东部地区相比，差距较大，具体如表2-105所示。

表2-105 2015~2019年四大经济区国际旅游收入占比的平均值及排序

年份	东北		东部		西部		中部	
	平均值	年排序	平均值	年排序	平均值	年排序	平均值	年排序
2015	0.28	19.0	0.89	10.5	0.47	17.5	0.27	20.7
2016	0.37	18.3	0.90	11.0	0.51	17.2	0.29	20.8
2017	0.35	18.7	0.94	10.6	0.54	17.3	0.31	21.0

续表

年份	东北		东部		西部		中部	
	平均值	年排序	平均值	年排序	平均值	年排序	平均值	年排序
2018	0.33	19.0	0.72	12.4	0.58	16.0	0.31	20.5
2019	0.29	21.0	0.73	12.0	0.58	16.5	0.32	19.2
平均	0.32	19.2	0.84	11.3	0.53	16.9	0.30	20.4

2015～2019 年，七个区域国际旅游收入占比由高到低依次为：华南、华东、西南、华北、东北、西北、华中；除华东、华北地区呈波动下降趋势，华中地区呈平稳上升趋势外，其余区域总体均呈波动上升趋势，华东地区下降幅度最大（-6.91%）；就七个区域而言，东北地区处于中下水平，与最优的华南地区相比，差距较大，具体如表 2-106 所示。

表 2-106　2015～2019 年七大地理区国际旅游收入占比的平均值及排序

年份	东北	华北	华东	华南	华中	西北	西南
	值/序	值/序	值/序	值/序	值/序	值/序	值/序
2015	0.28/19.0	0.61/16.2	0.84/10.5	0.89/7.7	0.21/22.0	0.24/22.8	0.67/14.0
2016	0.37/18.3	0.67/15.6	0.80/11.3	0.96/7.7	0.23/22.5	0.27/22.8	0.72/13.6
2017	0.35/18.7	0.68/15.2	0.81/11.7	1.14/6.0	0.24/22.5	0.31/23.0	0.71/14.2
2018	0.33/19.0	0.48/17.0	0.61/13.0	1.14/5.3	0.25/22.0	0.32/21.8	0.78/12.6
2019	0.29/21.0	0.49/16.0	0.60/13.3	1.24/4.0	0.29/20.3	0.28/23.6	0.77/12.4
平均	0.32/19.2	0.58/16	0.73/12	1.07/6.1	0.25/21.9	0.28/22.8	0.73/13.4

4. 主要结论

首先，总体而言，东北三省的区域开放指数低于全国平均水平，但差距相对不大。在反映区域开放的 5 个方面（贸易开放、投资开放、生产开放、市场开放、区位支撑），东北三省整体均落后于东南三省，尤其值得关注的是，东北三省的贸易开放、市场开放、生产开放与东南三省差距明显，成为东北地区区域开放方面最显著的问题。

其次，动态来看，2015～2019 年，东北地区的指数得分呈波动下降趋势，下降幅度为 0.2 分，意味着绝对能力退步，尽管退步程度不显著，但仍需重视；从相对排名来看，东北地区的区域开放方面的年排名呈下降趋势，与年排名上升 0.5 位次的中部地区相比，倒退程度明显，其在全国范围内的相对优势缓慢退失。

再次，分省来看，辽宁省的区域开放水平较高，吉林省次之，黑龙江省较弱。在全国各省相对排名的竞争中，辽宁省在小范围内波动，黑龙江省先不变后上升，吉林省呈波动下降趋势。辽宁省在区域开放各分项指数上发展比较均衡，投资开放相对较弱，其他分项指标发展较好；吉林省和黑龙江省关于各分项指数呈不均衡发展，吉林省投资开放较好，黑龙江省各分项指标发展均较弱。

最后，单项指标方面，东北三省仅在"对外贸易依存度""外资工业企业资产占比""单位 GDP 外商投资企业数""城市化水平"方面相对于全国平均水平有一定的优势；其他各项指标，尤其"人均实际利用外资额""货运活跃度""客运活跃度""运网密度""国际旅游收入占比"的发展比较落后，且与全国平均水平呈进一步扩大的趋势。

（四）产业发展评价报告

1. 产业发展指数总体分析

对产业发展的测度包括产业均衡、服务业发展、重化工调整、金融深化、现代农业 5 个方面，共 10 项关键指标，汇集中国 31 个省市区 2015~2019 年产业发展方面的指标信息，得到了连续 5 年的产业发展指数得分。在此基础上，形成多年连续排名和单年排名。其中，多年连续排名用于反映各省市区产业发展的绝对发展水平随时间动态变化的情况（31 个省市区 5 年共 155 个排位，最高排序为 1，最低排序为 155），单年排名用于反映各省市区在全国范围内某个单年的相对发展水平（31 个省市区每年 31 个排位，最高排序为 1，最低排序为 31）。具体而言，31 个省市区产业发展的总体情况见表 2-107。

表 2-107　2015~2019 年 31 个省市区产业发展指数得分、连续及单年排序

省市区	2015			2016 年			2017 年			2018 年			2019 年		
	值	总	年	值	总	年	值	总	年	值	总	年	值	总	年
江苏	71.3	25	2	76.1	10	1	75.4	13	3	77.0	8	2	83.2	1	1
广东	66.6	40	8	73.5	16	4	79.5	5	1	75.4	12	3	82.4	2	2
浙江	70.6	28	3	71.7	21	6	78.8	6	2	79.6	4	1	80.9	3	3
上海	71.6	22	1	74.7	14	3	72.4	18	5	70.7	27	5	77.3	7	4
福建	68.0	34	6	71.7	19	5	74.4	15	4	70.6	29	9	77.0	9	5
北京	68.9	32	5	68.4	33	8	65.8	41	6	70.8	26	4	73.5	17	6
安徽	58.9	76	13	62.6	57	10	64.4	48	10	64.0	50	8	71.7	20	7
黑龙江	69.2	31	4	76.0	11	2	65.3	42	7	63.8	52	9	71.4	24	8
江西	53.2	103	19	58.5	79	14	62.8	55	12	66.7	38	7	69.8	30	9
四川	61.2	65	11	61.9	60	11	62.9	53	11	61.4	64	12	67.6	35	10
湖北	54.1	97	17	58.0	83	15	58.3	81	16	58.4	80	16	67.0	37	11
山东	62.6	56	10	61.8	62	12	61.6	63	13	59.9	71	13	66.6	39	12
海南	59.6	74	12	57.2	84	16	64.5	47	11	62.5	59	11	64.6	45	13

续表

省市区	2015			2016 年			2017 年			2018 年			2019 年		
	值	总	年	值	总	年	值	总	年	值	总	年	值	总	年
重庆	48.6	116	21	53.0	104	20	53.9	98	19	58.5	78	15	64.3	49	14
新疆	53.6	100	18	54.2	95	19	54.3	93	18	51.4	107	20	63.9	51	15
河南	57.0	85	14	54.6	91	18	56.6	86	17	55.5	88	18	62.5	58	16
河北	55.3	89	15	59.3	75	13	59.8	73	15	58.1	82	17	61.9	61	17
辽宁	64.8	43	9	64.6	46	9	60.0	70	14	58.8	77	14	61.1	66	18
天津	67.2	36	7	71.5	23	7	64.7	44	8	62.9	54	10	60.7	67	19
湖南	46.7	124	23	48.9	114	23	53.3	102	20	53.7	99	19	60.5	68	20
广西	38.3	151	30	37.9	152	30	49.3	112	22	49.5	111	22	60.2	69	21
西藏	50.7	108	20	49.1	113	22	51.8	106	21	50.0	110	21	59.8	72	22
云南	39.0	148	28	40.2	142	27	39.6	146	31	37.7	153	31	55.9	87	23
陕西	44.8	127	24	42.5	137	26	46.0	126	25	43.8	131	26	54.2	94	24
贵州	40.9	140	27	37.4	154	31	43.1	134	28	46.9	122	25	54.1	96	25
青海	44.7	130	25	42.8	136	25	48.1	117	24	47.8	118	23	53.3	101	26
吉林	47.6	120	22	52.5	105	21	44.7	129	26	47.1	121	24	50.3	109	27
山西	54.4	92	16	55.1	90	17	43.7	132	27	43.4	133	27	47.7	119	28
内蒙古	41.5	139	26	46.2	125	24	48.6	115	23	43.0	135	28	46.9	123	29
宁夏	39.0	149	29	39.0	147	28	41.7	138	29	40.7	141	29	44.8	128	30
甘肃	36.6	155	31	38.8	150	29	39.8	145	30	39.8	144	30	39.9	143	31
平均	55.0	88.2	16	56.8	82.2	16	57.6	79.1	16	57.1	81.4	16	63.1	59.0	16

注：①对于表中的字段名称，"值"表示各省市区对应年份的指数得分，"总"表示各省市区 2015~2019 年多年连续总排序，"年"表示各省市区 5 个单年的排序；②表中 31 个省市区按照 2019 年的指数得分由高到低（降序）排列。

东北地区的产业发展指数处于全国中等偏下的位置，总体上落后于东南三省的发展水平。2015~2019 年，6 省区产业发展平均指数由高到低依次为：江苏、浙江、广东、黑龙江、辽宁、吉林；东南三省普遍呈上行态势，东南三省水平较低的广东省平均得分优于东北三省最优的黑龙江省；产业发展指数年均增幅最大的是广东省（5.96%），降幅最大的是辽宁省（-1.41%），黑龙江省和吉林省的增幅分别为 0.78% 和 1.42%。就 2019 年而言，黑龙江省产业发展相对较好，在 31 个省域中的单年排名为 8，辽宁省和吉林省相对较差，排名分别为 18 和 27，具体如表 2-107 和表 2-108 所示。

表 2-108　2015~2019 年 6 省区产业发展指数的值及单年排序

年份	辽宁	吉林	黑龙江	江苏	浙江	广东	全国平均
	值/序	值/序	值/序	值/序	值/序	值/序	值
2015	64.79/9	47.62/22	69.24/4	71.32/2	70.58/3	66.55/8	55.05
2016	64.56/9	52.53/21	75.99/2	76.10/1	71.70/6	73.50/4	56.76

年份	辽宁		吉林		黑龙江		江苏		浙江		广东		全国平均
	值/序		值/序		值/序		值/序		值/序		值/序		值
2017	59.99/14		44.74/26		65.25/7		75.40/3		78.77/2		79.52/1		57.59
2018	58.81/14		47.14/24		63.83/9		77.04/2		79.63/1		75.44/3		57.09
2019	61.15/18		50.32/27		71.39/8		83.16/1		80.89/3		82.43/2		63.07
平均	61.86/12.8		48.47/24		69.14/6		76.60/1.8		76.32/3		75.49/3.6		57.91

2015～2019年，全国产业发展呈波动上升趋势，东北地区呈先上升后下降再上升的趋势，东北地区在2015～2016年稳定优于全国平均水平，但2016年之后优势逐年缩减，并于2017～2019年低于全国平均水平；辽宁省呈波动下降态势，吉林省与黑龙江省发展趋势相似，2015～2016年呈稳定上升趋势，但之后呈波动下行态势；相对而言，黑龙江省较好，辽宁省次之，吉林省较弱，具体如图2-79所示。

图2-79　2015～2019年产业发展指数基本走势

注：①全国平均指31个省市区的平均水平；②全国范围内（可采集到的数据），产业发展指数的最大值为2019年江苏省的83.16，最小值为2015年甘肃省的36.59。

2015～2019年，东北三省产业发展指数在全国31个省市区连续5年数据集（共155个指标值）中相对位置分布情况如图2-80所示。可见，东北三省5年（共15个数据）产业发展总指数的百分比排位处于50%以下的有5个；排位最大值的是2016年的黑龙江省（93.5%），最小值的是2017年的吉林省（16.8%）。

2. 全国视角下东北地区产业发展进展分析

2015～2019年，四个区域产业发展总指数由高到低依次为：东部、东北、中部、西部；东北地区呈先上升后下降再上升的趋势，整体增幅微弱，其他三个区域总体呈上升趋势，其中西部地区上升幅度最大（5.85%）；东北地区产业发展指数与东部地区相比，存在一定的差距，具体如表2-109所示。

图 2-80　2015～2019 年产业发展指数百分比排位图

表 2-109　2015～2019 年四大经济区产业发展指数的平均值及排序

年份	东北		东部		西部		中部	
	平均值	年排序	平均值	年排序	平均值	年排序	平均值	年排序
2015	60.55	12.0	66.16	7.0	44.91	24.2	54.05	17.0
2016	64.36	10.7	68.60	7.5	45.25	24.3	56.27	16.2
2017	56.66	15.7	69.72	6.6	48.26	23.4	56.51	17.0
2018	56.59	15.7	68.76	7.2	47.54	23.5	56.96	15.8
2019	60.95	17.7	72.80	8.2	55.42	22.5	63.20	15.2
平均	59.82	14.3	69.21	7.3	48.27	23.6	57.40	16.2

注：为确保区分度，对于具有平均意义的排序，本书保留一位小数，以下各表同。

2015～2019 年，七个区域产业发展由高到低依次为：华东、华南、东北、华中、华北、西南、西北；七个区域整体呈上升趋势，其中华南地区的增幅最大，东北地区增幅最小；就七个区域而言，东北地区排名靠前，但与最优的华东地区相比，存在较大差距，具体如表 2-110 所示。

表 2-110　2015～2019 年七大地理区产业发展指数的平均值及排序

年份	东北	华北	华东	华南	华中	西北	西南
	值/序	值/序	值/序	值/序	值/序	值/序	值/序
2015	60.55/11.7	57.47/13.8	67.16/5.8	54.82/16.7	52.73/18.3	43.73/25.4	48.09/21.4
2016	64.36/10.7	60.09/13.8	69.78/6.2	56.20/16.7	55.00/17.5	43.47/25.4	48.31/22.2
2017	56.66/15.7	56.51/15.8	71.23/6.2	64.43/10.7	57.74/16.3	45.98/25.2	50.26/22.0
2018	56.59/15.7	55.66/17.2	70.32/5.8	62.45/12.0	58.58/15.0	44.69/25.6	50.92/20.8
2019	60.95/17.7	58.13/19.8	76.10/5.3	69.09/12.0	64.95/14.0	51.22/25.2	60.35/18.8
平均	59.82/14.3	57.57/16.1	70.92/5.9	61.40/13.6	57.80/16.2	45.82/25.4	51.59/21.0

为便于直观分析，将指数信息按空间分类、时间排列、优劣序化等方式整理后，形成多年指数得分、连续排名及单年排名的可视化集成图（见图2-81~图2-83），结合表2-107的信息，以全国四大经济区为划分标准，对东北三省产业发展方面的振兴进程评价如下：

图2-81 2015~2019年31个省市区产业发展指数得分变动情况

图2-82 2015~2019年31个省市区产业发展多年连续排序变动情况

（1）东北地区产业发展水平先上升后下降再上升，整体提升不明显

从反映四大区域的平均得分曲线的变化情况可以看出，中国的产业发展有一定成效，

四大区域整体均呈上升趋势,其中上升幅度最大的是西部地区,年均提升2.6分,东北地区提升幅度最小,年均仅提升0.1分。东部地区发展相对成熟,基础夯实(2015年为66.2分),西部地区发展相对落后,基础薄弱(2015年为44.9分)。西部、中部、东北地区的产业发展水平虽有所提高,但年份指数得分均未超过66分,尤其东北地区以2015年为基点(60.6分)至2016年历经短暂的快速发展后,产业发展水平显著下降,与东部地区差距逐渐拉大,相比于中部、西部地区的优势逐渐缩小,2018年被中部地区超越。

图 2-83　2015~2019 年 31 个省市区产业发展单年排序变动情况

(2)东北地区产业发展绝对水平呈波动下降趋势,波动幅度明显

从四大区域连续排名曲线的变化情况可以看出,只有东北地区的连续排名出现了下降,年排序变动为-0.4,其他三个地区均呈上升趋势,其中中部地区上升最快,年排名变动为10.2。具体而言,中部地区上升最快的是江西省,下降最快的是山西省。西部地区上升最快的是广西壮族自治区,上升最慢的是甘肃省。东部地区上升最快的是广东省,下降最快的是天津市。东北三省中,吉林整体表现相对较好,先从2015年的120名上升到2016年的105名,但又下降到2019年的109名,整体上升11位次,黑龙江次之,先从2015年的31名上升至2016年的11名,之后表现每况愈下,但2019年有所改进,排名24,整体上升了7位次。辽宁表现较差,从2015年的43名波动倒退至2019年的66名,整体下降23位次。

(3)东北地区产业发展相对水平出现倒退,且倒退幅度较大

从四大区域单年排名曲线的变化情况可以看出,在相对位次的排名竞争中,西部和中部地区呈上升趋势,年均排名变动分别为1.7和1.8,东北和东部地区呈下降趋势,年均

排名分别为-6.0和-1.3，东北地区下降幅度最大。2015~2019年，西部地区单年排名不变的省份有2个（占16.67%），排名上升的有6个（占50%），排名下降的有4个（占33.33%），中部地区单年排名提升的有4个（占66.67%），排名后退的有2个（占33.33%），东部地区单年排名不变的省份有1个（占10%），排名下降的有6个（占60%），排名上升有3个（占30%）。对东北地区而言，辽宁省的下降幅度最大（由第9名退到第18名，倒退9位次），吉林省倒退5名（由第22名退到第27名），黑龙江省倒退4名（由第4名退到第8名），呈现出"倒退范围广、倒退幅度大"的特征。

3. 产业发展分项指数分析

2015~2019年，东北三省5个分项指数中仅"现代农业"超过了全国平均水平和东南三省平均水平，表现出较强的竞争力；"产业均衡"和"重化工调整"超过了全国平均水平，但低于东南三省的平均水平；"服务业发展"与"金融深化"均低于东南三省和全国平均水平，表现较弱。辽宁省"服务业发展"和"重化工调整"低于全国平均水平，吉林省"现代农业"高于全国平均水平，黑龙江省"服务业发展"与"金融深化"低于全国平均水平。分省来看，东南三省5个分项指数的发展相对均衡，广东省与浙江省的"现代农业"表现较差，广东省的"金融深化"为全国最优水平。东北三省在5个分项指数的发展上极不平衡，其中黑龙江省与吉林省最为突出。就东北三省而言，辽宁省和吉林省的"现代农业"相对较好，"重化工调整"相对较差，黑龙江省"现代农业"相对较好，为全国最优水平，"金融深化"相对较差。总体来看，东北三省在"现代农业"上具有一定优势，其他分项指数和东南三省的差距较大，具体如表2-111和图2-84所示。

表2-111 2015~2019年6省区产业发展方面分项指数平均得分

	产业均衡	服务业发展	重化工调整	金融深化	现代农业
辽宁	65.86	50.11	45.94	66.64	80.76
吉林	56.05	38.76	30.96	41.99	74.6
黑龙江	87.97	43.61	74.41	40.91	98.81
江苏	87.65	58.57	50.22	90.38	96.19
浙江	92.15	62.5	66.09	95.12	65.72
广东	77.11	65.18	65.9	111.79	57.47
东北三省平均	69.96	44.16	50.43	49.84	84.72
东南三省平均	85.64	62.08	60.74	99.09	73.13
全国各省平均	59.09	59.24	47.78	63.42	60.03
各省最高	98.77	80.91	87.52	111.79	98.81
各省最低	19.05	38.76	18.87	37.67	21.22

图 2-84　2015~2019 年 6 省区产业发展方面分项指数平均得分雷达图

2015~2019 年，全国在反映产业发展 5 个分项指数方面的整体进展良好，除"重化工调整"外，其余均呈上升趋势，"服务业发展""金融深化""现代农业"上升幅度明显，"产业均衡"的发展相对缓慢。就东南三省而言，除三省的"重化工调整"和江苏省的"服务业发展"外，其余分项指数均呈上升趋势，发展前景良好，"产业均衡"与"金融深化"普遍处于全国前列，广东省的"重化工调整""金融深化"与江苏省的"现代农业"处于全国领先位置；就东北三省而言，"现代农业"发展相对较好，其他 4 个分项指数发展相对落后，辽宁省"产业均衡""服务业发展""金融深化""现代农业"整体均呈下降趋势，"现代农业"排名居于前列，吉林省"重化工调整"与"现代农业"整体呈下行态势，黑龙江省"服务业发展"与"重化工调整"整体呈倒退趋势，"产业均衡"排名全国前列，"现代农业"处于全国领先位置，具体如表 2-112 所示。

表 2-112 2015~2019 年 6 省区产业发展方面分项指数

分项指数	年份	辽宁	吉林	黑龙江	江苏	浙江	广东	全国平均
		值/序	值/序	值/序	值/序	值/序	值/序	值
产业均衡	2015	67.14/13	48.80/19	80.15/8	87.25/5	90.97/4	74.96/11	57.05
	2016	72.91/12▲	62.83/16▲	88.31/5▲	87.02/6▽	92.28/4▲	79.11/9▲	59.71▲
	2017	64.55/16▽	40.50/22▽	84.71/6▽	87.31/5▲	91.83/4▽	73.27/10▽	58.02▽
	2018	62.35/16▽	56.21/18▲	90.46/5▲	87.89/6▲	91.97/4▲	75.27/10▲	59.14▲
	2019	62.35/18▽	71.93/11▲	96.20/3▲	88.81/6▲	93.70/5▲	82.92/8▲	61.50▲
服务业发展	2015	56.49/16	26.82/31	52.70/21	59.92/10	59.04/11	60.03/9	54.66
	2016	31.25/31▽	48.13/24▲	52.52/19▽	66.51/7▲	62.58/9▲	68.55/5▲	57.16▲
	2017	57.40/21▲	43.23/31▽	51.16/28▽	53.01/25▽	69.50/6▲	69.66/5▲	60.74▲
	2018	56.88/18▽	48.07/29▲	49.38/28▽	56.18/20▲	61.64/11▽	59.96/13▽	59.10▽
	2019	48.53/25▽	27.56/30▽	12.28/31▽	57.23/21▲	59.73/19▽	67.70/15▲	64.57▲
重化工调整	2015	47.15/20	44.90/22	87.23/3	49.92/19	65.59/9	64.91/10	53.27
	2016	68.13/3▲	41.64/22▽	93.19/1▲	49.96/18▲	61.63/5▽	57.48/9▽	49.34▽
	2017	29.57/25▽	31.57/22▽	56.30/7▽	53.73/9▲	73.33/3▲	75.31/2▲	43.59▽
	2018	29.52/22▽	19.53/28▽	51.19/8▽	49.82/10▽	70.48/2▽	69.89/3▽	41.16▽
	2019	55.34/15▲	17.15/31▽	84.13/2▲	47.68/21▽	59.41/10▽	61.92/6▽	51.55▲
金融深化	2015	70.62/6	36.82/27	33.90/30	71.13/5	79.60/4	84.11/3	55.38
	2016	69.61/9▽	40.85/27▲	36.74/30▲	84.79/4▲	80.68/5▲	107.09/1▲	59.54▲
	2017	71.70/11▲	38.01/31▽	42.99/30▲	87.96/5▲	91.81/4▲	118.72/1▲	66.76▲
	2018	63.32/14▽	38.34/30▲	35.93/31▽	91.27/4▲	106.91/2▲	112.89/1▽	64.30▽
	2019	57.92/23▽	55.92/24▲	54.98/25▲	116.75/2▲	116.61/3▲	136.11/1▲	71.12▲
现代农业	2015	82.57/4	80.76/6	92.22/1	88.39/2	57.69/12	48.75/19	54.87
	2016	80.89/4▽	69.22/10▽	109.18/1▲	92.21/2▲	61.35/13▲	55.26/17▲	58.08▲
	2017	76.75/5▽	70.38/8▲	91.11/2▽	94.99/1▲	67.39/10▲	60.63/15▲	58.85▲
	2018	81.98/4▲	73.56/8▲	92.19/2▲	100.02/1▲	67.17/11▽	59.19/19▽	61.73▲
	2019	81.60/6▽	79.06/8▲	109.37/1▲	105.33/2▲	74.99/9▲	63.52/20▲	66.59▲

注：表中符号"▲"表示本年的数据相对于前一年是增长的，符号"▽"表示本年的数据相对于前一年是减少的。

进一步统计升降符（▲或▽）的数量，对不同地区的发展态势及稳定性进行分析和对比可知，2015~2019 年，5 个分项指数中"产业均衡"、"服务业发展"、"金融深化"和"现代农业"的全国平均水平▲的数量均超过（或等于）3 个，发展势头良好；除"重化工调整"外，东北三省的分项指数的▲总数均小于东南三省的总数，其中"服务业发展"的差距最大（东北三省共 3 个，东南三省共 8 个），东南地区总体发展高于东北三省；东北三省▲的总数量为 28 个，占东北三省升降符总数（60）的 46.7%，东南三省▲的总数量为 42 个，占东南三省升降符总数（60）的 70%，东北三省与东南三省的差距较大。

2015~2019 年，辽宁省▲的数量为 6 个，占辽宁省升降符总数的 30%，吉林省▲的数量为 11 个，占 55%，黑龙江省▲的数量为 11 个，占 55%，江苏省▲的数量均为 16 个，占 80%，浙江省▲的数量为 13 个，占 65%，广东省▲的数量为 13 个，占 65%，东北三省最优的黑龙江省上升态势弱于东南三省中较差的广东省；就东北三省而言，吉林省和黑龙江省发展相对较好，辽宁省相对较弱。2015~2019 年，就东北三省而言，"产业均衡"、"金融深化"与"现代农业"发展态势相对较好的是黑龙江省和吉林省，"服务业发展"发展态势较好的是吉林省，"重化工调整"辽宁省与黑龙江省发展态势相当，相对较好。

（1）产业均衡

产业均衡主要用产业分布泰尔指数来衡量。产业分布泰尔指数是衡量一个地区产业结构失衡的核心指标，是一个逆向指标，指标值越大意味着地区产业结构越不合理。2015~2019 年，全国和东北地区的产业分布泰尔指数波动下降；根据可采集到的数据，考虑到辽宁省 2018~2019 年和黑龙江省 2017~2019 年产业分布泰尔指数的发展趋势，东北地区的产业分布泰尔指数总体上应该接近于全国平均水平；辽宁省、黑龙江省产业分布泰尔指数呈先下降后上升的趋势，吉林省呈波动下降趋势；相对而言，黑龙江省在产业均衡方面表现较好，辽宁省次之，吉林省较弱。总体而言，东北三省的产业分布泰尔指数接近于全国平均水平，呈波动下降发展趋势，如图 2-85 所示。

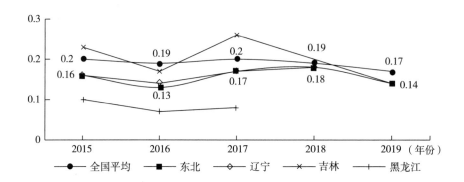

图 2-85 2015~2019 年产业分布泰尔指数基本走势

注：①全国平均指 31 个省市区的平均水平；②全国范围内（可采集到的数据），产业分布泰尔指数的最大值为 2015 年贵州省的 0.42，最小值为 2017 年上海市的 0.02。

2015~2019 年，东北三省产业分布泰尔指数在全国 31 个省市区连续 5 年数据集（共 140 个指标值）中相对位置分布情况如图 2-86 所示。可见，东北三省 5 年（共 11 个数据）产业分布泰尔指数的百分比排位处于 50% 以下的有 5 个；东北三省产业分布泰尔指数的最大值是 2016 年的黑龙江省（85.7%），最小值是 2017 年的吉林省（25.2%）。

2015~2019 年，6 省区产业分布泰尔指数由低到高依次为：浙江、江苏、黑龙江、广东、辽宁、吉林；东南三省中浙江省呈下降趋势，江苏省表现平稳，广东省呈波动下降趋势，东北三省中黑龙江省和吉林省先下降后上升，吉林省呈波动下降趋势；浙江省和江苏省明显优于东北三省，但是东北三省中表现较好的黑龙江省优于东南三省中表现较差的广东省；产业分布泰尔指数降幅最大的是吉林省（-9.74%），增幅最大的是辽宁省（3.88%），黑龙江省的降幅为-9.62%，具体如表2-113所示。

图 2-86　2015~2019 年东北三省产业分布泰尔指数百分比排位图

表 2-113　2015~2019 年 6 省区产业分布泰尔指数的原始值及单年排序

年份	辽宁	吉林	黑龙江	江苏	浙江	广东	全国平均
	值/序	值/序	值/序	值/序	值/序	值/序	值
2015	0.16/13	0.23/19	0.10/8	0.07/5	0.06/4	0.13/11	0.20
2016	0.14/12	0.17/16	0.07/5	0.07/6	0.05/4	0.11/9	0.19
2017	0.17/16	0.26/22	0.08/6	0.07/5	0.05/4	0.13/10	0.20
2018	0.18/13	—	—	0.07/4	0.05/3	0.13/8	0.19
2019	—	0.14/10	—	0.07/5	0.04/4	0.09/7	0.17
平均	0.16/13.5	0.20/16.8	0.09/6.3	0.07/5.0	0.05/3.8	0.12/9.0	0.19

2015~2019 年，四个区域产业分布泰尔指数由低到高依次为：东部、东北、中部、西部；其中，东北地区产业分布泰尔指数呈波动下降的趋势，东部地区呈先上升后下降趋势，西部地区呈平稳下降的趋势，中部地区先下降后上升趋于平稳，西部地区降幅最大（-4.37%），中部地区增幅最大（0.12%）；东北地区产业分布泰尔指数与表现最佳的东部地区相比，差距较大，具体如表2-114所示。

2015~2019 年，七个区域产业分布泰尔指数由低到高依次为：华东、东北、华北、华南、华中、西南、西北；华北地区呈先下降后上升趋势，东北和华中两个区域均呈波动下降趋势，华东和西北两个区域呈先上升后下降趋势，华南和西南两个区域普遍呈下降趋势，其中西南地区降幅最大（-7.03%），华东地区降幅最小（-0.25%）；就七个区域而言，东北地区的产业分布泰尔指数排名靠前，与表现最优的华东地区相比，差距较大，具体如表 2-115 所示。

表 2-114　2015~2019 年四大经济区产业分布泰尔指数的平均值及排序

年份	东北		东部		西部		中部	
	平均值	年排序	平均值	年排序	平均值	年排序	平均值	年排序
2015	0.16	13.3	0.08	6.1	0.32	24.0	0.20	16.7
2016	0.13	11.0	0.08	6.4	0.31	24.7	0.19	17.0
2017	0.17	14.7	0.09	6.3	0.30	23.9	0.20	17.0
2018	0.18	13.0	0.08	4.8	0.28	18.4	0.20	13.8
2019	0.14	10.0	0.07	5.2	0.26	18.6	0.20	15.7
平均	0.15	12.7	0.08	5.8	0.30	22.4	0.20	16.0

表 2-115　2015~2019 年七大地理区产业分布泰尔指数的平均值及排序

年份	东北	华北	华东	华南	华中	西北	西南
	值/序	值/序	值/序	值/序	值/序	值/序	值/序
2015	0.16/13.3	0.17/12.6	0.09/7.0	0.18/14.3	0.19/16.0	0.32/25.0	0.30/22.6
2016	0.13/11.0	0.17/13.0	0.09/7.5	0.17/14.0	0.18/16.5	0.33/27.0	0.27/21.8
2017	0.17/14.7	0.16/13.4	0.09/6.8	0.17/14.3	0.20/16.3	0.33/26.4	0.26/20.8
2018	0.18/13.0	0.16/10.8	0.10/6.4	0.17/11.3	0.19/13.3	0.35/21.0	0.23/15.5
2019	0.14/10.0	0.17/11.5	0.09/7.0	0.14/10.7	0.18/15.0	0.31/20.7	0.21/16.0
平均	0.15/12.7	0.17/12.3	0.09/7	0.17/12.9	0.19/15.4	0.33/24.6	0.26/19.8

（2）服务业发展

1）服务业增加值比重（单位：%）。服务业增加值比重反映了一个地区的服务业发展程度，是衡量经济发展和现代化水平的必要指标，计算公式为地区服务业增加值与 GDP 的比值。2015~2019 年，全国服务业增加值比重呈稳步上升趋势，东北地区呈波动上升趋势；东北地区服务业增加值比重在初期明显低于全国平均水平，但差距逐步变小且开始反超；辽宁省、吉林省的服务业增加值比重均呈上升趋势，且上升趋势较为明显，黑龙江省的服务业增加值比重则呈先上升后下降趋势；相对而言，黑龙江省较好，辽宁省次之，吉林省相对较弱。总体而言，东北地区的服务业增加值比重低于全国平均水平，呈平稳上升的发展趋势，具体如图 2-87 所示。

2015~2019 年，东北三省服务业增加值比重在全国 31 个省市区连续 5 年数据集（共 155 个指标值）中相对位置分布情况如图 2-88 所示。可见，东北三省 5 年（共 15 个数据）服务业增加值比重的百分比排位处于 50% 以下的有 4 个，其中有 2 个处于 25% 以下；排位最大值的是 2018 年的黑龙江省（90.9%），最小值的是 2015 年的吉林省（0.6%）。

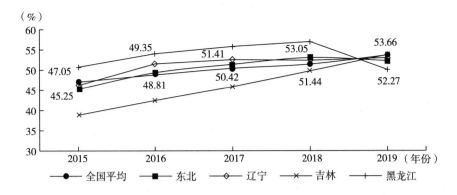

图 2-87　2015～2019 年服务业增加值比重基本走势

注：①全国平均指 31 个省市区的平均水平；②全国范围内（可采集到的数据），服务业增加值比重的最大值为 2019 年北京市的 83.52%，最小值为 2015 年广西壮族自治区的 38.80%。

图 2-88　2015～2019 年东北三省服务业增加值比重百分比排位图

　　2015～2019 年，6 省区服务业增加值比重由高到低依次为：黑龙江、广东、浙江、辽宁、江苏、吉林；东南三省服务业增加值比重整体呈上升趋势，且相对于东北三省而言，水平较高；2015～2018 年，黑龙江省的服务业增加值比重高于东南三省；服务业增加值比重增幅最大的是吉林省（9.61%），最小的是黑龙江省（-0.33%），辽宁省的增幅为 3.68%，具体如表 2-116 所示。

表 2-116　2015～2019 年 6 省区服务业增加值比重的原始值及单年排序

年份	辽宁	吉林	黑龙江	江苏	浙江	广东	全国平均
	值/序	值/序	值/序	值/序	值/序	值/序	值
2015	46.19/13.0	38.83/30.0	50.73/7.0	48.61/11.0	49.76/9.0	50.61/8.0	47.05
2016	51.55/9.0	42.45/25.0	54.04/6.0	50.00/12.0	50.99/11.0	52.01/8.0	48.81

续表

年份	辽宁	吉林	黑龙江	江苏	浙江	广东	全国平均
	值/序	值/序	值/序	值/序	值/序	值/序	值
2017	52.57/9.0	45.84/23.0	55.82/5.0	50.27/12.0	53.32/8.0	53.60/7.0	50.42
2018	52.37/10.0	49.77/16.0	57.02/4.0	50.98/14.0	54.67/7.0	54.23/8.0	51.44
2019	52.99/12.0	53.76/9.0	50.06/25.0	51.25/18.0	54.03/8.0	55.51/5.0	53.66
平均	51.13/10.6	46.13/20.6	53.54/9.4	50.22/13.4	52.55/8.6	53.19/7.2	50.28

2015~2019 年，四个区域服务业增加值比重由高到低依次为：东部、东北、西部、中部；四个区域除东北呈波动增长趋势外，服务业增加值比重普遍呈现稳步增长的趋势，中部地区增幅最大；东北地区服务业增加值与最优的东部地区相比，存在一定差距，具体如表 2-117 所示。

表 2-117　2015~2019 年四大经济区服务业增加值比重的原始值及排序

年份	东北		东部		西部		中部	
	平均值	年排序	平均值	年排序	平均值	年排序	平均值	年排序
2015	45.25	16.7	52.89	10.4	44.58	17.8	43.14	21.3
2016	49.35	13.3	54.48	11.0	45.82	18.3	45.09	21.2
2017	51.41	12.3	55.88	10.5	47.77	18.4	46.11	22.2
2018	53.05	10.0	56.70	10.8	48.38	19.2	48.00	21.3
2019	52.27	15.3	58.90	10.4	51.40	18.0	50.15	21.7
平均	50.27	13.5	55.77	10.6	47.59	18.3	46.50	21.5

2015~2019 年，七个区域服务业增加值比重由高到低依次为：华北、华东、华南、东北、西南、西北、华中；七个区域除东北呈波动增长趋势外，普遍呈现稳步增长的趋势，华中地区增幅最大；就七个区域而言，东北地区排名居中，与表现最佳的华北地区相比，差距较大，具体如表 2-118 所示。

表 2-118　2015~2019 年七大地理区服务业增加值比重的原始值及排序

年份	东北	华北	华东	华南	华中	西北	西南
	值/序	值/序	值/序	值/序	值/序	值/序	值/序
2015	45.25/16.7	53.13/12.8	48.68/14.5	47.56/14.3	41.64/23.5	44.10/18.4	47.04/13.2
2016	49.35/13.3	55.49/11.8	50.23/15.7	48.61/14.7	43.52/23.3	45.42/19.4	47.88/13.8
2017	51.41/12.3	56.93/10.8	51.52/15.3	51.31/12.3	45.50/23.5	47.18/19.6	48.63/16.8
2018	53.05/10.0	57.94/10.4	52.56/16.0	52.12/13.0	47.37/22.5	47.70/20.4	49.22/17.4
2019	52.27/15.3	59.83/13.4	54.52/15.3	55.06/10.0	49.67/23.3	50.71/19.6	52.59/14.0
平均	50.27/13.5	56.66/11.8	51.50/15.4	50.93/12.9	45.54/23.2	47.02/19.5	49.07/15.0

2）服务业增长率（单位：%）。服务业增长率反映一个地区第三产业增加值的变动情况，是衡量该地区服务业发展的必要指标，计算公式为本年与上年第三产业增加值的差值与上年第三产业增加值的比值。2015~2019年，全国平均服务业增长率总体呈波动上升趋势，东北地区均呈波动下降趋势；东北地区服务业增长率低于全国平均水平；黑龙江省服务业增长率整体呈下降趋势，降幅明显；吉林省整体呈波动下降趋势，在2015~2016年小幅上升；辽宁省整体呈波动下降趋势，在2015~2016年出现大幅下降；就东北三省而言，吉林省较好，辽宁省和黑龙江省较弱。总体而言，东北三省的服务业增长率与全国平均水平差距进一步拉大，且呈波动下降的趋势，具体如图2-89所示。

图2-89 2015~2019年服务业增长率基本走势

注：①全国平均指31个省市区的平均水平；②全国范围内（可采集到的数据），服务业增长率的最大值为2019年云南省的45.10%，最小值为2019年黑龙江省的-26.95%。

2015~2019年，东北三省服务业增长率在全国31个省市区连续5年数据集（共155个指标值）中相对位置分布情况如图2-90所示。东北三省5年（共15个数据）服务业增长率的百分比排位位于50%以下的有14个，其中有12个位于25%以下；排位最大值的是2016年的吉林省（80.5%），最小值的是2019年的黑龙江省（0.0%）。

图2-90 2015~2019年东北三省服务业增长率百分比排位图

2015~2019 年，6 省区服务业增长率由高到低省份依次为：浙江、广东、江苏、吉林、辽宁、黑龙江；辽宁省、吉林省、江苏省及浙江省服务业增长率均呈波动下降趋势，黑龙江省呈逐年下降趋势；服务业增长率降幅最大的是黑龙江省（-85.36%），增幅最大的是广东省（5.46%），吉林省的降幅为-67.54%，辽宁省的降幅为-25.99%，具体如表 2-119 所示。

表 2-119　2015~2019 年 6 省区服务业增长率的原始值及单年排序

年份	辽宁	吉林	黑龙江	江苏	浙江	广东	全国平均
	值/序	值/序	值/序	值/序	值/序	值/序	值
2015	10.76/21.0	9.39/27.0	11.16/16	11.39/15.0	11.04/17.0	10.93/19.0	11.84
2016	-13.41/31.0	14.87/6.0	8.66/28	13.51/12.0	12.88/13.0	14.10/9.0	11.69
2017	7.32/28.0	9.20/25.0	6.76/30	11.57/18.0	14.57/7.0	14.35/9.0	11.88
2018	7.72/27.0	9.52/20.0	5.10/30	9.35/21.0	11.31/14.0	9.70/19.0	10.47
2019	-0.43/25.0	-15.97/29.0	-26.95/31	8.18/21.0	9.65/20.0	13.31/16.0	11.89
平均	2.39/26.4	5.40/21.4	0.95/27	10.80/17.4	11.89/14.2	12.48/14.4	11.55

2015~2019 年，四大区域服务业增长率由高到低依次为：中部、西部、东部、东北；东北地区呈波动下降趋势，东部地区呈先上升后下降趋势，西部和中部地区总体呈上升趋势；东北地区服务业增长率与最优的中部地区差距较大，具体如表 2-120 所示。

表 2-120　2015~2019 年四大经济区服务业增长率的平均值及排序

年份	东北		东部		西部		中部	
	平均值	年排序	平均值	年排序	平均值	年排序	平均值	年排序
2015	10.44	21.3	10.74	19.8	11.67	16.1	14.68	6.8
2016	3.38	21.7	13.38	12.5	11.30	20.0	13.80	11.0
2017	7.76	27.7	11.95	16.3	12.08	15.1	13.42	11.5
2018	7.45	25.7	8.85	21.1	10.93	14.5	13.78	5.7
2019	-14.45	28.3	9.47	17.6	17.26	13.6	18.36	12.0
平均	2.91	24.9	10.88	17.5	12.65	15.9	14.81	9.4

2015~2019 年，七大区域服务业增长率由高到低依次为：西南、华中、华东、华南、西北、华北、东北；东北地区和华北地区服务业增长率呈波动下降趋势，其中东北地区的降幅最大，其他区域总体呈上升趋势；就七大区域而言，东北地区排名靠后，与表现最优的西南地区相比，差距较大，具体如表 2-121 所示。

3）金融业增加值比重（单位：%）。金融业增加值比重反映了金融业的相对规模，是衡量金融业在国民经济中的地位和金融业发育程度的重要指标，尤其代表了生产性服务业发展水平，计算公式为地区金融业增加值与 GDP 的比值。2015~2019 年，全国金融业增加值比重呈上升趋势，东北地区亦呈上升趋势，但低于全国平均水平；东北三省金融业增加值比重均呈上升趋势，2015~2016 年，辽宁省的上升趋势比吉林省、黑龙江省更加显著，2016~2017 年，东北三省上升趋势大致相同；相对而言，辽宁省较好，黑龙江省次之，吉林省较弱；2016 年，辽宁省的金融业增加值比重赶超全国平均水平，并在 2017 年继续保持。总体而言，东北三省的金融业增加值比重明显低于全国平均水平，呈波动上升的发展趋势，具体如图 2-91 所示。

表 2-121　2015~2019 年七大地理区服务业增长率的平均值及排序

年份	东北	华北	华东	华南	华中	西北	西南
	值/序	值/序	值/序	值/序	值/序	值/序	值/序
2015	10.44/21.3	10.49/21.2	12.37/13.3	9.81/24.7	12.98/9.0	11.80/17.6	13.70/9.6
2016	3.38/21.7	11.44/18.8	14.01/10.3	12.25/16.7	14.94/8.3	9.65/23.8	13.22/14.6
2017	7.76/27.7	8.34/23.8	12.96/13.2	13.75/11.0	13.44/11.3	12.01/16.6	14.10/10.8
2018	7.45/25.7	8.40/21.2	10.76/16.8	10.67/15.7	13.53/5.5	11.39/13.0	10.54/15.6
2019	−14.45/28.3	0.94/23.0	16.13/14.5	14.67/15.0	18.35/10.5	12.49/17.4	26.12/7.0
平均	2.91/24.9	7.92/21.6	13.25/13.6	12.23/16.6	14.65/8.9	11.47/17.7	15.54/11.5

图 2-91　2015~2019 年金融业增加值比重基本走势

注：①全国平均指 31 个省市区的平均水平；②全国范围内（可采集到的数据），金融业增加值比重的最大值为 2018 年北京市的 19.63%，最小值为 2016 年海南省的 0.70%。

2015~2019 年，东北三省金融业增加值比重在全国 31 个省市区连续 5 年数据集（共 155 个指标值）中相对位置分布情况如图 2-92 所示。可见，东北三省 5 年（共 15 个数据）金融业增加值比重的百分比排位处于 50% 以下的有 9 个，其中有 8 个处于 25% 以下；东北三省金融业增加值比重最大值的是 2017 年的辽宁省（77.2%），最小值的是 2015 年的吉林省（1.2%），吉林省也成为 5 年间金融增加值比重最低的省份。

2015~2019 年，6 省区金融业增加值比重由高到低依次为：广东、辽宁、浙江、江苏、黑龙江、吉林；东北三省和浙江省、广东省的金融业增加值比重呈增长态势，江苏省呈下降趋势，相对于东北三省而言，东南三省水平较高；东北三省中水平较高的辽宁省优于东南三省中水平较低的江苏省和浙江省；金融业增加值比重增幅最大的是吉林省（19.44%），黑龙江省和辽宁省次之，分别为 7.53% 和 5.55%，降幅最大的是江苏省（-0.02%），具体如表 2-122 所示。

图 2-92 2015~2019 年东北三省金融业增加值比重百分比排位图

表 2-122 2015~2019 年 6 省区金融业增加值比重的原始值及单年排序

年份	辽宁	吉林	黑龙江	江苏	浙江	广东	全国平均
	值/序	值/序	值/序	值/序	值/序	值/序	值
2015	6.52/16	4.02/30.0	5.62/24	7.56/9.0	6.82/12.0	7.91/8.0	7.20
2016	8.22/9	4.46/29.0	5.85/22	7.77/11.0	6.46/17.0	7.58/12.0	7.33
2017	8.39/10	4.75/31.0	5.86/24	5.53/28.0	6.82/19.0	7.64/12.0	7.75
2018	7.33/15	5.18/28.0	5.79/26	6.47/22.0	8.02/9.0	8.19/7.0	7.84
2019	7.97/10	7.15/16.0	7.31/14	7.56/11.0	8.03/9.0	8.25/7.0	7.94
平均	7.69/12.0	5.11/26.8	6.09/22.0	6.98/16.2	7.23/13.2	7.91/9.2	7.61

2015~2019 年，四个区域金融业增加值比重由高到低依次为：东部、西部、东北、中部；四个区域金融业增加值比重均呈增长趋势，其中东北地区增幅最大（9.69%），中部地区增幅最小（0.17%）；东北地区金融业增加值比重与表现最佳的东部地区相比，差距较大，具体如表 2-123 所示。

表 2-123 2015~2019 年四大经济区金融业增加值比重的原始值及排序

年份	东北		东部		西部		中部	
	平均值	年排序	平均值	年排序	平均值	年排序	平均值	年排序
2015	5.39	23.3	8.84	12.1	6.93	14.7	5.90	21.5

年份	东北		东部		西部		中部	
	平均值	年排序	平均值	年排序	平均值	年排序	平均值	年排序
2016	6.18	20.0	8.29	14.8	7.35	14.0	6.27	20.0
2017	6.33	21.7	8.89	15.2	7.66	14.1	6.73	18.3
2018	6.10	23.0	9.64	12.5	7.55	14.1	6.28	22.2
2019	7.48	13.3	10.01	11.3	7.33	15.8	5.94	25.5
平均	6.30	20.3	9.13	13.2	7.36	14.5	6.22	21.5

2015~2019 年，七个区域金融业增加值比重由高到低依次为：华北、华东、西北、西南、华南、东北、华中；西北地区的金融业增加值比重呈稳步增长趋势，西南地区呈波动下降趋势，其余地区普遍呈波动增长趋势，其中东北地区增幅最大，西南地区增幅最小；就七个区域而言，东北排名靠后，与表现最佳的华北地区相比，差距较大，具体如表 2-124 所示。

表 2-124 2015~2019 年七大地理区金融业增加值比重的原始值及排序

年份	东北	华北	华东	华南	华中	西北	西南
	值/序	值/序	值/序	值/序	值/序	值/序	值/序
2015	5.39/23.3	9.06/13.2	7.97/15.2	6.84/13.7	5.21/25.0	7.30/13.4	7.18/12.2
2016	6.18/20.0	9.36/12.8	8.08/15.7	4.83/20.3	5.60/23.3	7.52/13.0	7.77/11.8
2017	6.33/21.7	9.70/10.6	7.89/19.7	7.15/15.0	6.43/20.3	7.74/14.6	7.90/12.2
2018	6.10/23.0	9.38/16.8	8.66/16.0	7.59/12.3	6.03/22.8	8.11/11.0	7.69/12.8
2019	7.48/13.3	10.18/14.2	8.64/15.7	7.52/12.3	5.61/27.8	8.18/10.2	7.02/18.4
平均	6.30/20.3	9.54/13.5	8.25/16.4	6.78/14.7	5.78/23.8	7.77/12.4	7.51/13.5

(3) 重化工调整

1) 重化工业比重（单位：%）。重化工业比重是衡量一个地区重化工业发展程度的重要指标，是一个逆向指标，指标值越小，效果越佳，计算公式为地区重化工业总产值占规模以上工业总产值的比重。2015~2019 年，全国重化工业比重呈波动上升趋势，东北地区亦呈波动上升趋势；东北地区重化工业比重整体表现优于全国平均水平，但 2016 年之后相对优势逐渐消失，在 2019 年恢复其相对优势；吉林省重化工业比重呈上升趋势，辽宁省和黑龙江省略有下降；就东北三省而言，黑龙江省较好，辽宁省次之，吉林省较弱。总体而言，东北地区重化工业比重低于全国平均水平，但相对优势在 2016 年逐渐消失，在 2019 年恢复其相对优势，具体如图 2-93 所示。

2015~2019 年，东北三省重化工业比重在全国 31 个省市区连续 5 年数据集（共 155 个指标值）中相对位置分布情况如图 2-94 所示。可见，东北三省 5 年（共 15 个数据）重化工业比重的百分比排位处于 50% 以下的有 8 个；排位的最大值是 2016 年的辽宁省

（100.0%），最小值是 2017 年的辽宁省（10.0%）。

图 2-93　2015~2019 年重化工业比重基本走势

注：①全国平均指 31 个省市区的平均水平；②全国范围内（可采集到的数据），重化工业比重的最大值为 2016 年重庆市的 103.74%，最小值为 2016 年辽宁省的 36.31%。

图 2-94　2015~2019 年东北三省重化工业比重百分比排位图

2015~2019 年，6 省区重化工业比重由低到高依次为黑龙江、浙江、辽宁、广东、吉林、江苏；东北三省整体呈波动上升态势，相对于东南三省而言，具有优势；东南三省中表现较好的浙江省优于东北三省中的辽宁省与吉林省；重化工业比重降幅最大的是辽宁省（-4.06%），增幅最大的是吉林省（6.31%），黑龙江省的降幅为-1.32%，具体如表 2-125 所示。

表 2-125　2015~2019 年 6 省区重化工业比重的原始值及单年排序

| 年份 | 辽宁 | 吉林 | 黑龙江 | 江苏 | 浙江 | 广东 | 全国平均 |
	值/序	值/序	值/序	值/序	值/序	值/序	值
2015	75.33/22	68.38/16	53.66/4	79.06/26	68.29/15	73.29/21	69.21

续表

年份	辽宁		吉林		黑龙江		江苏		浙江		广东		全国平均
	值/序		值/序		值/序		值/序		值/序		值/序		值
2016	36.31/1		69.53/9		43.96/3		86.85/29		70.15/10		82.82/27		71.86
2017	88.59/24		77.58/13		79.04/15		76.35/12		64.83/2		67.02/4		79.85
2018	88.01/21		77.43/12		79.96/15		77.52/13		66.38/2		69.54/4		80.52
2019	63.09/7		85.65/28		50.83/1		81.52/26		72.63/19		75.92/22		70.23
平均	70.27/15		75.71/15.6		61.49/7.6		80.26/21.2		68.46/9.6		73.72/15.6		74.22

2015~2019 年，四个区域重化工业比重由低到高依次为：东北、中部、东部、西部；西部区域重化工业比重略有上升，中部、东部、东北地区整体呈波动上行态势，东北地区在 2017 年升幅相对明显，其中中部地区增幅最大（0.81%），东北地区增幅为 0.28%；东北地区重化工业比重与其他三个地区相比虽有优势，但整体发展波动较大，具体如表 2-126 所示。

表 2-126　2015~2019 年四大经济区重化工业比重的平均值及排序

年份	东北		东部		西部		中部	
	平均值	年排序	平均值	年排序	平均值	年排序	平均值	年排序
2015	65.79	14.0	73.14	19.8	69.31	16.1	64.19	10.5
2016	49.93	4.3	75.12	17.6	75.02	17.1	71.05	17.0
2017	81.74	17.3	74.94	11.4	84.48	19.9	78.61	13.3
2018	81.80	16.0	75.91	11.1	85.50	19.9	79.26	12.8
2019	66.53	12.0	74.50	20.0	69.57	14.6	66.28	14.2
平均	69.16	12.7	74.72	16.0	76.33	17.4	71.88	13.6

2015~2019 年，七个区域重化工业比重由低到高依次为：东北、华东、华中、华南、西南、华北、西北；西北地区呈现波动下降趋势，降幅为-1.34%，其他六个区域普遍呈波动上升趋势；就七个区域而言，东北地区排名较靠前，与表现最优的华东地区相比，优势明显，具体如表 2-127 所示。

表 2-127　2015~2019 年七大地理区重化工业比重的平均值及排序

年份	东北	华北	华东	华南	华中	西北	西南
	值/序	值/序	值/序	值/序	值/序	值/序	值/序
2015	65.79/14.0	68.24/15.8	69.37/15.7	72.18/19	66.38/12.3	77.93/24.6	63.82/10.4
2016	49.93/4.3	65.60/12.0	73.89/16.5	78.44/22	76.79/20.0	74.43/16.8	78.35/18.8
2017	81.74/17.3	88.31/24.3	72.30/8.3	69.54/5.0	75.03/10.0	89.79/25.4	81.12/16.8

续表

年份	东北	华北	华东	华南	华中	西北	西南
	值/序	值/序	值/序	值/序	值/序	值/序	值/序
2018	81.80/16.0	89.48/24.2	72.89/8.3	70.82/4.7	75.83/9.5	89.45/23.8	82.83/17.3
2019	66.53/12.0	71.67/18.0	70.06/16.2	72.94/19.3	68.84/16.0	73.76/18.0	67.17/12.2
平均	69.16/12.7	76.17/18.6	71.70/13.0	72.78/14.0	72.57/13.6	80.72/21.6	74.32/15.0

2）产能过剩产业比重（单位：%）。产能过剩产业比重是衡量一个地区重化工业内部结构的重要指标，是一个逆向指标，指标值越小，发展越佳，计算公式为地区产能过剩产业主营业务收入占重化工业主营业务收入的比重。2015年、2016年、2019年，全国产能过剩产业比重整体呈上升趋势；东北地区产能过剩产业比重2015年、2016年低于全国平均水平，但2019年东北地区超过全国平均水平，且差距逐渐拉大；东北地区产能过剩状况逐年加重，辽宁省、吉林省、黑龙江省产能过剩产业比重均呈上升趋势，且吉林省上升趋势较为明显，辽宁省和黑龙江省产能过剩产业比重逐渐上升；相对而言，黑龙江省较好，辽宁省次之，吉林省较弱。总体而言，东北地区产能过剩产业比重2019年高于全国平均水平，且差距比较明显，具体如图2-95所示。

图 2-95　2015~2019 年产能过剩产业比重基本走势

注：①全国平均指31个省市区的平均水平；②全国范围内（可采集到的数据），产能过剩产业比重的最大值为2019年吉林省的37.85%，最小值为2019年福建省的9.64%；③产能过剩产业比重2017年、2018年未收集到数据。

2015~2019年，东北三省产能过剩产业比重在全国31个省市区连续3年数据集（共93个指标值）中相对位置分布情况如图2-96所示。可见，东北三省3年（共9个数据）产能过剩产业比重的百分比排位处于50%以下的有5个；排位最大值的是2016年的黑龙江省（93.5%），最小值的是2019年的吉林省（0.0%）。

2015~2019年，6省区产能过剩产业比重由低到高依次为广东、黑龙江、浙江、江苏、辽宁、吉林；东南三省中广东省和浙江省均呈下降趋势，相对于东北三省的辽宁省和黑龙江省而言，产能过剩产业比重较低；东南三省中表现较好的广东省优于东北三省中表现较佳的黑龙江省；产能过剩产业比重年均降幅最大的是广东省（-0.49%），增幅最大的是吉林省（18.35%），辽宁省和黑龙江省的增幅分别为6.22%和7.27%，具体如表2-128所示。

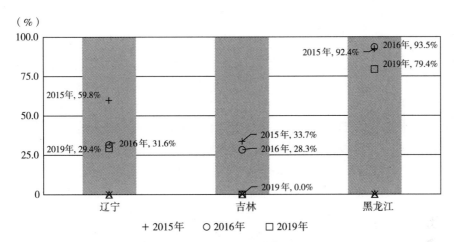

图2-96 2015～2019年东北三省产能过剩产业比重百分比排位图

表2-128 2015～2019年6省区产能过剩产业比重的原始值及单年排序

年份	辽宁	吉林	黑龙江	江苏	浙江	广东	全国平均
	值/序	值/序	值/序	值/序	值/序	值/序	值
2015	17.68/13	21.83/21	11.19/3	15.33/10	14.64/8	10.14/2	19.68
2016	22.05/22	22.16/23	11.11/3	15.13/11	15.03/9	10.11/2	19.63
2017	—	—	—	—	—	—	—
2018	—	—	—	—	—	—	—
2019	22.07/22	37.85/31	14.44/8	15.97/9	14.43/7	9.95/2	20.93
平均	20.60/19.0	27.28/25.0	12.24/4.7	15.48/10.0	14.70/8.0	10.07/2.0	20.08

2015～2019年，四个区域产能过剩产业比重由低到高依次为：东部、中部、东北、西部；四个区域产能过剩产业比重普遍呈上升的趋势，其中东北地区上升幅度最大（11.68%），中部地区降幅最大（-0.14%），东部和西部地区略有提升，分别为1.22%和0.69%；东北地区排名靠后，产能过剩的比重正逐渐加大，具体如表2-129所示。

表2-129 2015～2019年四大经济区产能过剩产业比重的原始值及排序

年份	东北		东部		西部		中部	
	平均值	年排序	平均值	年排序	平均值	年排序	平均值	年排序
2015	16.90	12.3	16.57	12.0	22.91	20.8	19.79	14.8
2016	18.44	16.0	16.60	11.9	22.72	20.3	19.09	14.2

续表

年份	东北		东部		西部		中部	
	平均值	年排序	平均值	年排序	平均值	年排序	平均值	年排序
2017	—	—	—	—	—	—	—	—
2018	—	—	—	—	—	—	—	—
2019	24.79	20.3	17.38	12.3	23.55	19.2	19.68	13.7
平均	20.04	16.2	16.85	12.1	23.06	20.1	19.52	14.2

2015~2019 年，七个区域产能过剩产业比重由低到高依次为：华南、华东、华中、西南、东北、华北；西南地区呈下降趋势（降幅为-2.59%），华南地区先降后升，降幅为-0.04%，其余 5 个区域均呈上升趋势，其中东北地区增幅最大，为 11.68%；就七个区域而言，东北地区排名靠后，与产能过剩产业比重最低的华南地区相比，差距呈扩大的趋势，具体如表 2-130 所示。

表 2-130　2015~2019 年七大地理区产能过剩产业比重的原始值及排序

年份	东北	华北	华东	华南	华中	西北	西南
	值/序	值/序	值/序	值/序	值/序	值/序	值/序
2015	16.90/12.3	25.77/24.8	14.95/9.5	14.79/9.0	16.62/11.5	26.47/24.4	19.54/16.6
2016	18.44/16.0	25.53/24.4	14.99/9.7	14.75/8.0	15.97/10.5	26.60/24.4	18.90/16.0
2017	—	—	—	—	—	—	—
2018	—	—	—	—	—	—	—
2019	24.79/20.3	28.18/25.2	16.04/9.7	14.77/8.7	16.71/11.0	27.72/23.6	17.51/12.6
平均	20.04/16.2	26.49/24.8	15.33/9.6	14.77/8.6	16.43/11.0	26.93/24.1	18.65/15.1

（4）金融深化

1）银行信贷占比（单位：%）。银行信贷占比反映一个地区的银行信贷规模，是衡量该地区产业发展的重要指标，计算公式为银行信贷与地区 GDP 比值的百分数。2015~2019 年，全国银行信贷占比呈平稳上升趋势，东北地区银行信贷占比整体呈波动上升趋势；东北地区银行信贷占比整体低于全国平均水平，但在 2019 年实现反超；东北三省银行信贷占比均呈平稳上升趋势，且吉林省和黑龙江省的上升趋势大致相同；相对而言，辽宁省较好，吉林省和黑龙江省较弱。总体而言，东北三省的平均银行信贷占比明显低于全国平均水平，差距有缩小的趋势，具体如图 2-97 所示。

2015~2019 年，东北三省银行信贷占比在全国 31 个省市区连续 5 年数据集（共 155 个指标值）中相对位置分布情况如图 2-98 所示。可见，东北三省 5 年（共 15 个数据）银行信贷占比的百分比排位处于 50% 以下的有 9 个，其中，有 6 个处于 25% 以下；排位最大值的是 2019 年的辽宁省（83.1%），最小值的是 2015 年的吉林省（12.3%）。

2015~2019 年，6 省区银行信贷占比由高到低依次为：浙江、辽宁、广东、吉林、黑龙江、江苏；东南三省中，浙江省银行信贷占比呈波动上升趋势，其他两省整体均呈上升趋势；银行信贷占比增幅最大的是吉林省（15.90%），最小的是浙江省（2.38%），黑龙江省和辽宁省的增幅分别为10.79%和14.32%，具体如表2-131所示。

图2-97　2015~2019年银行信贷占比基本走势

注：①全国平均指31个市区的平均水平；②全国范围内（可采集到的数据），银行信贷占比的最大值为2017年西藏自治区的308.46%，最小值为2015年湖南省的83.81%。

图2-98　2015~2019年东北三省银行信贷占比百分比排位图

表2-131　2015~2019年6省区银行信贷占比的原始值及单年排序

年份	辽宁	吉林	黑龙江	江苏	浙江	广东	全国平均
	值/序	值/序	值/序	值/序	值/序	值/序	值
2015	126.56/18	108.86/25	110.36/23	112.48/21	178.30/7	131.38/15	141.62
2016	173.89/8	116.47/24	117.55/23	120.12/21	173.13/9	137.19/16	150.05
2017	176.34/8	120.51/27	122.41/25	121.12/26	174.30/9	140.50/15	156.17
2018	177.70/10	126.00/25	124.23/27	127.23/24	188.22/7	149.23/16	159.31
2019	199.05/7	178.09/11	157.99/14	135.64/22	195.26/9	156.03/16	165.65
平均	170.71/10.2	129.99/22.4	126.51/22.4	123.32/22.8	181.84/8.2	142.87/15.6	154.56

2015~2019 年，四个区域银行信贷占比由高到低依次为：西部、东部、东北、中部；四大区域中西部地区呈波动上升趋势，其他三个区域整体呈平稳上升趋势，且东北地区增幅最大（13.69%）；东北地区银行信贷占比与表现最优的西部地区相比，差距较大，具体如表 2-132 所示。

表 2-132　2015~2019 年四大经济区银行信贷占比的平均值及年排序

年份	东北		东部		西部		中部	
	平均值	年排序	平均值	年排序	平均值	年排序	平均值	年排序
2015	115.26	22.0	155.87	13.0	153.41	13.1	107.49	23.8
2016	135.97	18.3	158.56	14.1	164.43	13.1	114.15	23.8
2017	139.75	20.0	161.86	14.3	174.79	12.4	117.66	24.0
2018	142.64	20.7	165.04	14.2	176.78	12.6	123.14	23.5
2019	178.38	10.7	174.70	14.0	174.76	14.5	126.00	25.0
平均	142.40	18.3	163.20	13.9	168.83	13.1	117.69	24.0

2015~2019 年，七个区域银行信贷占比由高到低依次为：西北、西南、华北、华南、华东、东北、华中；西南和西北地区呈波动上升趋势，其他区域普遍呈上升趋势，其中东北地区增幅最大（13.69%）；就七个区域而言，东北地区排名靠后，与表现最优的西北地区相比，差距较大，具体如表 2-133 所示。

表 2-133　2015~2019 年七大地理区银行信贷占比的平均值及年排序

年份	东北	华北	华东	华南	华中	西北	西南
	值/序	值/序	值/序	值/序	值/序	值/序	值/序
2015	115.26/22.0	152.67/15.0	140.92/15.8	139.61/15.7	95.15/27.5	170.89/9.4	156.36/11.2
2016	135.97/18.3	157.77/15.4	143.21/16.8	146.51/16.0	100.71/27.8	180.04/9.2	170.59/11.6
2017	139.75/20.0	165.06/12.8	145.44/18.0	151.82/14.7	107.61/27.5	190.12/9.8	177.51/12.2
2018	142.64/20.7	165.17/13.8	150.46/17.8	154.30/15.0	114.30/26.5	187.23/10.4	185.14/11.0
2019	178.38/10.7	185.13/12.0	151.15/19.7	159.66/15.3	117.43/27.3	188.99/11.6	174.77/14.6
平均	142.40/18.3	165.16/13.8	146.24/17.6	150.38/15.3	107.04/27.3	183.45/10.1	172.87/12.1

2）社会融资规模增量（单位：亿元）。社会融资规模增量反映指一定时期内（每月、每季或每年）实体经济从金融体系获得的全部资金总额，是衡量地区金融深化程度的重要指标，计算公式为当年社会融资总额与上一年社会融资总额的差值。2015~2019 年，全国社会融资规模增量整体呈波动上升趋势，东北地区社会融资规模增量整体呈波动下降趋势；东北地区社会融资规模增量明显低于全国平均水平；吉林省和黑龙江省整体呈波动上升趋势，辽宁省整体呈波动下降趋势；相对而言，辽宁省较好，吉林省和黑龙江省较弱。总体而言，东北三省的社会融资规模增量明显低于全国平均水平，具体如图 2-99 所示。

图 2-99　2015~2019 年社会融资规模增量基本走势

注：①全国平均指 31 个省市区的平均水平；②全国范围内（可采集到的数据），社会融资规模增量的最大值为2019年广东省的29190，最小值为 2019 年西藏自治区的23。

2015~2019 年，东北三省社会融资规模增量在全国 31 个省市区连续 5 年数据集（共155 个指标值）中相对位置分布情况如图 2-100 所示。可见，东北三省 5 年（共 15 个数据）社会融资规模增量的百分比排位处于 50% 以下的有 12 个，其中，有 6 个处于 25% 以下；排位最大值的是 2015 年的辽宁省（64.9%），最小值的是 2018 年的黑龙江省（11.0%）。

图 2-100　2015~2019 年东北三省社会融资规模增量百分比排位图

2015~2019 年，6 省区社会融资规模增量由高到低依次为：广东、江苏、浙江、辽宁、吉林、黑龙江；东南三省中广东省整体呈波动上升趋势，其他两省均呈上升趋势；东南三省中水平较低的浙江省优于东北地区水平较高的辽宁省；社会融资规模增量降幅最大的是辽宁省（-13.13%），增幅最大的是浙江省（63.07%），黑龙江省与吉林省的增幅为分别为13.01%和2.35%，具体如表 2-134 所示。

表 2-134 2015~2019 年 6 省区社会融资规模增量的原始值及单年排序

年份	辽宁	吉林	黑龙江	江苏	浙江	广东	全国平均
	值/序	值/序	值/序	值/序	值/序	值/序	值
2015	6194.0/7	2710.0/24	2037.0/25	11394.0/3	6291.0/6	14443.0/2	4709.1
2016	4693.0/13	2790.0/20	1941.0/24	16758.0/2	7485.0/6	21155.0/1	5372.6
2017	4985.2/17	1920.5/27	2674.0/25	17560.8/2	15446.7/3	24507.0/1	6717.7
2018	3796.0/18	1510.0/25	1218.0/26	17699.0/4	19499.0/2	22502.0/1	5920.8
2019	2942.0/24	2965.0/22	3097.0/21	24104.0/2	22162.0/3	29190.0/1	7571.5
平均	4522.0/15.8	2379.1/23.6	2193.4/24.2	17503.2/2.6	14176.7/4.0	22359.4/1.2	6058.3

2015~2019 年，四大区域社会融资规模增量由高到低依次为：东部、中部、西部、东北；东北地区呈波动下降趋势，其他区域整体呈波动上升趋势，其中中部地区增幅最大（24.40%）；东北地区社会融资规模增量与表现最优的东部地区相比，差距较大，具体如表 2-135 所示。

表 2-135 2015~2019 年四大经济区社会融资规模增量的平均值及排序

年份	东北		东部		西部		中部	
	平均值	年排序	平均值	年排序	平均值	年排序	平均值	年排序
2015	3647.0	18.7	7866.1	8.4	2711.4	21.8	3973.8	15.7
2016	3141.3	19.0	9700.1	8.2	2580.3	22.6	4860.5	14.3
2017	3193.2	23.0	11117.0	9.3	3824.7	21.3	6933.5	13.0
2018	2174.7	23.0	10771.8	10.1	2872.2	21.3	5806.0	11.8
2019	3001.3	22.3	13369.2	10.0	3742.4	21.4	7851.7	12.0
平均	3031.5	21.2	10564.8	9.2	3146.2	21.7	5885.1	13.4

2015~2019 年，七个区域社会融资规模增量由高到低依次为：华东、华南、华中、华北、西南、东北、西北；东北和西北地区呈波动下降趋势，其他区域均呈波动上升趋势；就七个区域而言，东北地区排名靠后，与表现最优的华东地区相比，差距较大，具体如表 2-136 所示。

表 2-136 2015~2019 年七大地理区社会融资规模增量的平均值及排序

年份	东北	华北	华东	华南	华中	西北	西南
	值/序	值/序	值/序	值/序	值/序	值/序	值/序
2015	3647.0/18.7	5904.8/13.6	6944.2/8.0	6233.7/17.7	4305.0/14.5	2286.4/23.2	3299.8/19.4
2016	3141.3/19.0	5467.2/15.8	9477.2/6.2	8557.3/16.0	5262.0/12.3	1812.0/25.6	3429.6/19.6
2017	3193.2/23.0	5824.3/16.4	11805.8/6.5	9969.9/16.3	7473.5/11.5	3072.4/23.8	4709.3/18.4

续表

年份	东北	华北	华东	华南	华中	西北	西南
	值/序	值/序	值/序	值/序	值/序	值/序	值/序
2018	2174.7/23.0	6377.0/15.8	10531.7/8.3	9021.0/15.7	6553.8/9.0	1487.4/25.8	4246.0/17.2
2019	3001.3/22.3	6309.8/17.6	14161.3/7.0	11876.0/15.3	8908.3/9.8	2398.8/25.2	5187.8/17.6
平均	3031.5/21.2	5976.6/15.8	10584.0/7.2	9131.6/16.2	6500.5/11.4	2211.4/24.7	4174.5/18.4

（5）现代农业

1）农业综合机械化水平（单位：%）。农业综合机械化水平是对机器（装备）在农业中使用程度、作用大小和使用效果的一种表达和度量，是衡量该地区现代农业发展的重要指标，计算公式为 0.4 倍机耕面积加 0.3 倍机播面积加 0.3 倍机收面积与农作物播种面积的比值。2015~2019 年，全国平均农业综合机械化水平呈缓慢上升趋势，东北地区农业综合机械化水平整体呈波动下降态势，2017 年下行幅度明显；东北地区农业综合机械化水平明显高于全国平均水平，但优势呈缩减趋势；吉林省、辽宁省的农业综合机械化水平均呈波动上升趋势，辽宁省于 2018 年实现对吉林省的超越，黑龙江省农业综合机械化水平 2017 年明显下降；相对而言，黑龙江省较好，吉林省次之，辽宁省较弱。总体而言，东北三省的农业综合机械化水平明显高于全国平均水平，优势呈缩减趋势，具体如图 2-101 所示。

图 2-101　2015~2019 年农业综合机械化水平基本走势

注：①全国平均指 31 个省市区的平均水平；②全国范围内（可采集到的数据），农业综合机械化水平的最大值为 2016 年黑龙江省的 113.51%，最小值为 2015 年贵州省的 14.41%。

2015~2019 年，东北三省农业综合机械化水平在全国 31 个省市区连续 5 年数据集（共 155 个指标值）中相对位置分布情况如图 2-102 所示。可见，东北三省 5 年（共 15 个数据）农业综合机械化水平的百分比排位均处于 75% 以上；排位最大值的是 2016 年的黑龙江省（100%），黑龙江省是 5 年间农业机械化水平最高的省份，排位最小值的是 2015 年的辽宁省（82.4%）。

图 2-102　2015~2019 年东北三省农业综合机械化水平百分比排位图

　　2015~2019 年，6 省区农业综合机械化水平由高到低依次为：黑龙江、吉林、辽宁、江苏、广东、浙江；东南三省整体呈波动上升趋势，浙江与广东在 2018 年出现下降；2015~2019 年，东北地区中水平较低的辽宁省持续优于东南地区水平较高的江苏省；农业综合机械化水平增幅最大的是广东省（3.59%），降幅最大的是黑龙江省（-3.72%），说明黑龙江省的相对优势正逐渐减小，吉林省的增幅为 0.48%，辽宁省的增幅为 1.84%，具体如表 2-137 所示。

表 2-137　2015~2019 年 6 省区农业综合机械化水平的原始值及单年排序

年份	辽宁	吉林	黑龙江	江苏	浙江	广东	全国平均
	值/序	值/序	值/序	值/序	值/序	值/序	值
2015	76.08/6.0	80.40/5.0	112.98/1	68.97/8	39.45/24	43.32/23	55.60
2016	79.79/3.0	83.65/2.0	113.51/1	69.49/8	39.66/24	45.84/23	55.65
2017	79.29/3.0	81.64/2.0	94.95/1	69.56/8	46.00/24	53.16/23	57.77
2018	89.91/2.0	81.70/4.0	96.12/1	71.63/10	44.27/24	48.62/23	59.52
2019	83.08/4.0	81.93/5.0	96.16/1	70.89/11	43.98/24	49.54/23	60.64
平均	81.63/3.6	81.86/3.6	102.74/1	70.11/9	42.67/24	48.10/23	57.84

　　2015~2019 年，四个区域农业综合机械化水平取值由高到低依次为：东北、中部、东部、西部；中部、东部、西部区域普遍呈上升趋势，其中西部地区增幅最大，东部地区呈稳定上升趋势，在 2018 年明显下降，与其他三个区域相比增幅最小；东北地区虽表现较好，但发展势头较弱，具体如表 2-138 所示。

　　2015~2019 年，七个区域农业综合机械化水平由高到低依次为：东北、华北、西北、华中、华东、华南、西南；除东北区域外，其他区域普遍呈上升趋势，其中西南地区增幅最大，东北地区在 2017 年明显下降；就七大区域而言，东北排名首位，农业综合机械化水平较高，但 2015~2019 年出现下滑（降幅为 -0.77%），发展势头较弱，具体如表 2-139 所示。

表 2-138 2015~2019 年四大经济区农业综合机械化水平的平均值及排序

年份	东北		东部		西部		中部	
	平均值	年排序	平均值	年排序	平均值	年排序	平均值	年排序
2015	89.82	4.0	51.77	17.4	48.06	19.1	59.96	13.5
2016	92.32	2.0	51.80	17.5	46.96	19.6	61.12	13.3
2017	85.29	2.0	54.75	17.6	50.55	19.3	63.47	13.8
2018	89.24	2.3	55.33	17.5	52.53	19.6	65.64	13.2
2019	87.06	3.3	57.61	16.9	53.79	19.6	66.18	13.7
平均	88.75	2.7	54.25	17.4	50.38	19.4	63.27	13.5

表 2-139 2015~2019 年七大地理区的农业综合机械化水平的平均值及排序

年份	东北	华北	华东	华南	华中	西北	西南
	值/序	值/序	值/序	值/序	值/序	值/序	值/序
2015	89.82/4.0	65.70/11.0	55.16/15.5	40.73/23.0	55.78/15.5	61.34/14.0	28.54/27.0
2016	92.32/2.0	62.95/11.6	56.41/15.0	42.90/22.7	56.94/15.8	57.74/15.2	29.97/27.0
2017	85.29/2.0	63.34/12.6	59.71/15.0	46.41/24.3	59.00/16.8	63.40/12.6	33.56/26.8
2018	89.24/2.3	66.68/12.0	60.73/14.7	45.57/24.3	61.74/15.0	65.57/14.0	33.62/27.6
2019	87.06/3.3	68.61/11.2	62.13/15.0	47.91/23.0	62.25/15.8	66.49/13.6	35.54/28.0
平均	88.75/2.7	65.46/11.7	58.83/15.0	44.71/23.5	59.14/15.8	62.91/13.9	32.24/27.3

2）农业劳动生产率（单位：万元/人）。农业劳动生产率是指单位农业劳动者在单位时间内（一般是指一年内）生产的产品价值，是衡量该地区农业发展的重要指标，计算公式为地区第一产业增加值与第一产业从业人员数的比值。2015~2019 年，全国平均农业劳动生产率呈波动上升趋势，2017 年表现略微下降，东北地区呈波动上升态势，2017 年略微下降；东北地区农业劳动生产率高于全国平均水平，但 2016 年后优势呈缩小态势，2019 年优势略微扩大；辽宁省整体呈波动下降趋势，2015~2017 年持续下行，吉林省整体呈波动下降趋势，2016 年降幅明显，黑龙江省 2015~2017 年发展落差较大，升降幅度明显；相对而言，黑龙江省较好，辽宁省次之，吉林省较弱。总体而言，东北三省的农业劳动生产率高于全国平均水平，优势自 2016 年后呈缩小趋势，2019 年有所回升，具体如图 2-103 所示。

2015~2019 年，东北三省农业劳动生产率在全国 31 个省市区连续 5 年数据集（共155 个指标值）中相对位置分布情况如图 2-104 所示。可见，东北三省 5 年（共 15 个数据）农业劳动生产率的百分比排位处于 50% 以下的有 3 个；排位最大值的是 2019 年的黑龙江省（99.3%），最小值的是 2016 年的吉林省（31.8%）。

图 2-103 2015~2019 年农业劳动生产率基本走势

注：①全国平均指 31 省市区的平均水平；②全国范围内（可采集到的数据），农业劳动生产率的最大值为 2019 年江苏省的 5.85，最小值为 2017 年甘肃省的 1.01。

图 2-104 2015~2019 年东北三省农业劳动生产率百分比排位图

2015~2019 年，6 省区农业劳动生产率由高到低依次为：江苏、黑龙江、浙江、辽宁、广东、吉林；东南三省普遍呈平稳上升趋势；东北地区较高的黑龙江省落后于东南三省农业劳动生产率相对较高的江苏省；农业劳动生产率增幅最大的是黑龙江省（15.92%），降幅最大的是辽宁省（-2.88%），吉林省的降幅为-2.29%，具体如表 2-140 所示。

表 2-140 2015~2019 年 6 省区农业劳动生产率的原始值及年排序

年份	辽宁	吉林	黑龙江	江苏	浙江	广东	全国平均
	值/序	值/序	值/序	值/序	值/序	值/序	值
2015	3.46/4	3.04/8	3.45/5	4.55/1	3.72/2	2.43/14	2.40
2016	3.08/8	2.12/21	5.26/1	4.84/2	4.21/3	2.71/11	2.60

续表

年份	辽宁 值/序	吉林 值/序	黑龙江 值/序	江苏 值/序	浙江 值/序	广东 值/序	全国平均 值
2017	2.66/11	2.23/19	3.96/4	5.06/1	4.32/2	2.66/12	2.50
2018	2.86/12	2.42/20	4.07/4	5.41/1	4.49/2	2.84/13	2.68
2019	3.06/13	2.76/17	5.64/2	5.85/1	5.16/3	3.35/9	3.03
平均	3.02/9.6	2.52/17	4.48/3.2	5.14/1.2	4.38/2.4	2.80/11.8	2.64

2015～2019 年，四个区域农业劳动生产率由高到低依次为：东部、东北、中部/西部；东北、中部和东部区域的农业劳动生产率呈波动上升趋势，西部区域的农业劳动生产率呈平稳上升趋势，其中西部地区增幅最大，东北地区增幅最小；东北地区农业劳动生产率与东部地区存在一定差距，且差距存在一定波动（2017～2018 年东北地区劳动生产率平均值低于东部地区，2019 年东北地区略微优于东部地区），具体如表 2-141 所示。

表 2-141 2015～2019 年四大经济区农业劳动生产率的平均值及排序

年份	东北		东部		西部		中部	
	平均值	年排序	平均值	年排序	平均值	年排序	平均值	年排序
2015	3.31	5.7	3.12	8.4	1.82	22.1	1.87	21.7
2016	3.49	10.0	3.32	9.1	1.96	21.8	2.24	18.7
2017	2.95	11.3	3.24	9.2	2.03	20.3	1.97	21.2
2018	3.12	12.0	3.45	9.3	2.22	19.8	2.09	21.5
2019	3.82	10.7	3.81	10.3	2.50	19.5	2.37	21.2
平均	3.34	9.9	3.39	9.3	2.11	20.7	2.11	20.8

2015～2019 年，七个区域农业劳动生产率由高到低依次为：华东、东北、华南、华北、华中、西北、西南；华东、华南、西北和西南地区普遍呈平稳上升趋势，其中西南地区增幅最大，华北、华中和东北地区波动上升，东北地区与华东地区的差距呈波动变化趋势，2019 年两地区差距较小，具体如表 2-142 所示。

表 2-142 2015～2019 年七大地理区的农业劳动生产率的平均值及排序

年份	东北 值/序	华北 值/序	华东 值/序	华南 值/序	华中 值/序	西北 值/序	西南 值/序
2015	3.31/5.7	2.48/14.0	3.06/10.0	2.65/13.3	2.07/19.3	1.88/21.4	1.58/25.0
2016	3.49/10.0	2.75/11.8	3.28/11.2	2.93/12.7	2.28/17.8	1.97/22.0	1.79/24.0
2017	2.95/11.3	2.26/15.8	3.35/9.8	2.93/12.3	2.21/18.3	1.97/21.0	1.93/21.8
2018	3.12/12.0	2.43/16.0	3.56/9.8	3.11/12.7	2.36/18.5	2.18/20.6	2.11/21.2

· 167 ·

年份	东北	华北	华东	华南	华中	西北	西南
	值/序	值/序	值/序	值/序	值/序	值/序	值/序
2019	3.82/10.7	2.62/17.4	3.92/11.2	3.54/12.0	2.71/17.8	2.45/20.2	2.40/20.4
平均	3.34/9.9	2.51/15.0	3.44/10.4	3.03/12.6	2.33/18.3	2.09/21.0	1.96/22.5

4. 主要结论

首先，总体而言，东北地区的产业发展指数整体优于全国平均水平，但2016年之后呈先下降后上升态势，于2017年低于全国平均水平，未来发展有进一步上升的态势。在反映产业发展水平的5个方面（产业均衡、服务业发展、重化工调整、金融深化、现代农业），东北三省在现代农业上具有一定优势，但在其他4个方面均较东南三省存在一定差距，尤其在服务业发展和金融深化上和东南三省的差距较大，且低于全国平均水平。

其次，动态来看，2015~2019年，东北地区产业发展的指数得分在2015~2016年稳步上升，在2016~2018年又降幅明显，在2018~2019年呈上升趋势，整体提升微弱，意味着绝对能力的提升效果不明显，同时，东北地区产业发展的相对排名下跌，说明东北地区产业发展水平相比于全国其他地区的优势有所下降。

再次，分省来看，黑龙江省产业发展水平最高，辽宁省次之，吉林省最低。在全国各省相对排名的竞争中，东北三省均有退步，其中辽宁省的倒退幅度最大。东北地区在产业发展各分项指数上呈现不均衡发展，其中辽宁省"现代农业"与"金融深化"相对较好，"重化工调整"相对较差，黑龙江省的"现代农业"相对较好，"金融深化"相对较弱，吉林省"产业均衡"相对较好，"重化工调整"相对较薄弱。

最后，单项指标方面，东北地区"产业分布泰尔指数""农业综合机械化水平""农业劳动生产率""重化工业比重"相对于全国平均水平具有一定优势；其他各项指标，特别是"服务业增长率""金融业增加值比重""产能过剩产业比重""银行信贷占比""服务业增加值比重""社会融资规模增量"等发展比较落后。

（五）创新创业评价报告

1. 创新创业指数总体分析

对创新创业的测度涵括了研发基础、人才基础、技术转化、技术产出、创业成效5个方面，共11项关键指标。汇集中国31个省市区2015~2019年创新创业的指标信息，得到连续5年的指数得分。在此基础上，形成多年连续排名和单年排名。其中，多年连续排名用于反映各省市区创新创业的绝对发展水平随时间动态变化的情况（31 个省市区 5 年共 155 个排位，最高排序为 1，最低排序为 155），单年排名用于反映各省市区在全国范围内某个单年的相对发展水平（31 个省市区每年 31 个排位，最高排序为 1，最低排序为 31）。具体而言，31 个省市区创新创业的总体情况如表 2-143 所示。

表 2-143　2015~2019 年 31 个省市区创新创业指数得分、连续及单年排序

省市区	2015			2016 年			2017 年			2018 年			2019 年		
	值	总	年	值	总	年	值	总	年	值	总	年	值	总	年
北京	92.3	5	1	93.2	4	1	96.1	3	1	97.4	2	1	108.3	1	1
天津	82.9	24	3	83.9	18	4	83.1	22	5	83.6	20	6	88.7	8	2
广东	82.9	23	2	85.3	14	2	87.4	10	3	89.5	7	3	85.3	13	3
江苏	82.1	27	4	83.4	21	5	85.7	12	4	86.8	11	4	84.8	15	4
浙江	81.3	28	5	84.5	17	3	87.8	9	2	90.0	6	2	84.5	16	5
上海	79.5	30	6	81.0	29	6	82.3	26	6	83.9	19	5	82.5	25	6
安徽	69.5	52	9	72.9	43	7	74.5	40	8	77.8	33	7	79.2	31	7
山东	71.8	48	7	72.7	44	8	74.9	39	7	76.2	37	9	78.5	32	8
福建	69.9	50	8	72.1	47	9	74.3	41	9	76.2	36	8	77.5	34	9
湖北	65.3	70	11	68.1	59	11	72.6	46	10	76.0	38	10	77.5	35	10
陕西	61.6	79	14	65.4	69	13	67.4	62	12	66.8	65	15	72.6	45	11
四川	62.2	76	12	63.6	74	14	65.8	67	14	67.6	61	14	70.1	49	12
宁夏	41.3	131	24	48.7	106	20	54.5	91	18	60.9	81	18	68.7	55	13
江西	48.3	107	17	52.9	96	17	59.1	84	16	63.0	75	17	68.5	58	14
重庆	68.7	57	10	69.7	51	10	69.2	53	11	73.0	42	11	67.6	60	15
湖南	57.0	86	15	59.6	82	15	66.3	66	13	69.2	54	12	67.2	63	16
河南	51.9	97	16	53.1	94	16	61.3	80	16	65.2	73	16	67.0	64	17
河北	41.9	127	22	48.9	102	19	51.8	98	20	56.8	87	19	65.3	72	18
辽宁	62.0	78	13	65.5	68	12	65.3	71	15	68.7	56	13	62.1	77	19
贵州	40.7	135	25	41.6	130	25	48.8	105	21	53.4	92	22	59.4	83	20
黑龙江	43.8	121	19	45.0	114	22	46.4	112	24	44.2	119	26	57.9	85	21
甘肃	41.9	128	23	44.6	117	23	47.4	111	23	49.8	100	23	55.7	88	22
吉林	44.6	115	18	49.6	101	18	53.3	93	19	53.1	95	21	55.7	89	23
山西	36.7	140	26	37.1	139	27	43.8	120	25	50.0	99	22	55.5	90	24
广西	42.1	125	21	44.3	118	24	48.2	108	22	47.5	109	24	48.9	103	25
云南	36.1	141	27	39.1	137	26	42.6	124	27	44.6	116	25	48.8	104	26
海南	29.5	149	29	33.2	146	29	35.4	143	29	41.0	134	29	47.4	110	27
内蒙古	24.9	152	30	29.1	150	30	33.7	145	30	40.4	136	30	41.6	129	28

续表

省市区	2015			2016 年			2017 年			2018 年			2019 年		
	值	总	年	值	总	年	值	总	年	值	总	年	值	总	年
青海	30.4	148	28	35.6	142	28	38.8	138	28	42.1	126	27	41.1	132	29
新疆	43.3	122	20	45.4	113	21	42.7	123	26	41.1	133	28	35.4	144	30
西藏	15.3	155	31	20.2	154	31	24.9	153	31	25.4	151	31	31.9	147	31
平均	54.9	91.2	16	57.7	83.8	16	60.8	77.3	16	63.3	71.4	16	65.7	66.4	16

注：①对于表中的字段名称，"值"表示各省市区对应年份的指数得分，"总"表示各省市区 2015～2019 年多年连续总排序，"年"表示各省市区 5 个单年的排序；②表中 31 个省市区按照 2019 年单年指数得分由高到低（降序）排列。

辽宁省创新创业发展指数处于全国中等偏上的位置，吉林省和黑龙江省处于中等偏下的位置，总体上东北三省的发展落后于东南三省。2015～2019 年，6 省区创新创业指数由高到低依次为：广东、浙江、江苏、辽宁、吉林、黑龙江；东南三省普遍呈上升趋势；东南三省发展水平较弱的江苏省明显优于东北地区较优的辽宁省；创新创业指数增幅最大的是黑龙江省（8.08%），最小的是辽宁省（0.05%），吉林省的增幅为 6.17%。就 2019 年而言，辽宁省的创新创业发展相对较好，在 31 个省域中的单年排名为 19，黑龙江省次之，排名为 21，吉林省相对较差，排名为 23，具体如表 2-143 和表 2-144 所示。

表 2-144　2015～2019 年 6 省区创新创业指数的值及单年排序

年份	辽宁	吉林	黑龙江	江苏	浙江	广东	全国平均
	值/序	值/序	值/序	值/序	值/序	值/序	值
2015	62.02/13	44.64/18	43.75/19	82.09/4	81.32/5	82.92/2	54.89
2016	65.53/12	49.59/18	45.00/22	83.38/5	84.52/3	85.30/2	57.72
2017	65.32/15	53.28/19	46.38/24	85.70/4	87.84/2	87.37/3	60.81
2018	68.72/13	53.10/21	44.19/26	86.82/4	90.01/2	89.53/3	63.26
2019	62.14/19	55.65/23	57.89/21	84.80/4	84.52/5	85.33/3	65.66
平均	64.74/14.4	51.25/19.8	47.44/22.4	84.56/4.2	85.64/3.4	86.09/2.6	60.47

2015～2019 年，全国创新创业的平均水平呈平稳上升趋势，东北地区整体也呈上升趋势；东北地区创新创业低于全国平均水平，且两者差距呈波动上升趋势；东北三省整体均呈波动上升趋势；就东北三省而言，辽宁省在 2015～2018 年优于全国平均水平，2019 年呈现下降趋势，略低于全国平均水平，吉林省和黑龙江省均低于全国平均水平，发展相对较差，具体如图 2-105 所示。

2015～2019 年，东北三省创新创业指数在全国 31 个省市区连续 5 年数据集（共 155 个指标值）中相对位置分布情况如图 2-106 所示。可见，东北三省 5 年（共 15 个数据）创新创业指数的百分比排位位于 50% 以下的有 10 个；此外，排位最大值的是 2018 年的辽宁省（64.2%），最小值的是 2015 年的黑龙江省（22.0%）。

图 2-105　2015~2019 年创新创业指数基本走势

注：①全国平均指 31 个省市区的平均水平；②全国范围内（可采集到的数据），创新创业指数占比的最大值为 2019 年北京市的 108.30，最小值为 2015 年西藏自治区的 15.34。

图 2-106　2015~2019 年创新创业指数百分比排位图

2. 全国视角下东北地区创新创业进展分析

2015~2019 年，四大区域创新创业指数由高到低依次为：东部、中部、东北、西部；四大区域普遍呈上升趋势，其中中部地区增幅最大（6.56%），东北地区增幅为 4.20%；东北地区的创新创业与东部地区的差距较大，具体如表 2-145 所示。

表 2-145　2015~2019 年四大经济区创新创业指数的平均值及排序

年份	东北		东部		西部		中部	
	平均值	年排序	平均值	年排序	平均值	年排序	平均值	年排序
2015	50.14	17.0	71.41	9.0	42.38	22.1	54.79	15.7
2016	53.37	17.3	73.83	8.6	45.61	22.1	57.28	15.5
2017	54.99	19.3	75.86	8.6	48.68	21.9	62.92	14.8

续表

年份	东北		东部		西部		中部	
	平均值	年排序	平均值	年排序	平均值	年排序	平均值	年排序
2018	55.33	20.0	78.15	8.6	51.03	22.2	66.86	14.0
2019	58.56	21.0	80.29	8.3	53.48	21.8	69.16	14.7
平均	54.48	18.9	75.91	8.6	48.24	22.0	62.20	14.9

注：为确保区分度，对于具有平均意义的排序，本书保留一位小数，以下各表同。

2015~2019 年，七大区域创新创业指数由高到低依次为：华东、华中、华北、华南、东北、西南、西北；七大区域整体均呈上升趋势，其中华北地区上升幅度最大（7.23%）；就七大区域而言，东北地区处于中下水平，与表现最优的华东地区相比，差距明显，具体如表 2-146 所示。

表 2-146　2015~2019 年七大地理区创新创业指数的平均值及排序

年份	东北	华北	华东	华南	华中	西北	西南
	值/序	值/序	值/序	值/序	值/序	值/序	值/序
2015	50.14/16.7	55.75/16.4	75.68/6.5	51.52/17.3	55.63/14.8	43.71/21.8	44.58/21.0
2016	53.37/17.3	58.45/16.2	77.78/6.3	54.29/18.3	58.42/14.8	47.94/21.0	46.82/21.2
2017	54.99/19.3	61.70/16.2	79.90/6.0	57.00/18.0	64.80/14.0	50.17/21.4	50.26/20.8
2018	55.33/20.0	65.64/15.6	81.83/5.8	59.34/18.7	68.33/13.8	52.12/22.2	52.80/20.2
2019	58.56/21.0	71.88/14.6	81.18/6.5	60.55/18.3	70.05/14.3	54.69/21.0	55.57/20.8
平均	54.48/18.9	62.68/15.8	79.27/6.2	56.54/18.1	63.44/14.3	49.73/21.5	50.01/20.8

为便于直观分析，将指数信息按空间分类、时间排列、优劣序化等方式整理后，形成多年指数得分、连续排名及单年排名的可视化集成图（见图 2-107~图 2-109），结合表 2-143 的信息，以全国四大经济区为划分标准，对东北三省创新创业方面的振兴进程评价如下：

（1）东北地区创新创业指数得分有所提升，但增幅落后于其他三个区域

从四大区域平均得分曲线的变化情况可以看出，中国的创新创业有一定成效，四大区域均呈现上升趋势，其中上升幅度最大的为中部地区，年均提升 3.6 分，东部、西部和东北地区的年均提升幅度分别为 2.2 分、2.8 分和 2.1 分，可以看出东北地区的提升幅度最小。此外，虽然四个区域的创新创业有所提升，但除东部地区和中部地区 2017~2019 年外，其他地区的年份指数得分均未达到 60 分，尤其东北地区以 2015 年为基点（50.1分），与中部地区 2015 年基点得分为 54.8 分相比，明显表现乏力，发展后劲不足，与中部地区差距逐渐增大。

（2）东北地区创新创业绝对水平提升不明显，在四个区域中表现较差

从四大区域连续排名曲线的变化情况可以看出，四大区域的连续排名均呈现上升趋

势，其中提升最大的是中部，年均提升 8.8 名，东部、西部和东北地区的年均提升幅度分别为 4.6 名、6.5 名和 5.3 名，可以看出东北地区增幅较小。具体而言，东北三省中，辽宁省表现较好，从 2015 年的 78 名上升至 2019 年的 77 名（1 名的位次改进），黑龙江省次之，但发展势头最好，从 2015 年的 121 名上升至 2019 年的 85 名（36 名的位次改进），吉林省相对较差，从 2015 年的 115 名持续上升至 2019 年的 89 位（26 名的位次改进），呈较为明显的上升趋势，但排名依然靠后。

图 2-107　2015~2019 年 31 个省市区创新创业指数得分变动情况

图 2-108　2015~2019 年 31 个省市区创新创业多年连续排序变动情况

图 2-109 2015~2019 年 31 个省市区创新创业单年排序变动情况

（3）东北地区创新创业相对水平出现倒退，且倒退幅度较大

从四大区域单年排名曲线的变化情况可以看出，在相对位次的排名竞争中，只有东北地区总体呈下降趋势，2019 年较 2015 年下降 4.3 名，而东部、西部的排名提升幅度分别为 0.4 名和 0.3 名，中部的排名提升幅度最大为 1.0 名。对东北三省而言，辽宁省的下降幅度最大（由 13 名退到 19 名，倒退 6 名），吉林省倒退 5 名，黑龙江省倒退 2 名，呈现出"倒退范围广、倒退幅度大"的特征。

3. 创新创业分项指数分析

2015~2019 年，东北三省 5 个分项指标均低于东南三省平均水平，东北三省除"人才基础"外，其他分项指标均与全国平均水平有所差距。其中，辽宁省发展相对较好，仅"技术产出"低于全国平均水平，而吉林省仅"人才基础"高于全国平均水平，黑龙江省除"科技转化"高于全国平均水平外，在"研发基础""技术产出"和"创业成效"方面表现均较弱。东南三省在 5 个分项指标上的发展水平均优于全国平均和东北平均水平。分省来看，东南三省 5 个分项指数的发展相对均衡，浙江省的"科技转化"略低，"创业成效"发展较好，广东省"技术产出"为全国最优水平，江苏省"技术产出"和"创业成效"在全国排名靠前。东北三省 5 个分项指数的发展差距较大，其中吉林省和黑龙江省最为突出。就东北三省而言，辽宁省"人才基础""科技转化""创业成效"相对较强，"技术产出"相对薄弱，吉林省"人才基础"相对较强，"研发基础"和"技术产出"明显落后，黑龙江省"人才基础"和"科技转化"相对较强，"技术产出"和"研发基础"较为薄弱。总体来看，东北三省在"人才基础"上具有一定优势，在"技术产出"上和东南三省的差距较大，具体如表 2-147 和图 2-110 所示。

表 2-147　2015~2019 年 6 省区创新创业方面分项指数平均得分

	研发基础	人才基础	科技转化	技术产出	创业成效
辽宁	61.16	69.78	72.08	52.48	68.23
吉林	41.47	68.52	57.44	42.70	46.13
黑龙江	32.55	56.36	77.65	33.08	37.57
江苏	83.01	83.63	81.55	82.79	91.82
浙江	82.75	86.15	79.32	83.96	96.03
广东	88.87	81.92	85.02	95.70	78.95
东北三省平均	45.06	64.89	69.05	42.75	50.64
东南三省平均	84.87	83.90	81.96	87.48	88.93
全国各省平均	53.18	57.19	70.44	55.83	65.71
各省最高	97.25	111.86	88.07	95.70	109.50
各省最低	1.41	11.83	33.70	2.55	37.57

（a）

（b）

图 2-110　2015~2019 年 6 省创新创业方面分项指数平均得分雷达图

2015~2019 年，全国在反映创新创业 5 个方面的整体进展良好，均呈上升趋势，尤其是"人才基础"和"研发基础"两个方面，5 年间持续提升，"技术产出"的发展则相对缓慢。东南三省的 5 个分项指数整体均处于全国前列，仅 2019 年的广东省"创业成效"的排位处于全国中下水平，浙江省 2015 年的"科技转化"和 2019 年的"创业成效"的排位处于全国中等水平（从年排名得出）；东南三省 5 个分项指数的得分绝大部分呈上升趋势，除江苏省"技术产出"、浙江省和广东省"创业成效"呈下降趋势；东北三省 5 个分项指数中，"人才基础"的整体发展相对较好（从排名得出）。黑龙江省"科技转化"发展较好，其余分项指数发展水平均不高，吉林省除"人才基础"外其余 4 个分项指数的发展水平较低，辽宁省的"科技转化"和"技术产出"发展水平较低；东北三省中，吉林省和黑龙江省在"人才基础"和"研发基础"方面均呈下降趋势，而辽宁省在这两个方面整体呈现上升趋势，三省份在"科技转化"方面整体均呈上升趋势，辽宁省在"技术产出"和"创业成效"呈下降趋势，其他两省均呈上升趋势，具体如表 2-148 所示。

表 2-148　2015~2019 年 6 省区创新创业方面分项指数

分项指数	年份	辽宁	吉林	黑龙江	江苏	浙江	广东	全国平均
		值/序	值/序	值/序	值/序	值/序	值/序	值
研发基础	2015	62.25/11	51.95/14	38.98/20	81.74/5	80.83/6	83.21/4	50.87
	2016	60.32/12 ▽	43.33/20 ▽	37.08/22 ▽	81.97/5 ▲	81.33/6 ▲	86.82/4 ▲	51.41 ▲
	2017	56.84/15 ▽	45.63/19 ▲	33.22/24 ▽	82.66/5 ▲	81.97/6 ▲	86.94/3 ▲	53.21 ▲
	2018	63.45/15 ▲	31.31/23 ▽	26.36/25 ▽	83.87/5 ▲	83.35/6 ▲	92.64/2 ▲	54.07 ▲
	2019	62.94/17 ▽	35.12/23 ▲	27.11/26 ▲	84.81/5 ▲	86.26/4 ▲	94.73/2 ▲	56.33 ▲
人才基础	2015	67.33/11	70.82/9	61.34/15	81.66/5	83.02/4	79.67/6	53.44
	2016	68.32/12 ▲	70.06/10 ▽	58.52/16 ▽	82.29/5 ▲	83.99/4 ▲	79.47/6 ▽	54.55 ▲
	2017	68.77/11 ▲	68.29/12 ▽	53.27/18 ▽	83.03/4 ▲	85.42/3 ▲	80.69/6 ▲	55.99 ▲
	2018	71.14/12 ▲	63.05/15 ▽	51.13/18 ▽	83.26/6 ▲	87.35/3 ▲	83.72/4 ▲	57.73 ▲
	2019	73.33/13 ▲	70.38/16 ▲	57.55/18 ▲	87.91/4 ▲	90.95/3 ▲	86.06/6 ▲	64.22 ▲
科技转化	2015	64.89/18	23.90/29	73.98/9	79.54/7	70.18/13	79.66/6	60.54
	2016	70.41/17 ▲	47.63/26 ▲	73.42/15 ▽	79.61/8 ▲	78.30/10 ▲	83.28/5 ▲	66.23 ▲
	2017	69.43/17 ▽	58.18/26 ▲	76.68/14 ▲	80.17/8 ▲	79.28/10 ▲	86.91/2 ▲	69.78 ▲
	2018	77.28/20 ▲	78.44/19 ▲	83.26/11 ▲	85.50/9 ▲	86.40/7 ▲	87.26/6 ▲	78.26 ▲
	2019	78.37/18 ▲	79.05/16 ▲	80.88/14 ▽	82.90/8 ▽	82.45/10 ▽	87.98/4 ▲	77.39 ▽
技术产出	2015	45.16/18	39.97/22	27.91/26	82.29/4	80.68/6	91.54/1	52.92
	2016	56.56/17 ▲	44.06/22 ▲	35.98/25 ▲	84.30/2 ▲	83.79/4 ▲	95.05/1 ▲	55.28 ▲
	2017	57.62/17 ▲	42.37/23 ▽	27.38/28 ▽	83.20/4 ▽	84.24/3 ▲	96.81/1 ▲	56.53 ▲
	2018	58.68/17 ▲	40.67/24 ▽	18.78/30 ▽	82.09/4 ▽	84.69/3 ▲	98.57/1 ▲	57.78 ▲
	2019	44.37/23 ▽	46.44/21 ▲	55.36/19 ▲	82.07/3 ▽	86.4/2 ▲	96.51/1 ▽	56.63 ▽

分项指数	年份	辽宁	吉林	黑龙江	江苏	浙江	广东	全国平均
		值/序	值/序	值/序	值/序	值/序	值/序	值
创业成效	2015	70.45/9	36.58/29	16.53/31	85.21/4	91.88/2	80.51/6	56.71
	2016	72.04/10▲	42.87/27▲	19.99/31▲	88.75/3▲	95.18/2▲	81.88/6▲	61.13▲
	2017	73.93/12▲	51.93/24▲	41.35/31▲	99.42/3▲	108.30/2▲	85.52/6▲	68.55▲
	2018	73.03/13▽	52.00/24▲	41.41/31▲	99.40/3▽	108.25/2▽	85.45/6▽	68.47▽
	2019	51.68/28▽	47.28/31▽	68.54/16▲	86.31/6▽	76.55/15▽	61.36/25▽	73.70▲

注：表中符号"▲"表示本年的数据相对于前一年是增长的，符号"▽"表示本年的数据相对于前一年是减少的。

进一步统计升降符（▲或▽）的数量，对不同地区的发展态势进行分析和对比可知，2015～2019年，全国5项指数▲的数量明显大于▽的数量，发展势头良好；东北地区5个分项指数除"创业成效"东北三省▲的数量高于东南三省的数量外，其余各项指数▲的数量均少于东南三省的数量，以"研发基础"（东南三省为12个，东北三省为4个）差距最大，发展稳定性低于东南三省；除"创业成效"外，东北三省2019年"技术产出"和"科技转化"▲的数量也多于东南三省，2019年的整体发展态势较好；东北三省▲的总数量为35个，占东北三省升降符总数的58.3%，东南三省▲的总数量为47个，占78.3%，东北三省与东南三省的差距较大。

2015～2019年，辽宁省▲的数量为13个，占辽宁省升降符总数的65.0%，吉林省▲的数量为12个，占60.0%，黑龙江省▲的数量为10个，占50.0%，江苏省▲的数量为14个，占70.0%，浙江省▲的数量为17个，占85.0%，广东省▲的数量为16个，占80.0%，东北三省最优的辽宁省依然落后于东南三省相对较差的江苏省；就东北三省而言，辽宁省发展态势相对较好，吉林省次之，黑龙江省较弱。2015～2019年，东北三省"研发基础"和"人才基础"发展态势较好的均是辽宁省，"技术产出"整体发展不太理想，三省均位于全国中下等水平，吉林省的"科技转化"发展速度较快，但排名仍然靠后，"创业成效"发展较快的是黑龙江省，但仍处于全国中下水平。

（1）研发基础

1）研发（R&D）投入强度（单位：%）。研发（R&D）投入强度反映一个地区科技研发基础的水平，是衡量地区在科技创新方面努力程度的重要指标，计算公式为地区研发（R&D）经费支出与地区GDP的比值。2015～2019年，全国研发（R&D）投入强度的平均水平呈平稳上升趋势，东北地区整体发展呈缓慢下降趋势；东北地区研发（R&D）投入强度明显低于全国平均水平；东北三省中，黑龙江省总体呈波动下降趋势，2015～2018年吉林省呈下降趋势，2019年吉林省呈较明显的上升趋势，辽宁省整体呈波动上升趋势；就东北三省而言，辽宁省表现相对较好，吉林省次之，黑龙江省较弱。总体而言，东北地区的研发（R&D）投入强度与全国平均水平差距较大，具体如图2-111所示。

图 2-111　2015~2019 年研发（R&D）投入强度基本走势

注：①全国平均指 31 个省市区的平均水平；②全国范围内（可采集到的数据），研发（R&D）投入强度的最大值为 2019 年北京市的 6.31%，最小值为 2016 年西藏自治区的 0.19%。

2015~2019 年，东北三省研发（R&D）投入强度在全国 31 个省市区连续 5 年数据集（共 155 个指标值）中相对位置分布情况如图 2-112 所示。可见，东北三省 5 年（共 15 个数据）研发（R&D）投入强度的百分比排位位于 50% 以下的有 10 个；此外，排位的最大值是 2019 年的辽宁省（73.3%），最小值是 2018 年的吉林省（25.3%）。

图 2-112　2015~2019 年东北三省研发（R&D）投入强度百分比排位图

2015~2019 年，6 省区研发（R&D）投入强度由高到低依次为：江苏、广东、浙江、辽宁、吉林、黑龙江；东南三省整体呈上升趋势，发展势头良好，整体发展水平明显高于东北三省；东北三省发展水平较好的辽宁省弱于东南三省发展水平较低的浙江省；研发（R&D）投入强度增幅最大的是广东省（4.88%），降幅最大的是黑龙江省（-5.00%），辽宁省的增幅为 3.33%，吉林省的降幅为 -2.48%，具体如表 2-149 所示。

表 2-149　2015～2019 年 6 省区研发（R&D）投入强度的原始值及单年排序

年份	辽宁	吉林	黑龙江	江苏	浙江	广东	全国平均
	值/序	值/序	值/序	值/序	值/序	值/序	值
2015	1.80/11	1.41/16	1.35/17	2.53/5	2.32/7	2.41/6	1.68
2016	1.83/9	1.34/17	1.28/18	2.62/5	2.39/7	2.48/6	1.70
2017	1.98/9	1.17/22	1.19/21	2.63/5	2.42/7	2.56/6	1.70
2018	1.96/9	1.02/23	1.05/22	2.69/5	2.49/6	2.71/4	1.73
2019	2.04/10	1.27/20	1.08/23	2.79/5	2.68/6	2.88/4	1.82
平均	1.92/9.6	1.24/19.6	1.19/20.2	2.65/5	2.46/6.6	2.61/5.2	1.73

2015～2019 年，四大区域研发（R&D）投入强度由高到低依次为：东部、中部、东北、西部；四大区域中，东部地区呈波动上升趋势，东北地区呈波动下降趋势，西部和中部地区呈平稳上升趋势，东北地区研发（R&D）投入强度与东部地区差距明显，具体如表 2-150 所示。

表 2-150　2015～2019 年四大经济区研发（R&D）投入强度的平均值及排序

年份	东北		东部		西部		中部	
	平均值	年排序	平均值	年排序	平均值	年排序	平均值	年排序
2015	1.52	14.7	2.69	9.0	1.02	22.0	1.41	16.3
2016	1.48	14.7	2.73	8.8	1.05	22.0	1.43	16.5
2017	1.45	17.3	2.66	8.8	1.06	21.8	1.51	15.3
2018	1.34	18.0	2.72	8.8	1.08	22.0	1.58	14.8
2019	1.46	17.7	2.80	8.9	1.14	21.9	1.71	15.0
平均	1.45	16.5	2.72	8.9	1.07	22.0	1.53	15.6

2015～2019 年，七大区域研发（R&D）投入强度由高到低依次为：华北、华东、华中、东北、华南、西北、西南；七大区域中，东北和华北地区总体呈下降趋势，但 2019 年略有上升，其他区域均呈平稳上升趋势；就七大区域而言，东北地区处于中下水平，与最优的华北地区相比，差距较大，具体如表 2-151 所示。

表 2-151　2015～2019 年七大经济区研发（R&D）投入强度的平均值及排序

年份	东北	华北	华东	华南	华中	西北	西南
	值/序	值/序	值/序	值/序	值/序	值/序	值/序
2015	1.52/14.7	2.76/12.8	2.37/7.2	1.19/20.7	1.38/16.8	1.12/21.6	0.96/21.6
2016	1.48/14.7	2.74/13.0	2.42/7.2	1.25/20.7	1.42/16.8	1.15/21.2	1.00/21.6
2017	1.45/17.3	2.47/13.2	2.50/7.3	1.29/20.3	1.53/14.8	1.16/20.6	1.05/21.8

续表

年份	东北	华北	华东	华南	华中	西北	西南
	值/序	值/序	值/序	值/序	值/序	值/序	值/序
2018	1.34/18.0	2.55/13.2	2.50/7.7	1.33/20.0	1.62/14.3	1.17/21.0	1.11/21.4
2019	1.46/17.7	2.64/13.4	2.56/7.8	1.41/20.0	1.77/14.3	1.23/21.0	1.18/21.2
平均	1.45/16.5	2.63/13.1	2.47/7.4	1.29/20.3	1.54/15.4	1.17/21.1	1.06/21.5

2）科技创新支出强度（单位：%）。科技创新支出强度反映一个地区对科技创新的投入和重视程度，是衡量地区创新创业的重要指标。2015~2019 年，全国科技创新支出强度的平均水平整体呈上升趋势，东北地区呈下降趋势；东北地区明显低于全国平均水平；辽宁省整体呈波动下降趋势，2018 年略有回升，黑龙江省呈平缓的下降趋势，吉林省整体呈波动下降趋势，2017 年略有回升；就东北三省而言，辽宁省总体情况较好，吉林省次之，黑龙江省较弱。总体而言，东北地区的科技创新支出强度与全国平均水平的差距较大，且呈进一步扩大趋势，具体如图 2-113 所示。

图 2-113　2015~2019 年科技创新支出强度基本走势

注：①全国平均指 31 个省市区的平均水平；②全国范围内（可采集到的数据），科技创新支出强度的最大值为 2019 年广东省的 6.76%，最小值为 2016 年西藏自治区的 0.30%。

2015~2019 年，东北三省科技创新支出强度在全国 31 个省市区连续 5 年数据集（共 155 个指标值）中相对位置分布情况如图 2-114 所示。可见，东北三省 5 年（共 15 个数据）科技创新支出强度的百分比排位处于 50% 以下有 14 个，其中，有 4 个低于 25%；此外，排位最大值的是 2015 年的辽宁省（53.2%），最小值的是 2019 年的黑龙江省（13.6%）。

2015~2019 年，6 省区科技创新支出强度由高到低依次为：广东、浙江、江苏、辽宁、吉林、黑龙江；东南三省中浙江省呈平稳上升趋势，江苏省和广东省呈波动上升趋势，东北三省中辽宁省和吉林省呈波动下降态势，黑龙江省呈缓慢下降态势；东南三省中水平较低的江苏省优于东北地区较高的辽宁省；科技创新支出强度增幅最大的是广东省

（13.05%），降幅最大的是吉林省（-5.64%），黑龙江省和辽宁省的降幅分别为-5.29%和-4.05%，具体如表2-152所示。

图2-114 2015~2019年东北三省科技创新支出强度百分比排位图

表2-152 2015~2019年6省区科技创新支出强度的原始值及单年排序

年份	辽宁	吉林	黑龙江	江苏	浙江	广东	全国平均
	值/序	值/序	值/序	值/序	值/序	值/序	值
2015	1.54/12	1.29/17	1.07/24	3.84/4	3.77/5	4.44/2	1.88
2016	1.35/15	1.14/20	1.06/24	3.82/6	3.86/5	5.53/1	1.97
2017	1.18/22	1.26/19	1.01/24	4.03/6	4.03/5	5.48/1	2.11
2018	1.41/19	1.08/22	0.85/26	4.35/6	4.40/5	6.58/1	2.24
2019	1.29/19	1.00/24	0.84/26	4.55/6	5.13/3	6.76/1	2.35
平均	1.35/17.4	1.15/20.4	0.97/24.8	4.12/5.6	4.24/4.6	5.76/1.2	2.11

2015~2019年，四个区域科技创新支出强度由高到低依次为：东部、中部、东北、西部；东部、中部和西部地区整体均呈上升趋势，其中中部地区增幅最大（16.25%），东北地区总体下降态势明显，降幅为-4.92%；东北地区科技创新支出强度与表现较优的东部地区差距较大，具体如表2-153所示。

表2-153 2015~2019年四大经济区科技创新支出强度的平均值及排序

年份	东北		东部		西部		中部	
	平均值	年排序	平均值	年排序	平均值	年排序	平均值	年排序
2015	1.30	17.7	3.08	9.6	1.09	21.7	1.76	14.5
2016	1.18	19.7	3.21	8.4	1.05	22.2	2.15	14.5

续表

年份	东北		东部		西部		中部	
	平均值	年排序	平均值	年排序	平均值	年排序	平均值	年排序
2017	1.15	21.7	3.37	9.5	1.16	22.2	2.39	11.7
2018	1.11	22.3	3.61	9.6	1.21	22.0	2.60	11.5
2019	1.04	23.0	3.83	8.7	1.15	22.6	2.90	11.5
平均	1.16	20.9	3.42	9.2	1.13	22.1	2.36	12.7

2015~2019 年，七个区域科技创新支出强度由高到低依次为：华东、华南、华北、华中、西南、东北/西北；东北地区呈缓慢下降趋势，西北地区呈波动下降趋势，东北地区降幅最大（-4.92%），华东、华中和西南三个地区呈平稳上升趋势，华北和华南地区呈波动上升趋势，其中，华中地区增幅最大（16.73%）；就七个区域而言，东北地区处于较低水平，与最优的华东地区相比差距较大，具体如表2-154所示。

表 2-154　2015~2019 年七大地理区科技创新支出强度的平均值及排序

年份	东北	华北	华东	华南	华中	西北	西南
	值/序	值/序	值/序	值/序	值/序	值/序	值/序
2015	1.30/17.7	2.30/17.2	3.11/6.3	2.22/16.0	1.66/14.5	1.13/21.4	1.08/21.2
2016	1.18/19.7	2.16/17.0	3.52/5.8	2.56/15.7	1.79/14.5	1.10/21.6	1.08/20.8
2017	1.15/21.7	2.39/15.8	3.61/6.5	2.52/16.3	2.20/12.3	1.20/22.2	1.19/20.8
2018	1.11/22.3	2.41/16.6	3.84/6.8	2.89/15.7	2.43/11.3	1.27/22.0	1.28/20.6
2019	1.04/23.0	2.36/16.8	4.17/6.5	3.20/13.3	2.77/10.8	1.10/23.4	1.31/20.8
平均	1.16/20.9	2.32/16.7	3.65/6.4	2.68/15.4	2.17/12.7	1.16/22.1	1.19/20.8

（2）人才基础

1）研发（R&D）人员占比（单位：%）。研发（R&D）人员占比反映一个地区的研究与开发人员实力，是衡量地区创新能力的重要指标，计算公式为地区研发人员的总数与常住人口的比值。2015~2019 年，全国研发（R&D）人员占比的平均水平呈上升趋势，东北地区总体发展较为稳定，在 2018 年下降后于 2019 年回升；东北地区明显低于全国平均水平，且这种差距呈进一步扩大的趋势；辽宁省呈缓慢上升趋势，吉林省呈平缓波动下降趋势，黑龙江省呈下降趋势；就东北三省而言，辽宁省表现相对较好，吉林省次之，黑龙江省较弱。总体而言，东北地区的研发（R&D）人员占比与全国平均水平的差距呈进一步扩大的趋势，具体如图 2-115 所示。

2015~2019 年，东北三省研发（R&D）人员占比在全国 31 个省市区连续 5 年数据集（共 155 个指标值）中相对位置分布情况如图 2-116 所示。可见，东北三省 5 年（共 15 个数据）研发（R&D）人员占比的百分比排位处于 50% 以下的有 8 个，且均为黑龙江省和吉林省的数据；其中，排位最大值的是 2019 年的辽宁省（64.2%），最小值的是 2018

年的黑龙江省（24.0%）。

图 2-115 2015~2019 年研发（R&D）人员占比基本走势

注：①全国平均指 31 个省市区的平均水平；②全国范围内（可采集到的数据），研发（R&D）人员占比的最大值为 2019 年北京市的 1.46%，最小值为 2016 年西藏自治区的 0.03%。

图 2-116 2015~2019 年东北三省科研（R&D）人员占比百分比排位图

2015~2019 年，6 省区研发（R&D）人员占比由高到低依次为：浙江、江苏、广东、辽宁、吉林、黑龙江；东南三省均呈上升趋势，东北三省中吉林省和黑龙江省呈波动下降趋势，在 2019 年均略有所回升，辽宁省呈上升趋势，东南三省明显优于东北三省；东南三省中水平较低的广东省明显优于东北地区较高的辽宁省；研发（R&D）人员占比增幅最大的是广东省（12.69%），降幅最大的是黑龙江省（-5.07%），辽宁省的增幅为 4.45%，吉林省的降幅为-3.03%，具体如表 2-155 所示。

2015~2019 年，四个区域研发（R&D）人员占比由高到低依次为：东部、中部、东北、西部；东部、中部和西部地区普遍呈平稳上升趋势，东北地区总体呈波动下降态势，在 2019 年略有回升；东北地区研发（R&D）人员占比与表现最优的东部地区差距较大，具体如表 2-156 所示。

表 2-155　2015~2019 年 6 省区研发（R&D）人员占比的原始值及单年排序

年份	辽宁	吉林	黑龙江	江苏	浙江	广东	全国平均
	值/序	值/序	值/序	值/序	值/序	值/序	值
2015	0.19/13	0.18/14	0.15/18	0.65/5	0.66/4	0.46/6	0.26
2016	0.20/13	0.18/14	0.14/20	0.68/4	0.67/5	0.47/6	0.27
2017	0.20/13	0.17/17	0.13/23	0.70/4	0.70/3	0.51/6	0.28
2018	0.22/13	0.13/20	0.10/23	0.70/4	0.80/2	0.67/5	0.29
2019	0.23/13	0.16/19	0.12/22	0.79/4	0.91/2	0.70/5	0.32
平均	0.21/13.0	0.16/16.8	0.13/21.2	0.70/4.2	0.75/3.2	0.56/5.6	0.28

表 2-156　2015~2019 年四大经济区科研（R&D）人员占比的平均值及排序

年份	东北		东部		西部		中部	
	平均值	年排序	平均值	年排序	平均值	年排序	平均值	年排序
2015	0.17	15.0	0.53	8.0	0.12	22.8	0.17	16.2
2016	0.17	15.7	0.54	8.1	0.12	22.5	0.17	16.3
2017	0.17	17.7	0.55	8.1	0.12	22.3	0.18	15.8
2018	0.15	18.7	0.58	8.1	0.13	22.4	0.20	15.0
2019	0.17	18.0	0.62	8.7	0.14	22.3	0.23	14.7
平均	0.17	17.0	0.56	8.2	0.13	22.5	0.19	15.6

2015~2019 年，七个区域研发（R&D）人员占比由高到低依次为：华东、华北、华南、华中、东北、西北/西南；华东、华中、华南、西北和西南地区普遍呈上升趋势，华北地区呈先下降后上升趋势，东北地区总体呈波动下降趋势；就七个区域而言，东北地区排名靠后，与最优的华东地区相比差距较大，具体如表 2-157 所示。

表 2-157　2015~2019 年七大地理区研发（R&D）人员占比的平均值及排序

年份	东北	华北	华东	华南	华中	西北	西南
	值/序	值/序	值/序	值/序	值/序	值/序	值/序
2015	0.17/15.0	0.47/12.2	0.48/6.3	0.21/19.3	0.17/16.0	0.12/22.2	0.11/23.8
2016	0.17/15.7	0.47/12.2	0.50/6.5	0.21/19.7	0.17/16.0	0.12/22.2	0.11/23.0
2017	0.17/17.7	0.46/13.4	0.51/6.0	0.22/20.7	0.18/15.3	0.13/22.0	0.13/21.4
2018	0.15/18.7	0.45/14.2	0.54/6.0	0.28/19.7	0.21/14.3	0.13/23.0	0.15/20.4
2019	0.17/18.0	0.48/14.8	0.58/6.5	0.30/20.0	0.24/13.8	0.14/22.4	0.16/20.4
平均	0.17/17.0	0.47/13.4	0.52/6.3	0.24/19.9	0.19/15.1	0.13/22.4	0.13/21.8

2）高校 R&D 人员平均强度（单位：人/单位高校）。高校 R&D 人员平均强度反映一个地区高校参与科研人员数量的平均水平，是衡量地区创新创业的重要指标，计算公式为地区高校 R&D 人员总数与高校总数的比值。2015~2019 年，全国高校 R&D 人员平均强度呈缓慢上升趋势，东北地区 R&D 人员平均强度呈波动上升趋势；东北地区持续优于全国平均水平，但优势在逐渐减弱；东北三省中辽宁省整体呈上升趋势，与全国高校 R&D 人员平均强度大体保持一致。吉林省和黑龙江省呈波动上升态势，整体保持平稳；就东北三省而言，吉林省发展较好，辽宁省与黑龙江省状况相近。总体而言，东北地区的高校 R&D 人员平均强度整体高于全国平均水平，但优势在逐渐减弱，具体如图 2-117 所示。

图 2-117　2015~2019 年高校 R&D 人员平均强度基本走势

注：①全国平均指 31 个省市区的平均水平；②全国范围内（可采集到的数据），高校 R&D 人员平均强度的最大值为 2019 年北京市的 1377.90，最小值为 2015 年青海省的 111.33。

2015~2019 年，东北三省高校 R&D 人员平均强度在全国 31 个省市区连续 5 年数据集（共 155 个指标值）中相对位置分布情况如图 2-118 所示。可见，东北三省 5 年（共 15 个数据）高校 R&D 人员平均强度的百分比排名处于 50% 以下的有 1 个，其中有 3 个处于 90% 以上，且皆为吉林省的数据；此外，排位最大值的是 2019 年的吉林省（94.1%），最小值的是 2017 年的黑龙江省（49.3%）。

图 2-118　2015~2019 年东北三省高校 R&D 人员平均强度百分比排位图

2015~2019 年，6 省区高校 R&D 人员平均强度由高到低依次为：吉林、浙江、广东、江苏、辽宁、黑龙江；东南三省中广东省呈波动上升趋势，其他两省普遍呈平稳上升趋势；东北三省中较低的黑龙江省相较于东南三省中水平较低的江苏省差距悬殊；高校 R&D 人员平均强度增幅最大的是江苏省（13.3%），辽宁省、黑龙江省与吉林省的增幅分别为 6.56%、8.83% 和 4.35%，具体如表 2-158 所示。

表 2-158　2015~2019 年 6 省区高校 R&D 人员平均强度的原始值及单年排序

年份	辽宁	吉林	黑龙江	江苏	浙江	广东	全国平均
	值/序	值/序	值/序	值/序	值/序	值/序	值
2015	319.74/11	564.22/3	324.86/10	370.09/8	427.80/6	401.02/7	310.27
2016	332.98/10	543.07/3	307.43/13	381.02/7	461.88/4	388.08/6	313.48
2017	338.36/12	511.48/3	300.05/16	403.05/8	507.94/4	419.42/7	328.13
2018	363.09/13	535.44/3	337.28/14	414.75/9	534.74/4	450.72/7	350.49
2019	403.68/17	662.48/3	439.67/13	567.40/6	624.19/5	541.24/7	430.90
平均	351.57/12.6	563.34/3	341.86/13.2	427.26/7.6	511.31/4.6	440.10/6.8	346.65

2015~2019 年，四个区域高校 R&D 人员平均强度由高到低依次为：东部、东北、西部、中部；东部、西部和中部地区普遍呈上升趋势，东北地区呈波动上升趋势；其中东部地区增幅最大（12.36%），东北地区的增幅为 6.14%，东北地区高校 R&D 人员平均强度相对优势在减弱，具体如表 2-159 所示。

表 2-159　2015~2019 年四大经济区高校 R&D 人员平均强度的平均值及排序

年份	东北		东部		西部		中部	
	平均值	年排序	平均值	年排序	平均值	年排序	平均值	年排序
2015	402.94	8.0	419.96	10.2	241.34	20.0	218.98	21.7
2016	394.49	8.7	429.30	9.4	243.92	20.2	219.05	22.3
2017	383.30	10.3	454.24	9.7	254.08	20.3	238.47	20.8
2018	411.94	10.0	490.93	9.1	267.69	20.3	251.30	21.8
2019	501.94	11.0	627.61	9.2	304.77	20.8	319.79	20.2
平均	418.92	9.6	484.41	9.5	262.36	20.3	249.52	21.4

2015~2019 年，七个区域高校 R&D 人员平均强度由高到低依次为：华东、华北、东北、华南、西南、华中、西北；东北、西北、西南地区整体呈波动上升态势，其他地区整体呈平稳上升态势，华东地区的增幅最大（13.69%）；就七个区域而言，东北地区处于中上水平，但与表现最优的华东地区差距逐渐拉大，具体如表 2-160 所示。

表 2-160　2015~2019 年七大地理区高校 R&D 人员平均强度的平均值及排序

年份	东北	华北	华东	华南	华中	西北	西南
	值/序	值/序	值/序	值/序	值/序	值/序	值/序
2015	402.94/8.0	377.90/16.2	379.57/10.7	310.68/14.0	222.07/21.0	200.80/23.6	283.64/16.6
2016	394.49/8.7	370.44/16.6	397.12/10.0	321.63/12.7	227.45/21.5	216.96/22.4	267.98/18.2
2017	383.30/10.3	393.47/15.6	425.01/9.7	329.61/14.7	248.09/20.5	209.28/23.6	295.45/17.0
2018	411.94/10.0	410.56/16.0	467.09/9.7	365.76/12.7	258.28/21.5	220.12/23.8	308.62/17.0
2019	501.94/11.0	551.33/15.4	587.42/9.0	403.74/15.3	329.39/20.0	275.39/23.0	333.04/18.2
平均	418.92/9.6	420.74/16.0	451.24/9.8	346.29/13.9	257.05/20.9	224.51/23.3	297.75/17.4

（3）技术转化

1）技术市场成交额占比（单位：%）。技术市场成交额占比反映一个地区科技创新成果对地区 GDP 的贡献程度，是衡量地区创新创业的重要指标，计算公式为地区技术市场成交总额与地区 GDP 的比值。2015~2019 年，全国与东北地区的技术市场成交额占比呈缓慢上升趋势；2015~2018 年东北地区整体落后于全国平均水平，2019 年实现反超；2015~2016 年辽宁省表现最好，黑龙江省次之，吉林省表现较弱；2017~2019 年，吉林省上升幅度较大，辽宁省次之，黑龙江省缓慢上升。总体而言，东北地区的技术市场成交额占比与全国平均水平差距较大，但差距呈现逐渐缩小趋势，具体如图 2-119 所示。

图 2-119　2015~2019 年技术市场成交额占比基本走势

注：①全国平均指 31 个省市区的平均水平；②全国范围内（可采集到的数据），技术市场成交额占比的最大值为 2018 年北京市的 16.3517%，最小值为 2018 年西藏自治区的 0.0027%。

2015~2019 年，东北三省技术市场成交额占比在全国 31 个省市区连续 5 年数据集（共 155 个指标值）中相对位置分布情况如图 2-120 所示。同时，东北三省 5 年（共 15 个数据）技术市场成交额占比的百分比排位位于 50% 以下有 2 个；此外，排位最大值的是 2019 年的吉林省（93.4%），最小值的是 2015 年的吉林省（19.0%）。

图 2-120　2015~2019 年东北三省技术市场成交额占比百分比排位图

2015~2019 年，6 省区技术市场成交额占比由高到低依次为：吉林、辽宁、广东、黑龙江、江苏、浙江；东北三省中黑龙江省呈波动上升趋势，其他两省总体呈平稳上升趋势，东南三省整体呈上升态势；东北三省中吉林省、辽宁省技术市场成交额占比水平高于东南三省；技术市场成交额占比增幅最大的是吉林省（512.02%），辽宁省与黑龙江省的增幅分别为 34.98% 和 25.69%，具体如表 2-161 所示。

表 2-161　2015~2019 年 6 省区技术市场成交额占比的原始值及单年排序

年份	辽宁	吉林	黑龙江	江苏	浙江	广东	全国平均
	值/序	值/序	值/序	值/序	值/序	值/序	值/序
2015	0.93/9	0.19/23	0.84/12	0.82/13	0.23/21	0.91/10	1.35
2016	1.45/8	0.79/15	0.82/14	0.82/13	0.42/18	0.94/9	1.45
2017	1.65/8	1.47/9	0.92/13	0.91/14	0.63/16	1.04/11	1.52
2018	1.87/10	2.27/8	1.01/17	1.07/15	1.05/16	1.40/11	1.83
2019	2.24/9	4.04/4	1.71/11	1.48/13	1.42/14	2.06/10	2.05
平均	1.63/8.8	1.75/11.8	1.06/13.4	1.02/13.6	0.75/17	1.27/10.2	1.64

2015~2019 年，四个区域技术市场成交额占比由高到低依次为：东部、东北、西部、中部；其中西部地区呈波动上升趋势，其他三个区域普遍呈上升趋势，东北地区增幅最大（76.69%），西部增幅最小（6.42%）；东北地区技术市场成交额占比与最优的东部地区差距较大，具体如表 2-162 所示。

2015~2019 年，七个区域技术市场成交额占比由高到低依次为：华北、西北、东北、华东、华中、西南、华南；西北、西南两地区呈波动上升趋势，其他地区整体呈平稳上升趋势；东北地区增幅最大（76.69%）；就七个区域而言，东北地区处于中上水平，与最优的华北地区相比，差距较大，具体如表 2-163 所示。

表 2-162　2015~2019 年四大经济区技术市场成交额占比的平均值及排序

年份	东北		东部		西部		中部	
	平均值	年排序	平均值	年排序	平均值	年排序	平均值	年排序
2015	0.65	14.7	2.35	14.1	0.92	17.3	0.80	15.0
2016	1.02	12.3	2.44	14.0	1.02	17.1	0.82	16.7
2017	1.35	10.0	2.55	14.1	1.00	18.8	0.95	16.5
2018	1.72	11.7	2.95	13.9	1.28	18.1	1.11	17.5
2019	2.66	8.0	3.44	12.8	1.15	20.4	1.21	16.5
平均	1.48	11.3	2.75	13.8	1.08	18.4	0.98	16.4

表 2-163　2015~2019 年七大地理区技术市场成交额占比的平均值及排序

年份	东北	华北	华东	华南	华中	西北	西南
	值/序	值/序	值/序	值/序	值/序	值/序	值/序
2015	0.65/14.7	3.73/14.0	0.87/14.3	0.34/22.3	0.89/16.0	1.60/14.2	0.48/15.8
2016	1.02/12.3	3.80/15.4	0.94/14.5	0.40/19.7	0.92/17.0	1.72/14.4	0.58/16.3
2017	1.35/10.0	4.00/14.4	1.01/14.3	0.45/21.7	1.04/17.5	1.84/14.2	0.50/20.4
2018	1.72/11.7	4.35/14.8	1.37/14.7	0.62/21.7	1.17/18.0	1.99/14.2	1.01/18.2
2019	2.66/8.0	4.88/13.8	1.62/14.3	0.87/20.3	1.35/15.8	1.74/17.8	0.92/20.8
平均	1.48/11.3	4.15/14.5	1.16/14.4	0.53/21.1	1.07/16.9	1.78/15.0	0.71/18.5

2）科技人员专利申请强度（单位：件/人年）。科技人员专利申请强度反映一个地区的科技创新能力，是衡量地区创新创业水平的必要指标，计算公式为地区科技人员专利申请数量与 R&D 人员的比值。2015~2019 年，全国科技人员专利申请强度的平均水平呈波动上升态势，东北地区整体亦呈波动上升趋势；东北地区明显低于全国平均水平，且这种差距呈先扩大后缩减的态势；辽宁省呈波动上升趋势，2017 年和 2019 年出现微弱下降，吉林省与黑龙江省亦呈波动上升态势；就东北三省而言，黑龙江省较好，辽宁省次之，吉林省较弱。总体而言，东北地区科技人员专利申请强度明显低于全国平均水平，但差距有逐渐缩减趋势，具体如图 2-121 所示。

图 2-121　2015~2019 年科技人员专利申请强度基本走势

注：①全国平均指 31 个省市区的平均水平；②全国范围内（可采集到的数据），科技人员专利申请强度的最大值为 2017 年广西壮族自治区的 1.55，最小值为 2015 年内蒙古自治区的 0.23。

2015~2019 年，东北三省科技人员专利申请强度在全国 31 个省市区连续 5 年数据集（共 155 个指标值）中相对位置分布情况如图 2-122 所示。可见，东北三省 5 年（共 15 个数据）科技人员专利申请强度的百分比排位处于 50% 以下有 13 个，其中有 8 个位于 25% 以下；此外，排位最大值的是 2018 年的黑龙江省（69.4%），最小值的是 2015 年的吉林省（1.9%）。

图 2-122　2015~2019 年东北三省科技人员专利申请强度百分比排位图

2015~2019 年，6 省区科技人员专利申请强度由高到低依次是：广东、江苏、浙江、黑龙江、辽宁、吉林；东南三省中，广东省与江苏省普遍呈波动上升的态势，2019 年均出现不同程度的下降，浙江省呈波动下降态势；东南三省中水平较低的浙江省优于东北地区水平最高的黑龙江省；科技人员专利申请强度增幅最大的是吉林省（36.07%），黑龙江省和辽宁省增幅分别为 9.36%、10.35%，具体如表 2-164 所示。

表 2-164　2015~2019 年 6 省区科技人员专利申请强度的原始值及单年排序

年份	辽宁	吉林	黑龙江	江苏	浙江	广东	全国平均
	值/序	值/序	值/序	值/序	值/序	值/序	值/序
2015	0.49/21	0.30/29	0.61/17	0.82/6	0.84/5	0.71/11	0.64
2016	0.60/23	0.39/30	0.64/21	0.94/9	1.04/6	0.98/8	0.78
2017	0.56/27	0.45/29	0.65/22	0.92/11	0.95/9	1.11/6	0.82
2018	0.69/28	0.74/26	0.93/15	1.07/5	0.99/11	1.04/6	0.91
2019	0.70/27	0.73/25	0.84/18	0.94/10	0.82/19	1.01/7	0.87
平均	0.61/25.2	0.52/27.8	0.74/18.6	0.94/8.2	0.93/10	0.97/7.6	0.81

2015~2019 年，四个区域科技人员专利申请强度由高到低依次是：西部、东部、中部、东北；四个区域中东部地区呈缓慢上升趋势，其他地区均呈波动上升趋势，东北地区

增幅最大（15.41%）；东北地区科技人员专利批准强度与西部地区差距相比较大，具体
如表 2-165 所示。

表 2-165　2015~2019 年四大经济区科技人员专利申请强度的平均值及排序

年份	东北		东部		西部		中部	
	平均值	年排序	平均值	年排序	平均值	年排序	平均值	年排序
2015	0.47	22.3	0.64	14.9	0.70	14.5	0.60	17.7
2016	0.54	24.7	0.79	14.7	0.82	14.3	0.79	17.2
2017	0.55	26.0	0.79	16.6	0.92	13.0	0.82	16.0
2018	0.79	23.0	0.91	14.7	0.96	14.5	0.90	17.7
2019	0.76	23.3	0.92	12.2	0.91	14.7	0.79	21.3
平均	0.62	23.9	0.81	14.6	0.86	14.2	0.78	18.0

2015~2019 年，七个区域科技人员专利申请强度由高到低依次为：华南、华东、西
南、西北、华中、华北、东北；七个区域均呈波动上升趋势，华北地区增幅最大
（21.08%），华东地区增幅最小（5.01%）；就七大区域而言，东北地区排名靠后，东北
地区与最优的华南地区相比差距较大，具体如表 2-166 所示。

表 2-166　2015~2019 年七大地理区科技人员专利申请强度的平均值及排序

年份	东北	华北	华东	华南	华中	西北	西南
	值/序	值/序	值/序	值/序	值/序	值/序	值/序
2015	0.47/22.3	0.45/23.2	0.75/9.5	0.75/13.3	0.57/18.8	0.64/14.4	0.76/13.8
2016	0.54/24.7	0.57/22.4	0.93/10.2	0.98/12.3	0.76/18.0	0.77/14.8	0.86/13.2
2017	0.55/26.0	0.57/24.8	0.90/12.3	1.08/10.7	0.81/16.0	0.88/13.0	0.94/11.8
2018	0.79/23.0	0.77/22.2	1.01/11.5	0.98/10.7	0.84/18.5	0.99/12.2	0.95/16.0
2019	0.76/23.3	0.84/18.0	0.90/12.3	0.98/8.7	0.77/22.8	0.92/12.0	0.91/17.0
平均	0.62/23.9	0.64/22.1	0.90/11.2	0.95/11.1	0.75/18.8	0.84/13.3	0.88/14.4

3）科技人员专利批准强度（单位：件/人年）。科技人员专利批准强度反映一个地区
科技创新强度，是衡量地区创新创业水平的必要指标，计算公式为地区科技人员专利批准
数与 R&D 人员的比值。在 2015~2018 年全国科技人员专利批准强度的平均水平整体呈上
升趋势，东北地区亦呈上升态势；而在 2018~2019 年全国科技人员专利批准强度的平均
水平呈略微下降态势，东北地区亦呈略微下降态势；东北地区明显低于全国平均水平，差
距基本保持稳定；吉林省、黑龙江省呈先上升后下降态势，辽宁省呈稳定上升趋势；就东
北三省而言，黑龙江省发展较好，辽宁省次之，吉林省较弱。总体而言，东北地区科技人
员专利批准强度明显低于全国平均水平，差距变化不明显，具体如图 2-123 所示。

图 2-123　2015~2019 年科技人员专利批准强度基本走势

注：①全国平均指 31 个省市区的平均水平；②全国范围内（可采集到的数据），科技人员专利批准强度的最大值为 2019 年广东省的 0.66，最小值为 2015 年内蒙古自治区的 0.14。

2015~2019 年，东北三省科技人员专利批准强度在全国 31 个省市区连续 5 年数据集（共 155 个指标值）中相对位置分布情况如图 2-124 所示。可见，东北三省 5 年（共 15 个数据）科技人员专利批准强度的百分比排位处于 50% 以下的有 13 个，其中有 6 个位于 25% 以下；此外，排位最大值的是 2018 年的黑龙江省（77.9%），最小值的是 2015 年的吉林省（1.9%）。

图 2-124　2015~2019 年东北三省科技人员专利批准强度百分比排位图

2015~2019 年，6 省区科技人员专利批准强度由高到低依次为：浙江、广东、江苏、黑龙江、辽宁、吉林；江苏省整体呈波动上升趋势，广东省整体呈持续上升趋势，浙江省整体呈波动下降趋势；辽宁省、吉林省普遍呈上升趋势，黑龙江省整体呈波动上升趋势；东南三省中水平较低的江苏省优于东北地区较高的黑龙江省；科技人员专利批准强度增幅最大的是吉林省（26.08%），降幅最大的是浙江省（-4.29%），辽宁省和黑龙江省的增幅分别为 8.97% 和 8.63%，具体如表 2-167 所示。

表 2-167　2015~2019 年 6 省科技人员专利批准强度的原始值及单年排序

年份	辽宁	吉林	黑龙江	江苏	浙江	广东	全国平均
	值/序	值/序	值/序	值/序	值/序	值/序	值/序
2015	0.29/21	0.18/29	0.33/15	0.48/8	0.64/1	0.48/9	0.36
2016	0.29/24	0.21/30	0.33/16	0.43/10	0.59/3	0.50/6	0.37
2017	0.30/25	0.24/29	0.38/17	0.41/13	0.54/2	0.59/1	0.38
2018	0.37/29	0.38/28	0.52/13	0.55/11	0.62/5	0.63/4	0.50
2019	0.40/26	0.37/29	0.45/20	0.49/15	0.53/10	0.66/1	0.49
平均	0.33/25	0.28/29	0.40/16.2	0.47/11.4	0.58/4.2	0.57/4.2	0.42

2015~2019 年，四个区域科技人员专利批准强度由高到低依次为：东部、西部、中部、东北；四个区域整体均呈波动上升趋势，东北地区增幅最大，增幅为 12.64%；中部地区增幅最小，增幅为 6.24%；东北地区科技人员专利批准强度与东部地区差距较大，具体如表 2-168 所示。

表 2-168　2015~2019 年四大经济区科技人员专利批准强度的平均值及排序

年份	东北		东部		西部		中部	
	平均值	年排序	平均值	年排序	平均值	年排序	平均值	年排序
2015	0.27	21.7	0.40	13.5	0.37	16.1	0.35	17.2
2016	0.27	23.3	0.40	13.5	0.37	15.4	0.36	17.7
2017	0.31	23.7	0.41	13.9	0.38	14.8	0.36	18.2
2018	0.42	23.3	0.53	13.6	0.52	14.0	0.46	20.3
2019	0.41	25.0	0.54	11.0	0.51	14.8	0.43	22.2
平均	0.34	23.4	0.45	13.1	0.43	15.0	0.39	19.1

2015~2019 年，七个区域科技人员专利批准强度由高到低依次为：华东、西南、华南、西北、华中、华北、东北；华北、华南两个区域总体均呈上升趋势，东北、华东、华中、西南、西北五个地区总体呈波动上升趋势；就七个区域而言，东北地区排名靠后，与最优的华东地区相比，差距较大，具体如表 2-169 所示。

表 2-169　2015~2019 年七大地理区科技人员专利批准强度的平均值及排序

年份	东北	华北	华东	华南	华中	西北	西南
	值/序	值/序	值/序	值/序	值/序	值/序	值/序
2015	0.27/21.7	0.27/22.4	0.46/9.3	0.37/16.0	0.35/16.5	0.33/17.6	0.45/12.2

续表

年份	东北	华北	华东	华南	华中	西北	西南
	值/序	值/序	值/序	值/序	值/序	值/序	值/序
2016	0.27/23.3	0.28/22.2	0.44/9.7	0.37/15.3	0.38/17.5	0.37/14.4	0.41/13.8
2017	0.31/23.7	0.31/22.8	0.43/11.2	0.43/13.3	0.37/17.3	0.40/14.0	0.39/13.0
2018	0.42/23.3	0.45/20.8	0.54/11.8	0.51/14.7	0.46/20.0	0.57/9.6	0.50/15.8
2019	0.41/25.0	0.47/18.6	0.52/12.2	0.54/10.7	0.44/21.3	0.52/13.2	0.51/14.4
平均	0.34/23.4	0.35/21.4	0.48/10.8	0.45/14.0	0.40/18.5	0.44/13.8	0.46/13.8

(4) 技术产出

1) 高新技术产业收入占比（单位：%）。高新技术产业收入占比反映一个地区对高新技术产业的投入和重视程度，是衡量该地区创新创业的重要指标，计算公式为地区高新技术产业主营业务收入与 GDP 的比值。2015~2019 年，全国高新技术产业收入占比的平均水平呈波动下降态势，东北地区的平均水平呈波动下降态势；东北地区明显低于全国平均水平；辽宁省呈上升趋势；黑龙江省呈波动下降态势；吉林省在 2015~2016 年上升，但之后出现大幅度下降，在 2018 年被辽宁赶超，2019 年呈上升趋势；就东北地区而言，吉林省的发展较好，辽宁省次之，黑龙江省较弱。总体而言，东北地区的高新技术产业收入占比与全国平均水平相比有明显差距，具体如图 2-125 所示。

图 2-125　2015~2019 年高新技术产业收入占比基本走势

注：①全国平均指 31 个省市区的平均水平；②全国范围内（可采集到的数据），高新技术产业收入占比的最大值为 2018 年广东省的 48.06%，最小值为 2018 年新疆维吾尔自治区的 0.74%；③高新技术产业收入占比 2017 年未收集到数据。

2015~2019 年，东北三省高新技术产业收入占比在全国 31 个省市区 4 年数据集（共 124 个指标值）中相对位置分布情况如图 2-126 所示。可见，东北三省 4 年（共 12 个数据）高新技术产业收入占比的百分比排位处于 50% 以下的有 10 个，其中有 5 个处于 25% 以下；此外，排位最大值的是 2016 年的吉林省（66.60%），最小值的是 2018 年的黑龙江省（9.70%）。

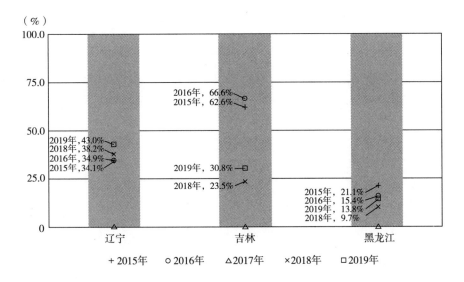

图 2-126　2015~2019 年东北三省高新技术产业收入占比百分比排位图

2015~2019 年，6 省区高新技术产业收入占比由高到低依次为：广东、江苏、浙江、吉林、辽宁、黑龙江；东南三省中浙江呈稳定上升趋势，江苏省呈下降趋势，广东省呈波动下行态势；吉林省、黑龙江省均呈波动下降趋势，辽宁省呈上升态势；东南三省中水平较高的广东省明显优于东北地区水平最高的吉林省；高新技术产业收入占比增幅最大的是辽宁省（5.60%），降幅最大的是吉林省（-14.99%），黑龙江省的降幅为-6.30%，具体如表 2-170 所示。

表 2-170　2015~2019 年 6 省区高新技术产业收入占比的原始值及单年排序

年份	辽宁	吉林	黑龙江	江苏	浙江	广东	全国平均
	值/序	值/序	值/序	值/序	值/序	值/序	值
2015	6.33/21	13.14/13	4.13/25	40.69/2	12.33/15	45.74/1	13.18
2016	6.56/21	13.99/13	3.17/26	39.68/2	12.46/15	46.71/1	13.33
2017	—	—	—	—	—	—	—
2018	7.21/19	4.33/24	2.55/28	28.25/2	13.33/10	48.06/1	11.59
2019	7.74/17	5.26/21	3.09/28	24.05/3	13.45/10	43.39/1	11.09
平均	6.96/19.5	9.18/17.8	3.23/26	33.17/2.3	12.89/12.5	45.98/1.0	12.30

2015~2019 年，四个区域高新技术产业收入占比由高到低依次为：东部、中部、西部、东北；东部地区整体呈下降趋势，中部、西部、东北地区整体呈波动下降趋势，其中东北地区降幅最大（-7.95%）；东北地区高新技术产业收入占比与东部地区差距较大，具体如表 2-171 所示。

表 2-171　2015~2019 年四大经济区高新技术产业收入占比的平均值及排序

年份	东北		东部		西部		中部	
	平均值	年排序	平均值	年排序	平均值	年排序	平均值	年排序
2015	7.87	19.7	21.39	9.8	7.41	21.9	13.71	12.7
2016	7.91	20.0	20.48	10.5	8.21	21.3	14.38	12.5
2017	—	—	—	—	—	—	—	—
2018	4.70	23.7	17.94	10.0	7.50	20.8	12.66	12.5
2019	5.36	22.0	16.94	10.4	7.31	20.8	11.76	12.7
平均	6.46	21.3	19.19	10.2	7.61	21.2	13.13	12.6

2015~2019 年，七个区域高新技术产业收入占比由高到低依次为：华南、华东、华中、西南、华北、东北、西北；西北地区呈波动上升趋势；东北、华北、华南、华中、西南地区整体呈波动下降趋势；华东地区整体呈下降趋势；就七大区域而言，东北地区排名靠后，与最优的华东地区差距较大，具体如表 2-172 所示。

表 2-172　2015~2019 年七大地理区高新技术产业收入占比的平均值及排序

年份	东北	华北	华东	华南	华中	西北	西南
	值/序	值/序	值/序	值/序	值/序	值/序	值/序
2015	7.87/19.7	11.54/17.0	21.54/8.3	20.20/13.7	15.39/11.0	4.39/25.2	10.81/18.2
2016	7.91/20.0	10.69/17.4	20.87/8.8	20.69/14.7	15.99/10.8	5.32/24.2	11.66/17.6
2017	—	—	—	—	—	—	—
2018	4.70/23.7	9.24/17.0	17.23/8.5	20.09/14.0	13.73/11.5	4.93/23.6	11.19/16.6
2019	5.36/22.0	9.98/17.0	15.28/9.3	18.50/14.0	13.05/11.3	5.15/23.4	10.52/17.0
平均	6.46/21.3	10.36/17.1	18.73/8.8	19.87/14.1	14.54/11.1	4.95/24.1	11.05/17.4

2）新产品销售收入占比（单位：%）。新产品销售收入占比反映一个地区企业对自身扩张和可持续发展的重视程度，是衡量企业持续创新的重要指标，计算公式为高新技术新产品销售收入与主营业务收入的比值。2015~2019 年，全国新产品销售收入占比的平均水平整体呈平缓上升趋势，东北地区亦呈上升趋势，整体升幅明显；东北地区略低于全国平均水平；辽宁省呈波动下降趋势，吉林省呈稳定上升态势，2016~2018 年升幅明显，黑龙江省整体呈波动上升趋势，2016~2018 年下降且降幅明显，2018~2019 年上升且增幅明显；就东北三省而言，辽宁省发展较好，黑龙江省次之，吉林省较弱。总体而言，东北地区的新产品销售收入占比与全国平均水平有差距，差距呈缩小态势，具体如图 2-127 所示。

2015~2019 年，东北三省新产品销售收入占比在全国 31 个省市区 4 年数据集（共 124 个指标值）中相对位置分布情况如图 2-128 所示。可见，东北三省 4 年（共 12 个数据）新产品销售收入占比的百分比排位位于 50% 以下的有 9 个，其中有 4 个位于 25% 以下；此外，排位最大值的是 2019 年的黑龙江省（90.0%），最小值的是 2015 年的吉林省（6.6%）。

图 2-127　2015~2019 年新产品销售收入占比基本走势

注：①全国平均指 31 个省市区的平均水平；②全国范围内（可采集到的数据），新产品销售收入占比的最大值为 2019 年宁夏回族自治区的 62.02%，最小值为 2015 年西藏自治区的 0.34%；③新产品销售收入占比 2017 年未收集到数据。

图 2-128　2015~2019 年东北三省新产品销售收入占比百分比排位图

　　2015~2019 年，6 省区新产品销售收入占比由高到低依次为：浙江、广东、江苏、辽宁、黑龙江、吉林；东南三省均呈上升趋势；东南三省水平相对较低的江苏省整体优于东北地区较好的辽宁省；新产品销售收入占比增幅最大的是黑龙江省（64.29%），降幅最大的是辽宁省（-3.93%），吉林省增幅为 61.20%，具体如表 2-173 所示。

　　2015~2019 年，四个区域新产品销售收入占比由高到低依次为：东部、中部、西部、东北；西部、中部地区呈波动上升趋势，其他两个地区均呈稳定上升态势，东北地区上升幅度最大（28.53%），东部地区上升幅度最小（3.71%）；东北地区新产品销售收入占比与东部地区相比，差距较大，具体如表 2-174 所示。

表 2-173　2015~2019 年 6 省区新产品销售收入占比的原始值及单年排序

年份	辽宁	吉林	黑龙江	江苏	浙江	广东	全国平均
	值/序	值/序	值/序	值/序	值/序	值/序	值
2015	20.47/16	6.94/28	12.23/24	27.49/13	51.30/1	37.01/6	22.76
2016	30.11/12	9.18/27	19.84/18	29.66/13	54.25/1	41.16/3	24.24
2017	—	—	—	—	—	—	—
2018	30.81/15	20.87/21	9.28/30	33.67/13	53.69/3	44.60/6	30.32
2019	17.25/24	23.94/18	43.69/5	36.65/10	55.24/2	47.10/4	29.20
平均	24.66/16.8	15.23/23.5	21.26/19.3	31.87/12.3	53.62/1.8	42.47/4.8	26.58

表 2-174　2015~2019 年四大经济区新产品销售收入占比的平均值及排序

年份	东北		东部		西部		中部	
	平均值	年排序	平均值	年排序	平均值	年排序	平均值	年排序
2015	13.21	22.70	29.42	11.50	18.48	19.0	24.98	14.20
2016	19.71	19.00	31.05	11.50	19.76	18.90	24.12	16.20
2017	—	—	—	—	—	—	—	—
2018	20.32	22.00	34.03	12.60	27.40	17.70	34.51	13.00
2019	28.29	15.70	33.79	12.20	21.88	21.20	35.46	10.50
平均	20.38	19.80	32.07	12.00	21.76	19.20	29.77	13.50

2015~2019 年，七个区域新产品销售收入占比由高到低依次为：华东、华中、西北、华北、东北、华南、西南；华南、华中、西南、华北、西北地区普遍呈波动上升趋势，东北、华东两个地区普遍呈稳定上升态势，东北地区上升幅度最大，西北地区上升幅度最小；就七个区域而言，东北地区排名靠后，与最优的华东地区相比，差距较大，具体如表 2-175 所示。

表 2-175　2015~2019 年七大地理区新产品销售收入占比的平均值及排序

年份	东北	华北	华东	华南	华中	西北	西南
	值/序	值/序	值/序	值/序	值/序	值/序	值/序
2015	13.21/22.7	23.95/15.4	29.39/11.5	16.55/20.7	28.43/11.8	25.59/14.2	15.68/20.4
2016	19.71/19.0	26.22/13.6	31.73/11.7	17.13/20.3	27.18/14.3	29.00/13.0	13.15/23.6
2017	—	—	—	—	—	—	—
2018	20.32/22.0	35.56/11.8	36.57/11.0	21.93/21.0	37.06/12.0	33.30/14.2	17.74/23.0
2019	28.29/15.7	27.79/15.8	37.92/10.2	20.69/20.7	35.95/10.0	29.19/16.6	18.24/23.3
平均	20.38/19.8	28.38/14.2	33.90/11.1	19.08/20.7	32.15/12.0	29.27/14.5	16.01/22.5

（5）创业成效

1）千人私营企业数（单位：个/千人）。千人私营企业数反映地区对私营企业发展的重视程度，是衡量地区创业成效的重要指标，计算公式为地区私营企业单位法人数与地区人口（千人）的比值。2015~2019年，全国千人私营企业数的平均水平呈不断上升的趋势，东北地区呈缓慢上升趋势；东北地区明显低于全国平均水平，且差距逐年增大，在2015~2016年辽宁省高于全国平均水平，但差距逐年缩小，到2017年辽宁省开始低于全国平均水平，但总体上呈平缓上升趋势。吉林省处于平缓上升态势，黑龙江省处于波动上升趋势；就东北三省而言，辽宁省表现较好，吉林省与黑龙江省相对较弱。总体而言，东北地区的千人私营企业数明显低于全国平均水平，且差距呈进一步扩大趋势，具体如图2-129所示。

图 2-129　2015~2019 年千人私营企业数基本走势

注：①全国平均指 31 个省市区的平均水平；②全国范围内，千人私营企业数的最大值为 2019 年北京市的 35.49，最小值为 2017 年西藏自治区的 1.61。

2015~2019年，东北三省千人私营企业数在全国31个省市区连续5年数据集（共155个指标值）中相对位置分布情况如图2-130所示。可见，东北三省5年（共15个数据）千人私营企业数的百分比排位处于50%以下的有11个，其中有7个处于25%以下；此外，排位最大值的是2019年的辽宁省（63.6%），最小值的是2015年的黑龙江省（2.5%）。

图 2-130　2015~2019 年东北三省千人私营企业数百分比排位图

2015～2019年，6省区千人私营企业数由高到低依次为：浙江、江苏、广东、辽宁、黑龙江、吉林；东南三省普遍呈上升趋势，发展势头较好，整体发展水平明显高于东北三省；东南三省相对较低的广东省略高于东北地区较高的辽宁省；千人私营企业数增幅最大的是广东省（53.45%），增幅最小的是辽宁省（10.02%），吉林省的增幅为13.93%，黑龙江省的增幅为34.72%，具体如表2-176所示。

表2-176　2015～2019年6省区千人私营企业数的原始值及单年排序

年份	辽宁	吉林	黑龙江	江苏	浙江	广东	全国平均
	值/序	值/序	值/序	值/序	值/序	值/序	值
2015	6.88/10	2.54/27	1.83/30	14.42/3	18.80/2	7.10/9	6.26
2016	7.61/11	2.80/26	2.25/30	18.17/3	21.29/1	7.70/9	7.44
2017	8.69/15	3.50/28	4.69/26	23.90/2	26.10/1	9.98/13	9.85
2018	8.69/15	3.50/28	4.69/26	23.90/2	26.10/1	9.98/13	9.85
2019	9.64/17	3.95/31	4.38/28	24.27/3	27.90/2	22.29/4	12.29
平均	8.30/13.6	3.26/28.0	3.57/28.0	20.93/2.6	24.04/1.4	11.41/9.6	9.14

2015～2019年，四个区域千人私营企业数由高到低依次为：东部、中部、西部、东北；四个区域整体呈上升趋势，其中，东部上升趋势较明显，且显著优于其他三个区域，中部上升幅度最大为36.28%，东北上升幅度为14.92%；东北地区千人私营企业数与东部地区差距较大，具体如表2-177所示。

表2-177　2015～2019年四大经济区千人私营企业数的平均值及排序

年份	东北		东部		西部		中部	
	平均值	年排序	平均值	年排序	平均值	年排序	平均值	年排序
2015	3.75	22.3	11.14	8.1	3.91	20.2	4.07	17.7
2016	4.22	22.3	12.81	8.0	4.80	20.3	5.37	17.7
2017	5.63	23.0	15.77	8.1	6.98	20.1	7.85	17.5
2018	5.63	23.0	15.77	8.1	6.98	20.1	7.85	17.5
2019	5.99	25.3	19.87	7.2	8.71	20.6	9.98	16.8
平均	5.04	23.2	15.07	7.9	6.28	20.2	7.03	17.4

2015～2019年，七个区域千人私营企业数由高到低依次为：华东、华北、华南、西南、华中、西北、东北；七个区域普遍呈上升趋势，华东与华北优势明显；千人私营企业数增长幅度最大的是华南地区（43.21%），最低的是东北地区（14.92%）；就七个区域而言，东北地区排名靠后，与最优的华东地区相比，差距较大，具体如表2-178所示。

表 2-178　2015~2019 年七大地理区千人私营企业数的平均值及排序

年份	东北	华北	华东	华南	华中	西北	西南
	值/序	值/序	值/序	值/序	值/序	值/序	值/序
2015	3.75/22.3	9.20/11.0	11.52/6.2	4.78/16.3	3.60/20.5	3.55/20.2	4.23/21.0
2016	4.22/22.3	10.87/10.8	13.49/6.3	5.49/16.3	4.64/20.5	4.31/21.0	5.23/20.2
2017	5.63/23.0	13.53/9.6	17.04/6.3	7.16/19.7	6.88/20.0	6.69/20.6	7.23/19.8
2018	5.63/23.0	13.53/9.6	17.04/6.3	7.16/19.7	6.88/20.0	6.69/20.6	7.23/19.8
2019	5.99/25.3	17.16/10.0	19.13/6.7	13.04/16.0	9.39/18.5	8.42/20.4	8.73/21.2
平均	5.04/23.2	12.86/10.2	15.65/6.4	7.53/17.6	6.28/19.9	5.93/20.6	6.53/20.4

2) 百万人非主板上市企业数（单位：个/百万人）。百万人非主板上市企业数反映一个地区企业创新创业的活力与氛围，是衡量地区创新创业水平的重要指标，采用的计算公式为百万人中小板上市企业数和百万人创业板上市企业数之和与百万人口的比值。2015~2019 年，全国百万人非主板上市企业数的平均水平呈上升趋势，东北地区整体亦呈上升趋势；东北地区明显低于全国平均水平；2015~2018 年，东北三省百万人非主板上市企业数发展呈平稳上升趋势；相对而言，辽宁省发展相对较好，吉林省次之，黑龙江省较差；但在 2018~2019 年，黑龙江省呈上升趋势，辽宁省呈下降趋势。总体而言，东北三省的百万人非主板上市企业数低于全国平均水平，且差距较为明显，有进一步拉大的趋势，具体如图 2-131 所示。

图 2-131　2015~2019 年百万人非主板上市企业数基本走势

注：①全国平均指 31 个省市区的平均水平；②全国范围内，百万人非主板上市企业数的最大值为 2019 年天津市的 7.43，最小值为 2015 年黑龙江省的 0.13。

2015~2019 年，东北三省百万人非主板上市企业数在全国 31 个省市区 5 年数据集（共 155 个指标值）中相对位置分布情况如图 2-132 所示。可见，东北三省 5 年（共 15 个数据）百万人非主板上市企业数的百分比排位处于 50%以下有 11 个，其中位于 25%以下有 5 个；此外，排位最大值的是 2019 年的黑龙江省（68.1%），最小值的是 2015 年的黑龙江省（0.0%）。

图2-132　2015~2019年东北三省百万人非主板上市企业数百分比排位图

2015~2019年，6省区百万人非主板上市企业数由高到低依次为：浙江、广东、江苏、辽宁、吉林、黑龙江；2015~2019年东南三省普遍呈下降趋势，东北三省中除黑龙江省呈上升趋势外，辽宁省和吉林省均呈下降趋势；东南三省明显优于东北三省；东南三省中水平较低的江苏省优于东北地区最高的辽宁省；东北地区百万人非主板上市企业数黑龙江省增幅为116.19%，辽宁省降幅为-16.36%，吉林省的降幅为-1.25%，具体如表2-179所示。

表2-179　2015~2019年6省区百万人非主板上市企业数的原始值及单年排序

年份	辽宁	吉林	黑龙江	江苏	浙江	广东	全国平均
	值/序	值/序	值/序	值/序	值/序	值/序	值
2015	0.52/15	0.29/21	0.13/31	1.92/5	3.20/2	2.49/4	0.87
2016	0.55/14	0.33/19	0.13/31	2.10/5	3.40/2	2.85/4	0.96
2017	0.57/16	0.37/20	0.16/30	2.48/5	3.92/2	3.59/3	1.11
2018	0.55/16	0.37/21	0.16/30	2.47/5	3.90/2	3.56/3	1.11
2019	0.18/28	0.28/25	0.74/11	0.43/18	0.16/30	0.14/31	1.17
平均	0.48/17.8	0.33/21.2	0.26/26.6	1.88/7.6	2.92/7.6	2.53/9	1.04

2015~2019年，四个区域百万人非主板上市企业数由高到低依次为：东部、西部、中部、东北；2015~2019年，东北、西部、中部地区普遍呈上升趋势，其中西部地区的上升幅度最大（91.25%），中部地区上升幅度最小（1.37%）；而东部地区呈下降趋势，下降幅度为-5.79%。东北地区百万人非主板上市企业数与东部地区相比差距较大，具体如表2-180所示。

表 2-180　2015～2019 年四大经济区百万人非主板上市企业数的平均值及排序

年份	东北		东部		西部		中部	
	平均值	年排序	平均值	年排序	平均值	年排序	平均值	年排序
2015	0.32	22.3	1.99	7.0	0.31	21.3	0.40	17.2
2016	0.34	21.3	2.15	7.6	0.38	20.9	0.43	17.5
2017	0.37	22.0	2.49	7.3	0.44	21.1	0.50	17.3
2018	0.36	22.3	2.49	7.4	0.46	21.2	0.51	16.8
2019	0.40	21.3	1.53	14.8	1.43	13.7	0.43	20.0
平均	0.36	21.9	2.13	8.8	0.60	19.6	0.45	17.8

2015～2019 年，七个区域百万人非主板上市企业数由高到低依次为：华北、华东、华南、西南、西北、华中、东北；东北、华北、西北、西南地区均呈上升趋势，其中西北地区增幅最大（103.92%），东北地区增幅最小（6.64%）；华东、华南、华中地区呈下降趋势，其中华南地区降幅最大（-14.55%），华中地区降幅最小（-1.08%）；就七个区域而言，东北地区排名靠后，与最优的华北地区相比，差距较大，具体如表 2-181 所示。

表 2-181　2015～2019 年七大地理区百万人非主板上市企业数的平均值及排序

年份	东北	华北	华东	华南	华中	西北	西南
	值/序	值/序	值/序	值/序	值/序	值/序	值/序
2015	0.32/22.3	1.48/16.2	1.74/5.7	1.06/15.3	0.41/16.8	0.30/21.6	0.37/18.6
2016	0.34/21.3	1.58/16.6	1.87/5.8	1.18/16.3	0.44/17.3	0.33/21.3	0.51/18.0
2017	0.37/22.0	1.73/17.2	2.16/6.7	1.51/14.0	0.54/15.8	0.36/22.4	0.62/17.4
2018	0.36/22.3	1.74/17.2	2.15/6.7	1.49/14.3	0.55/15.3	0.36/22.2	0.67/17.6
2019	0.40/21.3	2.78/9.4	0.82/16.8	0.44/23.0	0.39/20.8	1.53/12.8	1.14/13.6
平均	0.36/21.9	1.86/15.3	1.75/8.3	1.14/16.6	0.47/17.2	0.57/20	0.66/17

4. 主要结论

首先，总体而言，东北地区的创新创业指数整体低于全国平均水平，且这种差距呈波动上升的趋势。在反映创新创业水平的 5 个方面（研发基础、人才基础、科技转化、技术产出、创业成效），东北地区全面落后于东南三省，尤其值得关注的是，东北地区的"研发基础""技术产出""创业成效"较东南三省差距明显，成为东北地区创新创业方面的最显著问题。

其次，动态来看，2015～2019 年，东北地区的指数得分提升缓慢，意味着绝对能力的提升幅度不大，同时，东北地区的创新创业方面的相对排名在急速下滑，意味着相对于全国的比较优势在急剧退失。

再次，分省来看，辽宁省创新创业水平较好，吉林省次之，黑龙江省较弱。在全国各省相对排名的竞争中，东北地区均有退步。东北地区在创新创业各分项指数上均呈现不均衡发展，其中辽宁省的"创业成效""人才基础""研发基础"相对较好，"技术产出"和"科技转化"较弱；吉林省的"人才基础"较好，"创业成效"发展较差；黑龙江省的"人才基础"和"科技转化"相对较好，"创业成效"较弱。

最后，单项指标方面，东北地区的"高校 R&D 人员平均强度"优于全国平均水平，但相对优势在逐渐减弱；"技术市场成交额占比"在 2015～2018 年整体落后于全国平均水平，但在 2019 年实现反超；"研发（R&D）投入强度""科技创新支出强度""研发（R&D）人员占比""科技人员专利申请强度""科技人员专利批准强度""高新技术产业收入占比""新产品销售收入占比""千人私营企业数""百万人非主板上市企业数"等发展则相对落后，均低于全国平均水平。其中，东北地区"研发（R&D）人员占比"和"千人私营企业数"与全国平均水平的差距呈进一步扩大的趋势；"科技人员专利申请强度"与全国平均水平差距呈先扩大后缩减的态势，而"科技人员专利批准强度"的差距基本保持稳定。

（六）社会民生评价报告

1. 社会民生指数总体分析

对社会民生的测度涵括了居民收入、居民消费、社会保障、社会公平、生态环境 5 个方面，共 12 项关键指标。汇集中国 31 个省市区 2015～2019 年社会民生的指标信息，得到连续 5 年的指数得分。在此基础上，形成多年连续排名和单年排名。其中，多年连续排名用于反映各省市区社会民生的绝对发展水平随时间动态变化的情况（31 个省市区 5 年共 155 个排位，最高排序为 1，最低排序为 155），单年排名用于反映各省市区在全国范围内在某个单年的相对发展水平（31 个省市区每年 31 个排位，最高排序为 1，最低排序为31）。具体而言，31 个省市区社会民生的总体情况见表 2-182。

表 2-182　2015～2019 年 31 个省市区社会民生指数得分、连续及单年排序

省市区	2015			2016 年			2017 年			2018 年			2019 年		
	值	总	年	值	总	年	值	总	年	值	总	年	值	总	年
北京	78.6	14	1	84.7	5	1	90.1	4	1	96.2	2	1	101.8	1	1
上海	72.0	33	5	77.6	18	2	81.5	9	2	84.6	6	2	90.9	3	2
浙江	74.9	25	2	77.3	19	3	78.5	16	4	80.0	10	3	81.7	7	3
福建	73.8	29	4	76.6	21	5	78.5	15	3	79.6	11	4	81.6	8	4
广东	74.7	26	3	76.7	20	4	77.9	17	5	78.6	13	5	79.2	12	5

续表

省市区	2015			2016 年			2017 年			2018 年			2019 年		
	值	总	年	值	总	年	值	总	年	值	总	年	值	总	年
宁夏	58.9	112	13	61.1	99	15	66.4	57	11	69.2	41	10	76.0	22	6
江苏	68.3	45	7	73.0	31	6	73.8	28	7	74.0	27	6	75.9	23	7
天津	68.4	44	6	71.4	35	7	75.7	24	6	72.8	32	7	73.7	30	8
山东	66.3	58	8	68.7	43	8	70.7	36	8	71.7	34	8	70.3	37	9
江西	57.2	119	15	61.2	98	14	63.8	78	14	67.3	50	12	70.2	38	10
安徽	53.9	135	20	60.1	104	16	61.3	94	20	67.9	47	11	69.7	40	11
重庆	63.6	80	9	65.5	59	9	67.2	52	10	69.8	39	9	68.8	42	12
四川	53.5	138	22	57.8	114	20	62.4	88	19	65.2	64	16	68.0	46	13
海南	60.8	102	11	59.8	106	17	67.7	48	9	65.4	61	14	67.6	49	14
河北	53.8	136	21	59.7	108	18	63.0	84	16	65.1	66	17	67.2	51	15
广西	49.3	144	24	57.2	117	21	59.6	109	22	63.0	83	20	66.8	53	16
湖北	54.7	132	19	59.1	111	19	62.7	86	17	65.4	60	13	66.7	54	17
西藏	35.9	155	31	38.7	154	31	49.9	143	31	57.3	116	28	66.5	55	18
贵州	41.0	153	30	46.9	149	30	53.6	137	30	61.3	95	24	66.4	56	19
吉林	57.2	120	16	64.2	75	10	63.9	77	13	65.2	63	15	65.2	62	20
辽宁	59.7	107	12	62.8	85	12	63.8	79	15	64.7	68	18	65.1	65	21
河南	47.1	148	26	51.7	140	26	59.3	110	23	62.0	91	22	65.0	67	22
云南	42.9	152	29	50.2	141	27	57.5	115	25	61.0	100	23	64.7	69	23
新疆	48.0	146	25	52.8	139	25	56.6	123	26	62.2	90	21	64.6	70	24
内蒙古	61.0	101	10	63.2	81	11	64.2	73	12	63.1	82	19	64.4	71	25
青海	45.5	150	27	47.4	147	29	54.1	133	28	57.0	121	29	64.2	72	26
湖南	50.0	142	23	56.2	124	22	57.9	113	24	61.3	96	25	64.2	74	27
陕西	55.8	127	17	55.9	126	23	59.9	105	21	61.6	93	23	63.9	76	28
黑龙江	57.2	118	14	62.2	89	13	62.7	87	18	61.2	97	26	61.8	92	29
甘肃	43.9	151	28	49.1	145	28	54.0	134	29	55.7	128	30	60.5	103	30
山西	55.4	131	18	55.6	129	24	56.2	125	27	55.5	130	31	56.9	122	31
平均	57.5	105.6	16	61.4	91.4	16	65.0	77.4	16	67.3	65.0	16	70.0	50.6	16

注：①对于表中的字段名称，"值"表示各省市区对应年份的指数得分，"总"表示各省市区 2015~2019 年多年连续总排序，"年"表示各省市区 5 个单年的排序；②表中 31 个省市区按照 2019 年的指数得分由高到低（降序）排列。

辽宁省、吉林省和黑龙江省的社会民生发展指数处于中等偏下位置，均落后于东南三省。2015~2019 年，6 省区社会民生指数由高到低依次为：浙江、广东、江苏、辽宁、吉林、黑龙江；东南三省普遍呈上升趋势，明显优于东北三省。东南三省社会民生指数整体水平较低的江苏省持续优于东北三省整体最优的辽宁省。社会民生指数增幅最大的是吉林省（3.51%），最小的是广东省（1.50%），辽宁省和黑龙江省的增幅分别为 2.23% 和 1.99%。就 2019 年而言，吉林省的社会民生较好，在 31 个省域中的单年排名为 20，辽宁省和黑龙江省相对较差，单年排名分别为 21 和 29，具体如表 2-182 和表 2-183 所示。

表 2-183　2015~2019 年 6 省区社会民生指数的值及单年排序

年份	辽宁	吉林	黑龙江	江苏	浙江	广东	全国平均
	值/序	值/序	值/序	值/序	值/序	值/序	值
2015	59.75/12	57.21/16	57.24/14	68.35/7	74.87/2	74.66/3	57.53
2016	62.77/12	64.20/10	62.20/13	72.97/6	77.35/3	76.75/4	61.43
2017	63.80/15	63.86/13	62.71/18	73.81/7	78.45/4	77.91/5	64.98
2018	64.74/18	65.18/15	61.16/26	74.00/6	80.02/3	78.64/5	67.24
2019	65.08/21	65.23/20	61.80/29	75.93/7	81.65/3	79.15/5	69.98
平均	63.23/15.6	63.13/14.8	61.02/20	73.01/6.6	78.47/3	77.42/4.4	64.23

　　2015~2019 年，全国社会民生的平均水平与东北地区总体均呈波动上升趋势，东北地区在 2017~2019 年低于全国平均水平，差距逐步拉大；东北三省均呈明显的上升态势；就东北三省而言，辽宁省和吉林省略高于东北地区平均水平，发展相对较好，黑龙江省较弱，持续低于东北地区的平均水平，具体如图 2-133 所示。

图 2-133　2015~2019 年社会民生指数基本走势

注：①全国平均指 31 个省市区的平均水平；②全国范围内（可采集到的数据），社会民生指数的最大值为 2019 年北京市的 101.81，最小值为 2015 年西藏自治区的 35.85。

　　2015~2019 年，东北三省社会民生指数在全国 31 个省市区连续 5 年数据集（共 155 个指标值）中相对位置分布情况如图 2-134 所示。可见，东北三省 5 年（共 15 个数据）社会民生指数的百分比排位处于 50% 以下的有 9 个，其中有 2 个处于 25% 以下；此外，排位最大值的是 2019 年的吉林省（60.3%），最小值的是 2015 年的吉林省（22.7%）。

图 2-134　2015~2019 年社会民生指数百分比排位图

2. 全国视角下东北地区社会民生进展分析

2015~2019 年，四大区域社会民生指数由高到低依次为：东部、东北、中部、西部；四大区域普遍呈上升趋势，其中增幅最大的是西部（8.16%），最小的是东北（2.57%）；东北地区的社会民生与东部地区的差距较大，具体如表 2-184 所示。

表 2-184　2015~2019 年四大经济区社会民生指数的平均值及排序

年份	东北		东部		西部		中部	
	平均值	年排序	平均值	年排序	平均值	年排序	平均值	年排序
2015	58.07	14	69.16	7	49.93	22.1	53.07	20.2
2016	63.06	11.7	72.55	7.1	53.82	22.4	57.32	20.2
2017	63.46	15.3	75.74	6.1	58.79	22	60.21	20.8
2018	63.70	19.7	76.80	6.7	62.18	21.3	63.22	19
2019	64.04	23.3	78.99	6.8	66.23	20	65.45	19.7
平均	62.46	16.8	74.65	6.7	58.19	21.6	59.85	20

注：为确保区分度，对于具有平均意义的排序，本书保留一位小数，以下各表同。

2015~2019 年，七大区域社会民生指数由高到低依次为：华东、华北、华南、东北、华中、西北、西南；七大区域普遍呈上升趋势，其中，增幅最大的是西南地区（10.30%），最小的是东北地区（2.57%）；就七个区域而言，东北地区排名居中，与华东地区相比，差距较大，具体如表 2-185 所示。

为便于直观分析，将指数信息按空间分类、时间排列、优劣序化等方式整理后，形成多年连续排名及单年排名的可视化集成图（见图 2-135~图 2-137），结合表 2-182 的信息，以全国四大经济区为划分标准，对东北三省的产业发展方面的进程评价如下：

表 2-185　2015～2019 年七大地理区社会民生指数的平均值及排序

年份	东北	华北	华东	华南	华中	西北	西南
	值/序	值/序	值/序	值/序	值/序	值/序	值/序
2015	58.07/14.0	63.44/11.2	68.21/7.7	61.58/12.7	52.26/20.8	50.43/22.0	47.36/24.2
2016	63.06/11.7	66.91/12.2	72.23/6.7	64.60/14.0	57.05/20.3	53.26/24.0	51.81/23.4
2017	63.46/15.3	69.83/12.4	74.05/7.3	68.42/12.0	60.93/19.5	58.20/23.0	58.12/23.0
2018	63.70/19.7	70.53/15.0	76.30/5.7	69.02/13.0	63.98/18.0	61.12/22.6	62.89/20.8
2019	64.04/23.3	72.82/16.0	78.34/6.0	71.20/11.7	66.52/19.0	65.83/22.8	66.87/17.0
平均	62.46/16.8	68.71/13.4	73.83/6.7	66.96/12.7	60.15/19.5	57.77/22.9	57.41/21.7

图 2-135　2015～2019 年 31 个省市区社会民生指数得分变动情况

图 2-136　2015～2019 年 31 个省市区社会民生多年连续排序变动情况

图 2-137　2015~2019 年 31 个省市区社会民生单年排序变动情况

（1）东北地区社会民生指数得分有所提升，提升幅度较小

从四大区域平均得分曲线的变化情况可以看出，中国在社会民生上的成效显著，四个区域均呈上升趋势，其中西部地区的提升幅度最大，年均提升为 4.1 分，中部、东部和东北地区的提升幅度分别为 3.1 分、2.5 分和 1.5 分。具体而言，东北地区以 2015 年为基点（58.1 分），拥有高于西部地区的起步条件且在 2016~2018 年高于西部地区，但在 2019 年低于西部，先保持较高的增长幅度后又逐步放缓，与东部和中部地区相比差距依然较大。

（2）东北地区社会民生绝对水平有所提升，但提升速度较慢

从四大区域连续排名曲线的变化情况可以看出，四个区域整体均呈现上升趋势，其中上升最快的为西部地区，连续排名年均提高 18.2 名，而东部、东北和中部地区分别提升 7.3 名、10.5 名和 17.2 名，可以看出东部和东北地区的提升速度相对较慢。东北三省中，吉林发展水平较高，从 2015 年的第 120 名增长为 2019 年的第 62 名，辽宁省发展水平低于吉林省，从 2015 年的第 107 名增长为 2019 年的第 65 名，黑龙江省发展水平相对较弱，但呈现一定幅度的增长，从 2015 年的第 118 名增长为 2019 年的第 92 名。东北地区的连续排名情况上升幅度较大，但与发展最好的东部地区相比仍有较大差距。

（3）东北地区社会民生相对水平降低，且下降幅度较大

从四大区域单年排名曲线的变化情况可以看出，在相对位次的排名竞争中，东部和西部地区整体变化平稳，基本保持不变，东北地区整体呈下降趋势，2019 年较 2015 年下降幅度为 9.3 名，中部地区呈波动上升趋势，2019 年较 2015 年上升幅度为 0.5 名。对东北三省而言，吉林省后退 4 名（由第 16 名下降到第 20 名），辽宁省后退 9 名（由第 12 名下降到第 21 名），黑龙江省后退 15 名（由第 14 名下降到第 29 名），东北三省相对水平表现出明显的下滑，且下滑幅度较大。

3. 社会民生分项指数分析

2015~2019 年，东北三省 5 个分项指标中有 4 项（居民收入、居民消费、社会保障和生态坏境）低于东南三省平均水平。其中"居民收入""社会公平""生态环境"均超过全国平均水平，表现相对较好，"居民消费"与"社会保障"均低于全国平均水平，表现较差。东南三省 5 个分项指标中有 4 项（居民收入、居民消费、社会保障和生态环境）高于全国平均水平。分省来看，东南三省 5 个分项指数的发展相对均衡，其中江苏省的"社会公平"以及"生态环境"水平较低，而广东省的"生态环境"为全国最优水平。就东北三省而言，辽宁省的"居民收入"和"居民消费"水平相对较强，吉林省的"居民收入"和"社会公平"水平相对较强，黑龙江省的"居民收入"和"生态环境"水平相对较强，东北三省的"社会保障"都极为薄弱。总体来看，东北三省在居民消费和社会保障上与东南三省差距最大，具体如表 2-186 和图 2-138 所示。

表 2-186　2015~2019 年 6 省区社会民生方面分项指数平均得分

	居民收入	居民消费	社会保障	社会公平	生态环境
辽宁	82.82	78.95	47.98	44.56	61.84
吉林	72.16	63.71	41.22	72.14	66.43
黑龙江	72.06	65.36	41.59	55.13	70.98
江苏	85.45	89.71	73.8	52.1	64
浙江	91.3	90.27	73.23	63.63	73.91
广东	83.95	84.82	81.46	45.28	91.61
东北三省平均	75.68	69.34	43.6	57.28	66.42
东南三省平均	86.9	88.26	76.16	53.67	76.51
全国各省平均	72.58	69.69	59.74	54.12	65.05
各省最高	124.27	113.1	87.06	99	91.61
各省最低	38.72	40.66	39.75	28.8	29.02

2015~2019 年，全国在反映社会民生的 5 个方面上整体进展良好，除"居民消费"和"社会公平"外均持续平稳前进，尤其是"居民收入"和"生态环境"两个方面，发展势头良好；就东南三省而言，除江苏省和浙江省的"社会保障"、广东省的"生态环境"外，5 个分项指数得分均呈波动上升趋势，发展前景良好；东南三省"居民收入""居民消费"与"社会保障"3 个分项指数均处于全国前列，广东省"生态环境"处于全国领先位置；就东北三省而言，吉林省的"社会公平"排名相对靠前，辽宁省的"居民收入"和"居民消费"排名相对靠前，黑龙江省的"生态环境"排名处于中等偏上的位置，其余排名均相对靠后，且吉林省和黑龙江省"社会保障"全国垫底（从年排名得出）；东北三省的"社会公平"和"居民消费"整体呈下降趋势，其余整体均呈上升趋

势，具体如表 2-187 所示。

图 2-138　2015~2019 年 6 省区社会民生方面分项指数平均得分雷达图

表 2-187　2015~2019 年 6 省区社会民生方面分项指数

分项指数	年份	辽宁	吉林	黑龙江	江苏	浙江	广东	全国平均
		值/序	值/序	值/序	值/序	值/序	值/序	值
居民收入	2015	79.43/7	60.93/18	62.01/17	81.28/5	85.70/3	80.32/6	61.77
	2016	80.21/7▲	69.23/18▲	68.87/19▲	83.17/5▲	88.18/3▲	81.84/6▲	67.77▲
	2017	82.35/7▲	75.37/19▲	74.80/20▲	84.98/5▲	90.34/3▲	83.46/6▲	74.18▲
	2018	84.64/7▲	76.66/18▲	76.31/20▲	87.36/5▲	93.58/3▲	85.73/6▲	77.48▲
	2019	87.48/7▲	78.63/20▲	78.29/22▲	90.46/5▲	98.72/3▲	88.39/6▲	81.70▲

分项指数	年份	辽宁 值/序	吉林 值/序	黑龙江 值/序	江苏 值/序	浙江 值/序	广东 值/序	全国平均 值
居民消费	2015	80.54/7	65.10/13	65.05/14	86.00/5	86.16/4	81.77/6	61.24
	2016	81.23/8▲	63.95/16▽	70.46/13▲	89.68/4▲	88.89/5▲	84.02/6▲	66.93▲
	2017	82.28/9▲	68.41/18▲	74.74/13▲	93.33/3▲	92.17/4▲	86.40/6▲	72.24▲
	2018	74.14/12▽	58.99/24▽	55.70/27▽	88.69/4▽	90.71/3▽	84.68/6▽	71.89▽
	2019	76.54/14▲	62.10/25▲	60.85/28▲	90.83/4▲	93.41/3▲	87.23/6▲	76.14▲
社会保障	2015	48.50/18	40.96/26	40.02/27	76.21/4	77.80/2	77.74/3	54.80
	2016	47.05/24▽	40.28/30▽	40.40/29▲	74.29/4▽	73.23/5▽	80.77/2▲	57.21▲
	2017	47.17/27▲	40.70/30▲	41.19/29▲	72.76/7▽	71.95/9▽	83.05/2▲	60.83▲
	2018	48.43/26▲	41.40/31▲	42.36/30▲	72.67/9▽	71.58/11▽	82.57/2▽	62.13▲
	2019	48.74/26▲	42.77/31▲	43.98/30▲	73.05/11▲	71.59/12▲	83.16/2▲	63.73▲
社会公平	2015	47.68/20	75.73/2	60.41/9	45.52/22	60.53/8	42.56/24	52.49
	2016	44.22/23▽	72.70/3▽	58.49/11▽	52.11/20▲	62.90/7▲	42.81/24▲	53.03▲
	2017	41.24/24▽	77.10/2▲	52.38/17▽	52.34/18▲	63.19/7▲	44.55/22▲	52.62▽
	2018	44.70/24▲	67.90/5▽	51.93/20▽	55.40/17▲	64.91/6▲	47.34/22▲	55.27▲
	2019	44.95/27▲	67.29/5▽	52.47/20▲	55.15/18▽	66.62/6▲	49.14/21▲	57.17▲
生态环境	2015	42.60/24	43.32/23	58.69/15	52.73/20	64.18/13	90.90/1	57.35
	2016	61.14/19▲	74.81/9▲	72.81/12▲	65.57/16▲	73.53/10▲	94.30/1▲	62.23▲
	2017	65.95/16▲	57.71/22▽	70.45/13▽	65.66/17▲	74.62/11▲	92.11/1▽	65.04▲
	2018	71.80/16▲	80.95/9▲	79.52/10▲	65.88/21▲	79.32/11▲	92.88/1▲	69.46▲
	2019	67.71/22▽	75.37/16▽	73.42/17▽	70.18/19▲	77.92/13▽	87.85/4▽	71.17▲

注：表中符号"▲"表示本年的数据相对于前一年是增长的，符号"▽"表示本年的数据相对于前一年是减少的。

进一步统计升降符（▲或▽）的数量，对不同地区的发展态势及稳定性进行分析和对比可知，2015～2019年，全国5项指数▲的数量大于▽的数量，5个分项指数"居民收入""居民消费""社会保障""社会公平""生态环境"的全国平均水平▲的数量均超过（或等于）3个，发展势头良好；东北地区居民收入指数▲的总量与东南三省相同，社会保障指数▲的总量比东南三省多5个，东北地区其余3个分项指数▲的总量均少于（或等于）东南三省，以"社会公平"的差距最大（东南三省共为11个，东北三省共为4个），发展稳定性不及东南三省；2019年，除"生态环境"外，东北三省其余4项指数▲的数量均等于东南三省，2019年的整体发展态势不如东南三省；东北三省▲的总数量为41个，占东北三省升降符总数的68.3%，东南三省▲的总数量为46个，占76.7%，东北三省与东南三省有一定差距。

2015～2019年，辽宁省▲的数量为15个，占辽宁省升降符总数的75.0%，吉林省▲的数量为12个，占60.0%，黑龙江省▲的数量为14个，占70.0%，江苏省▲的数量为

15 个，占 75.0%，浙江省▲的数量为 15 个，占 75.0%，广东省▲的数量为 16 个，占 80.0%，东北三省最优的辽宁省依然落后于东南三省；就东北三省而言，辽宁省的发展稳定性相对较好，吉林省和黑龙江省相对较弱。2015~2019 年，"居民收入"和"居民消费"发展态势较好的是辽宁省和黑龙江省，"社会保障"的发展态势较好的是黑龙江省，"社会公平"发展态势均不理想，"生态环境"发展态势较好的是辽宁省。

（1）居民收入

1）城乡居民收入水平（单位：元/人）。城乡居民收入水平反映一个地区的消费者购买力水平，是衡量地区城乡居民收入水平和生活水平的重要指标。2015~2019 年，全国与东北地区城乡居民收入水平的平均水平总体上均呈上升态势，东北地区的城乡居民收入水平始终低于全国平均水平，差距呈现逐步拉大的趋势；就东北三省而言，辽宁省发展较好，显著优于全国平均水平，吉林省和黑龙江省水平相近，低于东北平均水平。总体而言，东北地区的城乡居民收入水平低于全国平均水平，存在较大的差距，具体如图 2-139 所示。

图 2-139　2015~2019 年城乡居民收入水平基本走势

注：①全国平均指 31 个省市区的平均水平；②全国范围内（可采集到的数据），城乡居民收入水平的最大值为 2019 年上海市的 68887，最小值为 2015 年西藏自治区的 13025。

2015~2019 年，东北三省城乡居民收入水平在全国 31 个省市区连续 5 年数据集（共 155 个指标值）中相对位置分布情况如图 2-140 所示。可见，东北三省 5 年（共 15 个数据）城乡居民收入水平的百分比排位处于 50% 以下的有 8 个，其中有 3 个处于 25% 以下；此外，排位最大值的是 2019 年的辽宁省（81.1%），最小值的是 2015 年的黑龙江省（13.6%）。

2015~2019 年，6 省区城乡居民收入水平由高到低依次为：浙江、江苏、广东、辽宁、吉林、黑龙江；东南三省总体呈上升趋势，且增长幅度明显高于东北三省；东南三省的城乡居民收入水平普遍高于东北地区；就东北三省而言，东南三省水平较低的广东省优于东北地区最高的辽宁省；城乡居民收入水平增幅最大的是浙江省（10.49%），增幅最小的是辽宁省（7.36%），吉林省的增幅为 8.25%，黑龙江省的增幅为 7.85%，具体如表 2-188 所示。

+ 2015年　　○ 2016年　　△ 2017年　　× 2018年　　□ 2019年

图 2-140　2015~2019 年东北三省城乡居民收入水平百分比排位图

表 2-188　2015~2019 年 6 省区城乡居民收入水平的原始值及单年排序

年份	辽宁	吉林	黑龙江	江苏	浙江	广东	全国平均
	值/序	值/序	值/序	值/序	值/序	值/序	值
2015	24900/8	18836/17	18801/19	30172/5	35990/3	28061/6	22421
2016	26350/8	20189/18	20063/19	32874/5	39193/3	30547/6	24459
2017	28088/9	21656/19	21445/22	35980/5	42844/3	33380/6	26740
2018	30103/9	23199/21	23053/23	39190/5	46783/3	36380/6	29129
2019	32228/9	25053/22	24702/24	42714/4	51090/3	39738/6	31742
平均	28334/8.6	21786/19.4	21613/21.4	36186/4.8	43180/3.0	33621/6.0	26898

2015~2019 年,四个区域城乡居民收入水平由高到低依次为:东部、东北、中部、西部;四个区域总体上均呈平缓上升趋势;西部增幅最大 (11.34%),东北增幅最小 (7.77%);东北地区的城乡居民收入水平与东部地区相比差距较大,东部地区的城乡居民年均收入水平约为东北地区的 1.5 倍,具体如表 2-189 所示。

表 2-189　2015~2019 年四大经济区城乡居民收入水平的平均值及排序

年份	东北		东部		西部		中部	
	平均值	年排序	平均值	年排序	平均值	年排序	平均值	年排序
2015	20846	14.7	31112	6.9	17216	23.6	19134	16.7
2016	22200	15.0	33923	6.8	18927	23.5	20878	16.8
2017	23729	16.7	37006	6.7	20865	23.0	22887	17.2
2018	25452	17.7	40241	6.7	22843	22.8	25019	17.0
2019	27328	18.3	43723	6.9	25024	22.8	27418	16.3
平均	23911	16.5	37201	6.8	20975	23.2	23067	16.8

2015～2019 年，七个区域城乡居民收入水平由高到低依次为：华东、华北、华南、东北、华中、西南、西北；七个区域普遍呈上升趋势，其中西南地区增幅最大（12.50%）；就七个区域而言，东北地区排名居中，与城乡收入水平最高的华东地区相比，差距仍较明显，且差距呈现进一步扩大的趋势；具体如表 2-190 所示。

表 2-190　2015～2019 年七大地理区城乡居民收入水平的平均值及排序

年份	东北	华北	华东	华南	华中	西北	西南
	值/序	值/序	值/序	值/序	值/序	值/序	值/序
2015	20846/14.7	27975/10.8	30655/6.8	21634/15.0	19346/16.0	16826/25.2	16459/24.4
2016	22200/15.0	30372/10.8	33468/6.8	23608/15.3	21173/16.0	18430/25.0	18258/24.2
2017	23729/16.7	33034/11.2	36546/6.7	25811/15.3	23290/16.0	20285/24.2	20260/23.8
2018	25452/17.7	35782/11.4	39837/6.7	28097/15.3	25487/15.5	22198/24.0	22296/23.6
2019	27328/18.3	38798/11.4	43371/6.2	30559/15.7	27929/15.3	24196/24.4	24687/23.4
平均	23911/16.5	33192/11.1	36775/6.6	25942/15.3	23445/15.8	20387/24.6	20392/23.9

2）居民人均存款额（单位：元/人）。居民人均存款额指每位居民存入银行及农村信用社的储蓄金额，是衡量地区居民收入的重要指标，计算公式为地区居民人民币储蓄存款余额与常住人口数的比值。2015～2019 年，全国居民人均存款额的平均水平呈持续上升趋势，东北地区亦呈稳定上升趋势，东北地区与全国平均水平大致持平，2019 年东北地区平均水平高于全国平均水平；东北三省均呈上升趋势，其中辽宁省高于全国平均水平，吉林省和黑龙江省表现相近均低于全国平均水平，2017～2019 年吉林省水平优于黑龙江省。总体而言，东北地区的居民人均存款额与全国平均水平基本持平，如图 2-141 所示。

图 2-141　2015～2019 年居民人均存款额基本走势

注：①全国平均指 31 个省市区的平均水平；②全国范围内（可采集到的数据），居民人均存款额的最大值为 2019 年北京市的 173211.12，最小值为 2015 年新疆维吾尔自治区的 10285.35。

2015～2019 年，东北三省居民人均存款额在全国 31 个省市区连续 5 年数据集（共

155 个指标值）中相对位置分布情况如图 2-142 所示。可见，东北三省 5 年（共 15 个数据）居民人均存款额的百分比排位处于 50% 以下的有 6 个；排位最大值的是 2019 年的辽宁省（92.8%），最小值的是 2015 年的吉林省（27.9%）。

图 2-142　2015~2019 年东北三省居民人均存款额百分比排位图

2015~2019 年，6 省区居民人均存款额由高到低依次为：浙江、辽宁、江苏、广东、吉林、黑龙江；6 省均呈持续上升趋势，吉林省增幅最大；东北三省除辽宁省外，吉林省、黑龙江省人均存款额水平明显低于东南三省；东北三省中增幅最大的是吉林省（13.91%），辽宁省和黑龙江省的增幅分别为 13.17% 和 11.91%，具体如表 2-191 所示。

表 2-191　2015~2019 年 6 省区居民人均存款额的原始值及单年排序

| 年份 | 辽宁 | 吉林 | 黑龙江 | 江苏 | 浙江 | 广东 | 全国平均 |
	值/序	值/序	值/序	值/序	值/序	值/序	值
2015	53844.67/5	31289.52/18	32228.25/17	50856.27/6	61645.12/3	50726.97/7	37631.39
2016	54619.90/6	34919.89/17	34905.99/18	54882.48/5	67905.88/3	53195.41/7	40841.44
2017	62716.24/4	38309.32/18	36908.26/19	57401.93/6	71059.52/3	55303.11/7	45104.69
2018	71014.38/4	41881.61/17	40187.03/19	63058.77/6	79853.87/3	60839.45/7	49034.49
2019	82219.91/4	48697.46/16	47579.91/18	72111.32/6	90792.87/3	67698.87/7	55557.76
平均	64883.02/4.6	39019.56/17.2	38361.89/18.2	59662.16/5.8	74251.45/3	57552.76/7	45633.95

2015~2019 年，四个区域居民人均存款额由高到低依次为：东部、东北、中部、西部；四个区域均呈明显上升趋势，东北虽上升幅度最大（13.02%），东部地区增幅为 11.39%，东北地区居民人均存款额与最优的东部地区差距较大，但差距呈现逐年缩小的趋势，具体如表 2-192 所示。

表 2-192　2015～2019 年四大经济区居民人均存款额的平均值及排序

年份	东北		东部		西部		中部	
	平均值	年排序	平均值	年排序	平均值	年排序	平均值	年排序
2015	39120.81	13.3	55864.38	8.6	25797.24	21.1	30166.65	19.5
2016	41481.92	13.7	60135.84	8.6	28342.36	21.1	33362.00	19.3
2017	45977.94	13.7	66043.59	7.1	31668.36	22.2	36642.57	19.7
2018	51027.67	13.3	71682.43	8.6	34070.33	21.5	40219.66	18.7
2019	59499.09	12.7	81313.05	8.4	38297.65	21.7	45181.84	19.0
平均	47421.49	13.3	67007.86	8.3	31635.19	21.5	37114.54	19.2

2015～2019 年，七个区域居民人均存款额由高到低依次为：华北、华东、东北、华南、华中、西北、西南；七个区域普遍呈上升趋势，其中西南地区的增幅最大（13.93%），东北地区增幅 13.02%；就七个区域而言，东北地区处于中上水平，与表现最优的华北地区相比，差距较大，具体如表 2-193 所示。

表 2-193　2015～2019 年七大地理区居民人均存款额的平均值及排序

年份	东北	华北	华东	华南	华中	西北	西南
	值/序	值/序	值/序	值/序	值/序	值/序	值/序
2015	39121/13.3	56144/8.0	51619/9.5	31466/20.0	27823/22.0	27522/20.0	23095/22.2
2016	41482/13.7	62501/8.0	54940/9.7	32201/20.3	31176/21.3	29777/20.0	25862/22.2
2017	45978/13.7	66250/8.4	57759/10.3	44134/14.0	34205/21.5	32635/21.6	30023/23.0
2018	51028/13.3	75560/8.0	64143/9.7	39707/19.7	37592/20.5	35652/20.8	31317/22.6
2019	59500/12.7	84893/8.0	73671/9.7	43617/19.7	42421/20.8	39390/21.0	35963/22.6
平均	47422/13.3	69070/8.1	60427/9.8	38225/18.7	34643/21.2	32995/20.7	29252/22.5

（2）居民消费

1）城乡居民消费水平（单位：元/人）。城乡居民消费水平反映一个地区对人民物质文化生活需要的满足程度，它是衡量地区的经济发展水平和人民物质文化生活水平的重要指标。2015～2019 年全国城乡居民消费的平均水平与东北地区总体均呈现上升趋势，2018年全国与东北地区水平均有所回落；东北地区低于全国平均水平，差距自 2017 年以后进一步缩小；就东北三省而言，辽宁省优势明显，黑龙江省次之，吉林省较弱，2018～2019年吉林省、黑龙江省水平基本持平，均低于全国平均水平。总体而言，东北地区城乡居民消费水平相比全国平均水平仍存在差距，东北三省除辽宁省外均低于全国水平，具体如图 2-143 所示。

2015～2019 年，东北三省城乡居民消费水平在全国 31 个省市区连续 5 年数据集（共 155个指标值）中相对位置分布情况如图 2-144 所示。可见，东北三省 5 年（共 15 个数据）城乡居民消费水平的百分比排位处于 50% 以下的有 7 个，其中有 3 个位于 25% 以下；此外，排位最大值的是 2017 年的辽宁省（77.9%），最小值的是 2016 年的吉林省（6.4%）。

图 2-143 2015~2019 年城乡居民消费水平基本走势

注：①全国平均指 31 个省市区的平均水平；②全国范围内（可采集到的数据），城乡居民消费水平的最大值为 2017 年上海市的 53590.60，最小值为 2015 年西藏自治区的 8760.27。

图 2-144 2015~2019 年东北三省城乡居民消费水平百分比排位图

2015~2019 年，6 省区城乡居民消费水平由高到低依次为：江苏、浙江、广东、辽宁、黑龙江、吉林；东南三省呈先上升后下降再上升趋势，且高于全国平均水平；东北三省水平最优的辽宁省低于东南三省较弱的广东省，黑龙江省和吉林省均低于全国平均水平；城乡居民消费水平增幅最大的是吉林省（6.40%），增幅最小的是江苏省（-3.51%），辽宁省和黑龙江省的增幅分别为-1.32% 和 2.79%，具体如表 2-194 所示。

表 2-194 2015~2019 年 6 省区城乡居民消费水平原始值及单年排序

年份	辽宁	吉林	黑龙江	江苏	浙江	广东	全国平均
	值/序	值/序	值/序	值/序	值/序	值/序	值
2015	23715.61/7	14657.59/20	16540.31/15	31795.05/4	28774.53/5	26431.62/6	19355.94
2016	23669.54/8	13850.53/29	17416.67/16	35986.02/4	30820.38/5	28542.48/6	21363.87

年份	辽宁		吉林		黑龙江		江苏		浙江		广东		全国平均
	值/序		值/序		值/序		值/序		值/序		值/序		值
2017	24877.16/9		15082.80/29		18871.80/16		39895.65/3		33926.48/5		30831.69/6		23419.32
2018	21663.59/8		17482.73/17		17198.51/21		25542.73/6		29967.44/4		26379.21/5		20465.87
2019	22467.40/8		18412.50/19		18383.00/21		27327.80/6		32661.04/3		29426.34/5		22164.97
平均	23278.66/8		15897.23/22.8		17682.06/17.8		32109.45/4.6		31229.97/4.4		28322.27/5.6		21353.99

2015~2019年，四个区域城乡居民消费水平由高到低依次为：东部、东北、中部、西部；各区域均普遍呈上升趋势，但2018年均有所回落，其中中部地区增幅较大（6.46%）；东北地区城乡居民消费水平与东部地区差距明显，具体如表2-195所示。

表2-195 2015~2019年四大经济区城乡居民消费水平的平均值及排序

年份	东北		东部		西部		中部	
	平均值	年排序	平均值	年排序	平均值	年排序	平均值	年排序
2015	18304.50	14.0	27613.90	8.3	14787.30	21.1	15255.67	19.7
2016	18312.25	17.7	31260.27	7.9	16223.44	21.0	16676.52	18.7
2017	19610.59	18.0	34167.26	7.7	17785.24	21.2	18678.61	18.5
2018	18781.61	15.3	27333.95	7.4	16658.64	21.8	17475.66	19.2
2019	19754.30	16.0	29579.66	7.3	18073.70	21.9	19195.03	18.7
平均	18952.65	16.2	29991.01	7.7	16705.66	21.4	17456.30	18.9

2015~2019年，七个区域城乡居民消费水平由高到低依次为：华东、华北、华南、东北、华中、西北、西南；各区域总体上均呈上升趋势，但在2018年均有所回落，其中，西南与华中地区增幅较大，分别为6.89%和6.28%，东北地区增幅相对较小，为1.98%；就七个区域而言，东北地区排名居中，与最优的华东地区相比差距较大，具体如表2-196所示。

表2-196 2015~2019年七大地理区城乡居民消费水平的平均值及排序

年份	东北	华北	华东	华南	华中	西北	西南
	值/序	值/序	值/序	值/序	值/序	值/序	值/序
2015	18305/14.0	24016/13.0	26977/8.8	19134/15.0	15771/17.8	14744/20.8	13796/23.2
2016	18312/17.7	27417/13.4	30246/8.0	20726/15.0	17342/16.5	16150/20.2	15298/23.2
2017	19611/18.0	30009/12.2	33197/7.8	22642/15.3	19156/17.5	17803/20.6	16874/23.0
2018	18782/15.3	24543/12.0	26526/7.8	19949/15.7	17983/17.8	16811/22.0	16079/23.0
2019	19754/16.0	26307/13.2	28692/7.5	22137/15.3	19733/16.8	18164/22.2	17600/22.6
平均	18953/16.2	26458/12.8	29128/8.0	20918/15.3	17997/17.3	16734/21.2	15929/23.0

2）人均社会消费品零售额（单位：元/人）。人均社会消费品零售额是指国民经济各行业直接售给城乡居民和社会集团的消费品总额的人均分配情况，它反映了一个地区的人口对生活消费品的购买力，是衡量社会民生的重要指标，计算公式为社会消费品零售总额与地区常住人口的比值。2015～2019 年，全国人均社会消费品零售额的平均水平普遍呈上升趋势，东北地区总体呈下降趋势；东北地区持续优于全国平均水平，但 2017 年之后劣于全国平均水平；东北三省总体均呈下降趋势；就东北三省而言，辽宁省表现较好，吉林省次之，黑龙江省较弱。总体而言，东北地区人均社会消费品零售额高于全国平均水平，但这种优势在 2017 年之后呈缩减态势，具体如图 2-145 所示。

图 2-145　2015～2019 年人均社会消费品零售额基本走势

注：①全国平均指 31 个省市区的平均水平；②全国范围内（可采集到的数据），人均社会消费品零售额的最大值为 2019 年北京市的 69933.61，最小值为 2015 年贵州省的 9300.28。

2015～2019 年，东北三省人均社会消费品零售额在全国 31 个省市区连续 5 年数据集（共 155 个指标值）中相对位置分布情况如图 2-146 所示。可见，东北三省 5 年（共 15 个数据）人均社会消费品零售额的百分比排位位于 50% 以下的有 6 个；此外，排位最大值的是 2017 年的辽宁省（77.9%），最小值的是 2018 年的黑龙江省（15.5%）。

图 2-146　2015～2019 年东北三省人均社会消费品零售额百分比排位图

2015~2019 年，6 省区人均社会消费品零售额由高到低依次为：浙江、江苏、广东、辽宁、吉林、黑龙江；东南三省均呈显著的上升趋势，且持续高于全国平均水平；东北地区相对较好的辽宁省与东南三省相对较好的浙江省差距较大；人均社会消费品零售额增幅最大的是江苏省（10.97%），最小的是吉林省（-8.80%），辽宁省和黑龙江省的增幅分别为-5.96%和-6.36%，具体如表 2-197 所示。

表 2-197　2015~2019 年 6 省区人均社会消费品零售额的原始值及单年排序

年份	辽宁	吉林	黑龙江	江苏	浙江	广东	全国平均
	值/序	值/序	值/序	值/序	值/序	值/序	值
2015	29181/6	24162/11	20043/14	32443/5	35719/3	29051/7	21146
2016	30640/8	26749/10	22118/14	35888/5	39304/3	31584/6	23104
2017	31603/9	28914/11	24015/14	39528/4	42971/3	34202/6	25063
2018	20906/16	15066/27	13981/29	44060/3	43859/4	35049/6	26258
2019	22221/16	15656/27	14940/29	46682/5	46742/4	37281/7	28016
平均	26910/11.0	22109/17.2	19019/20.0	39720/4.4	41719/3.4	33434/6.4	24718

2015~2019 年，四个区域人均社会消费品零售额由高到低依次为：东部、东北、中部、西部；东北地区呈下降趋势，其余三个区域普遍呈上升趋势；东北地区的人均社会消费品零售额持续低于东部地区，具体如表 2-198 所示。

表 2-198　2015~2019 年四大经济区人均社会消费品零售额的平均值及排序

年份	东北		东部		西部		中部	
	平均值	年排序	平均值	年排序	平均值	年排序	平均值	年排序
2015	24462	10.3	30837	7.6	14298	23.1	17034	18.7
2016	26502	10.7	33476	7.6	15750	23.2	18827	18.3
2017	28177	11.3	36128	7.5	17230	23.3	20733	18.0
2018	16651	24.0	38504	8.3	19797	20.8	23574	15.2
2019	17605	24.0	40728	8.7	21091	20.8	25883	14.5
平均	22679	16.1	35934	7.9	17633	22.2	21210	16.9

2015~2019 年，七个区域人均社会消费品零售额由高到低依次为：华东、华北、东北、华中、华南、西南、西北；东北地区呈下降趋势，其余六个区域普遍呈现增长态势；就七个区域而言，东北地区处于中上水平，与最优的华东地区相比，差距较大，具体如表 2-199 所示。

表 2-199　2015～2019 年七大地理区人均社会消费品零售额的平均值及排序

年份	东北	华北	华东	华南	华中	西北	西南
	值/序	值/序	值/序	值/序	值/序	值/序	值/序
2015	24462/10.3	27978/10.2	30029/8.2	18944/17.0	17809/17.5	12628/25.4	14176/23.4
2016	26502/10.7	30029/10.8	32918/7.8	20654/17.0	19805/17.3	13768/25.4	15810/23.2
2017	28177/11.3	31654/11.0	36037/7.5	22559/17.3	21954/16.8	14930/25.6	17560/23.0
2018	16651/24.0	29324/16.4	40962/5.7	23481/16.7	24588/14.0	17137/24.4	23434/16.0
2019	17605/24.0	30557/16.8	43894/5.5	24821/17.7	27096/13.3	18080/24.6	25255/15.6
平均	22679/16.1	29908/13.0	36768/6.9	22092/17.1	22250/15.8	15309/25.1	19247/20.2

（3）社会保障

1）城镇职工基本养老保险抚养比。城镇职工基本养老保险抚养比反映了一个地区劳动年龄人口抚养非劳动年龄人口的能力，是衡量社会保障水平的重要指标，计算公式为城镇在岗职工数与离退休人员数的比值。2015～2019 年，全国城镇职工基本养老保险抚养比的平均水平呈现下降趋势，东北地区亦呈下行态势，东北地区持续低于全国平均水平，且差距较大，逐年差距保持稳定；东北三省普遍呈现下降态势，辽宁省降幅明显；就东北三省而言，辽宁省发展较好，吉林省次之，黑龙江省较差。总体而言，东北地区的城镇职工基本养老保险显著低于全国平均水平，差距基本保持稳定，具体如图 2-147 所示。

图 2-147　2015～2019 年城镇职工基本养老保险抚养比基本走势

注：①全国平均指 31 个省市区的平均水平；②全国范围内（可采集到的数据），城镇职工基本养老保险抚养比的最大值为 2015 年广东省的 9.748，最小值为 2018 年黑龙江省的 1.269。

2015～2019 年，东北三省城镇职工基本养老保险抚养比在全国 31 个省市区连续 5 年数据集（共 155 个指标值）中相对位置分布情况如图 2-148 所示。可见，东北三省 5 年（共 15 个数据）城镇职工基本养老保险抚养比的百分比排位均位于 25% 之下，说明东北三省整体发展劣势较大；此外，排位最大值的是 2015 年的辽宁省（15.5%），最小值的是 2018 年的黑龙江省（0.0%）。

图 2-148　2015～2019 年东北三省城镇职工基本养老保险抚养比百分比排位图

2015～2019 年，6 省区城镇职工基本养老保险抚养比由高到低依次为：广东、江苏、浙江、辽宁、吉林、黑龙江；东南三省均呈下降态势；东北地区相对较好的辽宁省持续低于东南三省中较差的浙江省；城镇职工基本养老保险抚养比降幅最小的是黑龙江省（-1.77%），降幅最大的是广东省（-9.86%），辽宁省与吉林省的降幅分别为-4.16%和-3.06%，具体如表 2-200 所示。

表 2-200　2015～2019 年 6 省区城镇职工基本养老保险抚养比的原始值及单年排序

年份	辽宁	吉林	黑龙江	江苏	浙江	广东	全国平均
	值/序	值/序	值/序	值/序	值/序	值/序	值
2015	1.78/29	1.53/30	1.37/31	3.08/9	3.39/5	9.75/1	2.800
2016	1.65/29	1.47/30	1.34/31	2.95/7	2.78/8	9.28/1	2.670
2017	1.58/29	1.45/30	1.30/31	2.81/9	2.63/10	8.29/1	2.650
2018	1.53/29	1.42/30	1.27/31	2.70/9	2.57/11	6.73/1	2.600
2019	1.48/29	1.35/30	1.28/31	2.72/10	2.54/13	5.90/1	2.610
平均	1.60/29.0	1.44/30.0	1.31/31.0	2.85/8.8	2.78/9.4	7.99/1.0	2.660

2015～2019 年，四个区域城镇职工基本养老保险抚养比由高到低依次为：东部、中部、西部、东北；除西部区域外，其他三个区域均呈下降趋势，东北地区的降幅较大，远大于中部地区；东北地区城镇职工基本养老保险抚养比与东部地区差距较大，具体如表 2-201 所示。

2015～2019 年，七个区域城镇职工基本养老保险抚养比由高到低依次为：华南、华东、华北、西南、华中、西北、东北；西北和西南地区呈波动上升态势，其他五个区域均呈下降趋势；就七个区域而言，东北地区排名末位，与最优的华南地区相比，差距明显，具体如表 2-202 所示。

表 2-201 　 2015～2019 年四大经济区城镇职工基本养老保险抚养比的平均值及排序

年份	东北		东部		西部		中部	
	平均值	年排序	平均值	年排序	平均值	年排序	平均值	年排序
2015	1.56	30.0	3.97	8.8	2.30	18.7	2.47	15.7
2016	1.49	30.0	3.67	9.3	2.23	18.6	2.44	15.0
2017	1.45	30.0	3.54	9.4	2.37	17.3	2.33	17.3
2018	1.40	30.0	3.38	9.9	2.39	16.7	2.30	17.8
2019	1.37	30.0	3.33	10.3	2.45	16.3	2.34	17.8
平均	1.45	30.0	3.58	9.5	2.35	17.5	2.38	16.7

表 2-202 　 2015～2019 年七大地理区城镇职工基本养老保险抚养比的平均值及排序

年份	东北	华北	华东	华南	华中	西北	西南
	值/序	值/序	值/序	值/序	值/序	值/序	值/序
2015	1.56/30.0	2.81/15.4	3.27/9.3	4.95/11.3	2.46/16.5	2.27/18.0	2.47/16.6
2016	1.49/30.0	2.71/14.8	3.04/9.2	4.60/12.7	2.42/16.0	2.22/18.8	2.35/16.2
2017	1.45/30.0	2.65/15.8	2.95/10.2	4.29/11.3	2.34/18.3	2.34/16.6	2.58/15.2
2018	1.40/30.0	2.62/16.6	2.91/11.0	3.85/10.0	2.32/18.5	2.34/15.8	2.64/14.8
2019	1.37/30.0	2.63/17.0	2.92/11.8	3.67/9.3	2.36/18.0	2.43/15.8	2.69/14.2
平均	1.45/30.0	2.68/15.9	3.02/10.3	4.27/10.9	2.38/17.5	2.32/17.0	2.55/15.4

2）人均养老金支出（单位：元/人）。人均养老金支出反映一个地区城镇就业群体和城乡非从业居民群体的生活保障情况，是衡量社会民生的重要指标，计算公式为养老金支出与人口比值。2015～2019 年，东北地区人均养老金支出与全国平均水平在总体上均呈上升趋势；东北地区持续高于全国平均水平；东北三省总体上呈上升趋势；就东北地区而言，辽宁省表现相对较好，黑龙江省次之，吉林省较差。总体而言，东北地区的人均养老金支出高于全国平均水平，且差距呈扩大趋势，具体如图 2-149 所示。

图 2-149 　 2015～2019 年人均养老金支出基本走势

注：①全国平均指 31 个省市区的平均水平；②全国范围内（可采集到的数据），人均养老金支出的最大值为 2019 年上海市的 11765.0，最小值为 2015 年西藏自治区的 706.5。

2015~2019 年，东北三省人均养老金支出在全国 31 个省市区连续 5 年数据集（共 155 个指标值）中相对位置分布情况如图 2-150 所示。可见，东北三省 5 年（共 15 个数据）人均养老金支出的百分比排位有 2 个处于 50% 以下，其余 13 个处于 50% 以上，其中有 9 个处于 75% 以上；此外，排位最大值的是 2019 年的辽宁省（94.1%），最小值的是 2015 年的吉林省（38.3%）。

图 2-150　2015~2019 年东北三省人均养老金支出百分比排位图

2015~2019 年，6 省份人均养老金支出由高到低依次为：辽宁、浙江、黑龙江、江苏、吉林、广东；东南三省与东北三省总体均呈上升趋势；东北地区水平相对较好的辽宁省高于东南三省相对较好的浙江省；人均养老金支出增幅最大的是广东省（33.21%），增幅最小的是辽宁省（17.26%），黑龙江省和吉林省的增幅分别为 18.51% 和 27.39%，具体如表 2-203 所示。

表 2-203　2015~2019 年 6 省区人均养老金支出的原始值及单年排序

年份	辽宁	吉林	黑龙江	江苏	浙江	广东	全国平均
	值/序	值/序	值/序	值/序	值/序	值/序	值
2015	4106.7/3	2306.4/10	3279.5/5	2580.5/7	3117.9/6	1495.4/21	2237.5
2016	4531.3/4	2571.3/14	3577.1/7	2888.3/10	4116.0/5	1669.0/23	2779.6
2017	5175.6/4	2921.4/16	4129.3/7	3496.5/10	4939.4/5	1852.1/27	3298.9
2018	6382.6/4	3603.4/13	4864.7/6	4568.0/7	5302.5/5	2337.9/25	3758.9
2019	6942.6/3	4833.5/9	5708.1/5	4569.8/10	5670.8/6	3482.0/16	4119.8
平均	5427.7/3.6	3247.2/12.4	4311.7/6	3620.6/8.8	4629.3/5.4	2167.3/22.4	3238.9

2015~2019 年，四个区域人均养老金支出由高到低依次为：东北、东部、西部、中部；四个区域人均养老金支出均呈上升趋势，且增幅较大，其中西部地区的增幅最大，为

27.23%；东北地区的增幅为20.10%，东部地区的增幅为17.06%，中部地区的增幅为22.19%，东北地区人均养老金支出与东部地区和中部地区差距不大，具体如表2-204所示。

表 2-204　2015~2019年四大经济区人均养老金支出的平均值及排序

年份	东北		东部		西部		中部	
	平均值	年排序	平均值	年排序	平均值	年排序	平均值	年排序
2015	3230.9	6.0	3105.5	11.7	1641.2	19.1	1487.0	22.0
2016	3559.9	8.3	3765.0	12.2	2312.9	17.3	1680.5	23.5
2017	4075.4	9.0	4253.2	13.5	2827.9	17.0	2261.8	21.7
2018	4950.2	7.7	4834.4	13.4	3052.9	18.0	2782.7	20.8
2019	5828.1	5.7	5224.5	12.8	3428.6	18.3	2806.9	22.0
平均	4328.9	7.3	4236.5	12.7	2652.7	17.9	2203.8	22.0

2015~2019年，七个区域人均养老金支出由高到低依次为：东北、华北、华东、西北、西南、华南、华中；除西南区域在2018年出现略微下降外，其他区域均呈现稳定上升趋势，其中西南地区增幅最大（28.32%），华东地区增幅最小（14.37%）；就七个区域而言，东北地区排名首位，与华北地区差距不大，与表现较弱的西南、华南、华中地区相比，优势显著，具体如表2-205所示。

表 2-205　2015~2019年七大地理区人均养老金支出的平均值及排序

年份	东北	华北	华东	华南	华中	西北	西南
	值/序	值/序	值/序	值/序	值/序	值/序	值/序
2015	3230.9/6.0	2867.2/10.2	3134.0/13.2	1496.3/22.3	1466.3/22.0	1887.7/16.0	1347.8/22.6
2016	3559.9/8.3	3714.0/11.0	3558.8/14.0	1878.7/20.3	1675.1/23.8	2688.2/14.4	1957.4/20.8
2017	4075.4/9.0	4050.6/11.0	4200.0/15.5	2148.2/23.3	2278.5/21.5	2995.3/15.0	2809.9/18.0
2018	4950.2/7.7	4974.9/10.2	4784.4/13.5	2620.0/22.0	2627.5/22.8	3263.1/15.4	2681.9/21.4
2019	5828.1/5.7	5301.2/9.8	4935.1/15.8	3003.8/21.0	2818.4/21.8	3890.9/15.2	2874.7/21.8
平均	4328.9/7.3	4181.6/10.4	4122.4/14.4	2229.4/21.8	2173.2/22.4	2945.0/15.2	2334.3/20.9

（4）社会公平

1）城乡居民收入比。城乡居民收入比反映一个地区城乡间的收入差距，是用来衡量地区社会民生问题的重要指标，计算公式为地区城市居民收入水平与农村居民收入水平之比。理论上，它是一项适度指标，指标值越趋近于1效果越佳，考虑到现阶段中国城乡差距较大，作逆指标处理。2015~2019年，全国城乡居民收入比的平均水平呈下降态势；东北地区城乡居民收入比与全国平均水平逐年差距变化不大，东北地区的相对优势基本保持稳定；辽宁省和黑龙江省总体呈下降趋势，吉林省呈上升态势；就东北三省而言，黑龙江省表现相对较好，吉林省次之，辽宁省较弱。总体而言，东北地区的城乡居民收入比低于全国平均水平，优势较明显，基本保持稳定，具体如图 2-151 所示。

图 2-151 2015~2019 年城乡居民收入比基本走势

注：①全国平均指 31 个省市区的平均水平；②全国范围内（可采集到的数据），城乡居民收入比的最大值为 2016 年甘肃省的 3.45，最小值为 2015 年天津市的 1.85。

2015~2019 年，东北三省城乡居民收入比在全国 31 个省市区连续 5 年数据集（共 155 个指标值）中相对位置分布情况如图 2-152 所示。可见，东北三省 5 年（共 15 个数据）城乡居民收入比的百分比排位位于 50% 以下的有 4 个，均属于辽宁省，吉林省和黑龙江省 5 年的排位均位于 75% 以上；此外，排位最大值的是 2019 年的黑龙江省（94.9%），最小值的是 2015 年的辽宁省（41.0%）。

图 2-152 2015~2019 年东北三省城乡居民收入比百分比排位图

2015~2019 年，6 省区城乡居民收入比由低到高依次为：浙江、黑龙江、吉林、江苏、辽宁、广东；东南三省和东北三省普遍呈下降态势，城乡居民收入差距缩小；总体来说，东南三省与东北三省的差距逐渐缩小；城乡居民收入比降幅最大的是黑龙江省（-1.31%），意味着黑龙江省的城乡居民收入差距正在缩小，辽宁省与吉林省的降幅分别为-1.07%、-0.43%，具体如表2-206所示。

表2-206 2015~2019年6省区城乡居民收入比的原始值及单年排序

年份	辽宁	吉林	黑龙江	江苏	浙江	广东	全国平均
	值/序	值/序	值/序	值/序	值/序	值/序	值
2015	2.6/17	2.2/4	2.2/3	2.3/7	2.1/2	2.6/19	2.6
2016	2.6/16	2.2/4	2.2/3	2.3/6	2.1/2	2.6/19	2.6
2017	2.6/16	2.2/4	2.2/3	2.3/6	2.1/2	2.6/19	2.6
2018	2.6/17	2.2/4	2.1/3	2.3/6	2.0/2	2.6/19	2.6
2019	2.5/16	2.2/4	2.1/3	2.3/6	2.0/2	2.6/20	2.5
平均	2.5/16.4	2.2/4.0	2.1/3.0	2.3/6.2	2.1/2.0	2.6/19.2	2.6

2015~2019年，四个区域城乡居民收入比由低到高依次为：东北、东部、中部、西部；东部、中部和西部地区城乡居民收入比呈稳定下行态势，城乡居民收入差距逐年缩小，其中西部地区下行幅度最大（-1.17%），东部地区下行幅度最小（-0.47%），其中东北地区下行幅度为-0.94%，这意味着东北地区的相对优势正逐渐缩小，具体如表2-207所示。

表2-207 2015~2019年四大经济区城乡居民收入比的平均值及排序

年份	东北		东部		西部		中部	
	平均值	年排序	平均值	年排序	平均值	年排序	平均值	年排序
2015	2.3	8.0	2.3	9.5	3.0	24.7	2.5	13.0
2016	2.3	7.7	2.3	9.6	2.9	24.8	2.5	13.2
2017	2.3	7.7	2.3	9.7	2.9	24.7	2.5	13.3
2018	2.3	8.0	2.3	9.7	2.9	24.6	2.4	13.3
2019	2.2	7.7	2.3	9.9	2.8	24.4	2.4	13.5
平均	2.3	7.8	2.3	9.7	2.9	24.6	2.5	13.3

2015~2019年，七个区域城乡居民收入比由低到高依次为：东北、华东、华中、华北、华南、西南、西北；东北与西北地区呈波动下降趋势，其他区域普遍呈稳定下行态势。就七个区域而言，东北地区的表现最好，但相对优势正逐渐缩小。具体如表2-208所示。

表2-208 2015~2019年七大地理区城乡居民收入比的平均值及排序

年份	东北	华北	华东	华南	华中	西北	西南
	值/序	值/序	值/序	值/序	值/序	值/序	值/序
2015	2.3/8.0	2.5/14.4	2.3/8.7	2.6/18.0	2.4/10.8	3.0/25.8	3.0/23.8

年份	东北	华北	华东	华南	华中	西北	西南
	值/序	值/序	值/序	值/序	值/序	值/序	值/序
2016	2.3/7.7	2.5/15.0	2.3/8.5	2.6/17.3	2.4/11.0	3.0/26.4	2.9/23.6
2017	2.3/7.7	2.5/15.2	2.3/8.5	2.6/17.3	2.4/11.0	3.0/26.6	2.9/23.4
2018	2.3/8.0	2.4/15.2	2.3/8.5	2.5/17.3	2.4/11.0	3.0/26.6	2.9/23.2
2019	2.2/7.7	2.4/15.0	2.3/8.3	2.5/17.0	2.4/11.5	2.9/26.8	2.8/23.4
平均	2.3/7.8	2.5/15.0	2.3/8.5	2.6/17.4	2.4/11.1	3.0/26.4	2.9/23.5

2）城乡每千人卫生技术人员比。城乡每千人卫生技术人员比反映一个地区城乡卫生技术人员数量的差距，是用来衡量地区社会民生问题的重要指标，计算公式为地区城市每千人卫生技术人员数量与农村每千人卫生技术人员数量之比。理论上，是一项适度指标，指标值越趋近于1，效果越佳，考虑到现阶段中国城乡差距较大，暂作逆指标处理。2015~2019 年，全国城乡每千人卫生技术人员比的平均水平总体呈下行态势，其中 2018 年降幅相对明显，东北地区呈缓慢波动上升趋势；东北地区的表现在 2015~2017 年优于全国平均水平，但相对优势呈逐年缩减的趋势，至 2018 年已低于全国平均水平；辽宁省总体呈上升趋势，2017 年升幅明显，但 2018 年出现回落，2019 年趋于稳定，吉林省整体呈上行态势，2016~2018 年表现不稳定，出现了大幅度的升降波动，黑龙江省呈缓慢上升态势；就东北三省而言，吉林省表现较好，黑龙江省次之，辽宁省较弱。总体而言，东北地区的城乡每千人卫生技术人员比整体优于全国平均水平，但优势在逐渐缩减，至 2018 年已低于全国平均水平，具体如图 2-153 所示。

图 2-153　2015~2019 年城乡每千人卫生技术人员比基本走势

注：①全国平均指 31 个省市区的平均水平；②全国范围内（可采集到的数据），城乡每千人卫生技术人员比的最大值为 2016 年青海省的 5.4087，最小值为 2016 年天津市的 1.0855。

2015~2019 年，东北三省城乡每千人卫生技术人员比在全国 31 个省市区连续 5 年数据集（共 155 个指标值）中相对位置分布情况如图 2-154 所示。可见，东北三省 5 年（共 15 个数据）城乡每千人卫生技术人员比的百分比排位处于 50% 以下的有 9 个，其中位于 25% 以下有 2 个；此外，排位最大值的是 2017 年的吉林省（95.3%），最小值的是 2017 年的辽宁省（5.5%）。

图 2-154　2015~2019 年东北三省城乡每千人卫生技术人员比百分比排位图

2015~2019 年，6 省区城乡每千人卫生技术人员比由低到高依次为：浙江、江苏、吉林、黑龙江、辽宁、广东；东南三省均呈下降趋势；东北三省中表现相对较好的吉林省劣于东南三省表现相对较好的浙江省；城乡每千人卫生技术人员比增幅最大的是吉林省（1.01%），降幅最大的是江苏省（-6.96%），辽宁省与黑龙江省的增幅分别为 0.13%、0.10%，这意味着东北三省的城乡卫生技术人员数量的差距正在缩小，具体如表 2-209 所示。

表 2-209　2015~2019 年 6 省区城乡每千人卫生技术人员比的原始值及单年排序

年份	辽宁	吉林	黑龙江	江苏	浙江	广东	全国平均
	值/序	值/序	值/序	值/序	值/序	值/序	值
2015	2.71/19	2.07/6	2.38/14	2.33/12	2.07/5	3.32/28	2.65
2016	2.95/21	2.08/8	2.33/14	2.08/7	1.81/3	3.19/24	2.64
2017	3.38/28	1.65/2	2.45/17	2.03/6	1.90/4	2.91/20	2.63
2018	2.74/25	2.16/11	2.46/19	1.78/4	1.76/3	2.72/24	2.33
2019	2.73/25	2.15/13	2.39/18	1.68/4	1.67/3	2.60/24	2.26
平均	2.90/23.6	2.02/8	2.40/16.4	1.98/6.6	1.84/3.6	2.95/24	2.50

2015~2019 年，四个区域城乡每千人卫生技术人员比由低到高依次为：东部、东北、西部、中部；东北地区呈上升趋势，增幅为 0.37%，城乡卫生技术人员数量的差距有所扩大，中部、东部、西部地区呈波动下降态势，降幅分别为 -1.79%，-2.14% 和 -6.74%，城乡卫生技术人员数量的差距逐年缩小；东北地区城乡每千人卫生技术人员比表现低于东

部地区，具体如表 2-210 所示。

表 2-210　2015～2019 年四大经济区城乡每千人卫生技术人员比的平均值及排序

年份	东北		东部		西部		中部	
	平均值	年排序	平均值	年排序	平均值	年排序	平均值	年排序
2015	2.39	13.0	2.38	12.5	2.88	18.1	2.78	19.2
2016	2.45	14.3	2.27	12.0	2.89	16.8	2.81	18.7
2017	2.49	15.7	2.25	11.9	2.83	16.6	2.84	18.7
2018	2.45	18.3	2.14	11.8	2.26	14.7	2.68	21.3
2019	2.42	18.7	2.17	12.4	2.11	12.3	2.58	19.2
平均	2.44	16.0	2.25	12.1	2.59	15.7	2.74	19.4

2015～2019 年，七个区域城乡每千人卫生技术人员比由低到高依次为：华东、华北、东北、西北、西南、华中、华南；除东北、华北地区增长以外，其余各地区均呈不同程度的下行趋势，其中西北地区下降最快，降幅为-7.80%；就七个区域而言，东北地区处于中上水平，与最优的华东地区相比，劣势较大，具体如表 2-211 所示。

表 2-211　2015～2019 年七大地理区城乡每千人卫生技术人员比的平均值及排序

年份	东北	华北	华东	华南	华中	西北	西南
	值/序	值/序	值/序	值/序	值/序	值/序	值/序
2015	2.39/13.0	2.48/14.0	2.14/9.0	2.96/23.0	2.81/19.8	3.00/17.2	2.93/19.8
2016	2.45/14.3	2.41/15.3	2.08/8.5	2.90/20.7	2.84/19.0	2.92/15.8	3.04/18.6
2017	2.49/15.7	2.33/14.5	2.11/8.8	2.86/20.7	2.90/20.0	2.86/15.0	2.96/18.0
2018	2.45/18.3	2.26/14.8	2.04/9.7	2.75/22.0	2.65/21.3	2.29/14.8	2.18/13.6
2019	2.42/18.7	2.50/18.7	1.99/9.4	2.66/21.7	2.49/17.8	2.06/10.4	2.04/11.8
平均	2.44/16.0	2.39/15.2	2.08/9.1	2.83/21.6	2.74/19.6	2.62/14.6	2.63/16.4

3）城乡中小学人均教师资源比。城乡中小学人均教师资源比反映一个地区城乡中小学教师资源的差距，是用来衡量地区社会民生问题的重要指标，计算公式为城镇中小学人均拥有的教师数量与农村中小学人均拥有的教师数量之比。理论上是一项适度指标，指标值越趋近于 1，效果越佳，考虑到现阶段中国城乡差距较大，暂作逆指标处理。2015～2019 年，全国城乡中小学人均教师资源比的平均水平呈上升趋势，东北地区亦呈上升趋势，城乡中小学教师资源的差距逐渐增大；就东北三省而言，吉林省较好，辽宁省次之，黑龙江省较差。总体而言，2015～2017 年东北地区的城乡中小学人均教师资源比低于全国平均水平，且差距逐渐缩小，在 2018 年超过全国平均水平，具体如图 2-155 所示。

2015～2019 年，东北三省城乡中小学人均教师资源比在全国 31 个省市区连续 5 年数据集（共 155 个指标值）中相对位置分布情况如图 2-156 所示。可见，东北三省 5 年（共

15 个数据）城乡中小学人均教师资源比的百分比排位处于 50% 以下的有 10 个；此外，排位最大值的是 2015 年的吉林省（74.7%），最小值的是 2019 年的黑龙江省（14.3%）。

图 2-155　2015～2019 年城乡中小学人均教师资源比基本走势

注：①全国平均指 31 省市区的平均水平；②全国范围内（可采集到的数据），城乡中小学人均教师资源比的最大值为 2019 年江苏省的 4.6043，最小值为 2018 年新疆维吾尔自治区的 1.1314。

图 2-156　2015～2019 年东北三省城乡中小学人均教师资源比百分比排位图

2015～2019 年，6 省区城乡中小学人均教师资源比由低到高依次为：吉林、广东、辽宁、黑龙江、浙江、江苏；东南三省中广东省呈上升趋势，江苏省 2015～2016 年呈下降趋势，2017～2019 年呈波动上升趋势，浙江省呈波动下降趋势；东北三省均呈上升趋势，城乡中小学人均教师资源的差距逐年增大；东南三省较弱的广东省优于东北三省最弱的吉林省；城乡中小学人均教师资源比降幅最大的是浙江省（-1.36%），增幅最大的是黑龙江省（14.03%），辽宁省和吉林省增幅分别为 5.16%、3.12%，具体如表 2-212 所示。

2015～2019 年，四个区域城乡中小学人均教师资源比由低到高依次为：中部、东北、西部、东部；四个区域均呈上升趋势，城乡中小学教师资源的差距逐年增大，东北地区增幅最大（7.66%）；东北地区城乡中小学人均教师资源比与中部地区差距较大，具体如表

2-213 所示。

表 2-212　2015~2019 年 6 省区城乡中小学人均教师资源比的原始值及单年排序

年份	辽宁	吉林	黑龙江	江苏	浙江	广东	全国平均
	值/序	值/序	值/序	值/序	值/序	值/序	值
2015	2.04/18	1.76/11	2.05/20	4.41/31	3.16/26	2.00/16	2.19
2016	2.10/18	1.83/12	2.30/20	4.30/31	3.29/28	2.02/17	2.21
2017	2.20/17	1.85/13	2.69/24	4.44/31	3.06/26	2.02/16	2.31
2018	2.30/18	1.91/13	2.94/26	4.42/30	3.09/27	2.05/17	2.34
2019	2.46/20	1.98/14	3.21/27	4.60/31	2.99/26	2.10/15	2.36
平均	2.22/18.2	1.87/12.6	2.64/23.4	4.43/30.8	3.12/26.6	2.04/16.2	2.28

表 2-213　2015~2019 年四大经济区城乡中小学人均教师资源比的平均值及排序

年份	东北		东部		西部		中部	
	平均值	年排序	平均值	年排序	平均值	年排序	平均值	年排序
2015	1.95	16.3	2.40	17.0	2.24	16.6	1.86	13.0
2016	2.08	16.7	2.38	16.9	2.26	16.6	1.91	13.0
2017	2.25	18.0	2.50	16.5	2.33	16.4	1.98	13.3
2018	2.38	19.0	2.50	16.3	2.35	16.3	2.03	13.3
2019	2.55	20.3	2.45	15.9	2.36	16.2	2.10	13.7
平均	2.24	18.1	2.45	16.5	2.31	16.4	1.98	13.3

2015~2019 年，七个区域城乡中小学人均教师资源比由低到高依次为：华北、华中/西北、华南、东北、西南、华东；东北、华北、华东、华中和西北地区整体呈上升趋势，华南地区呈波动下降趋势，西南地区呈波动上升趋势；就七个区域而言，东北地区排名居中，增幅最大（7.66%），与最优的华北地区相比，差距较大，具体如表 2-214 所示。

表 2-214　2015~2019 年七大地理区城乡中小学人均教师资源比的平均值及排序

年份	东北	华北	华东	华南	华中	西北	西南
	值/序	值/序	值/序	值/序	值/序	值/序	值/序
2015	1.95/16.3	1.94/11.2	2.78/20.3	2.13/17.7	1.89/14.3	1.96/12.0	2.39/19.8
2016	2.08/16.7	1.96/11.2	2.77/20.7	2.16/17.7	1.96/14.3	1.98/12.0	2.36/19.2
2017	2.25/18.0	1.97/10.8	2.98/20.8	2.15/17.0	2.04/14.3	2.03/11.0	2.46/20.0
2018	2.38/19.0	2.00/10.8	3.05/21.5	2.00/15.7	2.09/14.3	2.06/11.0	2.47/19.4
2019	2.55/20.3	2.06/11.4	2.96/21.5	2.06/14.7	2.13/13.8	2.07/10.8	2.45/19.2
平均	2.24/18.1	1.98/11.1	2.91/21.0	2.10/16.5	2.02/14.2	2.02/11.4	2.43/19.5

（5）生态环境

1）人均公园绿地面积（单位：平方米/人）。人均公园绿地面积指城市中每个居民享有的公园绿地面积，是衡量生态环境水平的重要指标。2015~2019 年，全国人均公园绿地面积的平均水平呈平稳上升趋势，东北呈波动上升趋势，但低于全国平均水平；辽宁省在2017 年升幅明显，吉林省在 2015~2016 年呈稳定上升趋势，但 2016~2019 年呈波动下降趋势，黑龙江省 2015~2017 年呈缓慢下降趋势，2017~2019 年呈缓慢上升趋势；就东北三省而言，吉林省表现较好，黑龙江省次之，辽宁省较差。总体而言，东北地区人均公园绿地面积整体低于全国平均水平，差距呈先扩大后缩小再扩大的趋势，具体如图 2-157 所示。

图 2-157　2015~2019 年人均公园绿地面积基本走势

注：①全国平均指 31 个省市区的平均水平；②全国范围内（可采集到的数据），人均公园绿地面积的最大值为2019 年宁夏回族自治区的 21.05，最小值为 2017 年西藏自治区的 5.85。

　　2015~2019 年，东北三省人均公园绿地面积在全国 31 个省市区连续 5 年数据集（共 155个指标值）中相对位置分布情况如图 2-158 所示。可见，东北三省 5 年（共 15 个数据）人均公园绿地面积的百分比排位处于 50%以下的有 13 个；此外，排位最大值的是 2018 年的吉林省（55.8%），最小值的是 2016 年的辽宁省（18.1%），具体如图 2-158 所示。

图 2-158　2015~2019 年东北三省人均公园绿地面积百分比排位图

2015~2019 年，6 省区人均公园绿地面积由高到低依次：广东、江苏、浙江、吉林、黑龙江、辽宁；东南三省均呈波动上升趋势；东北三省整体呈波动上升趋势；人均公园绿地面积增幅最大的是浙江省（1.59%），增幅最小的是吉林省（0.06%），辽宁省的增幅为 0.98%，黑龙江省的增幅为 0.94%，具体如表 2-215 所示。

表 2-215 2015~2019 年 6 省人均公园绿地面积的原始值及单年排序

年份	辽宁	吉林	黑龙江	江苏	浙江	广东	全国平均
	值/序	值/序	值/序	值/序	值/序	值/序	值
2015	11.52/23	12.51/16	11.98/18	14.55/7	13.19/11	17.40/3	12.98
2016	11.33/23	13.37/13	11.91/20	14.79/8	13.17/14	17.87/4	13.19
2017	12.07/21	11.37/26	11.78/24	14.95/8	13.32/15	18.24/3	13.48
2018	12.04/22	13.45/16	12.35/20	14.66/10	13.73/14	18.34/3	13.60
2019	11.97/22	12.54/20	12.43/21	14.98/9	14.03/15	18.13/3	13.87
平均	11.79/22.2	12.65/18.2	12.09/20.6	14.79/8.4	13.49/13.8	18.00/3.2	13.42

2015~2019 年，四个区域人均公园绿地面积由高到低依次：东部、西部、中部、东北；东部和东北地区呈波动上升趋势，西部和中部地区呈平稳上升趋势，中部地区的增幅最大，东部地区的增幅最小；东北地区人均公园绿地面积与最优的东部地区差距较大，具体如表 2-216 所示。

表 2-216 2015~2019 年四大经济区人均公园绿地面积的平均值及排序

年份	东北		东部		西部		中部	
	平均值	年排序	平均值	年排序	平均值	年排序	平均值	年排序
2015	12.00	19.0	13.64	12.4	13.32	16.0	11.68	20.5
2016	12.20	18.7	13.76	13.6	13.55	14.9	12.01	20.7
2017	11.74	23.7	14.37	12.3	13.78	14.8	12.30	20.8
2018	12.61	19.3	13.76	14.9	14.11	15.0	12.80	18.0
2019	12.31	21.0	13.89	14.7	14.56	14.8	13.22	18.0
平均	12.17	20.3	13.88	13.6	13.86	15.1	12.40	19.6

2015~2019 年，七个区域人均公园绿地面积由高到低依次：华北、华南、西北、华东、西南、东北、华中；华东、华中和西北地区呈平稳上升趋势，其他四个区域均呈波动上升趋势，华中地区增幅最大，华北地区的增幅最小；就七个区域而言，东北地区排名靠后，与表现最优的华北地区相比，差距较大，具体如表 2-217 所示。

2）PM2.5 平均浓度（单位：μg/m³）。PM2.5 平均浓度反映一个地区的空气质量，是衡量地区生态环境的重要指标，该指标为逆向指标。2015~2019 年，全国 PM2.5 平均浓度的平均水平呈波动下降趋势，东北地区亦呈波动下降趋势，东北地区与全国平均水平基本持平；就东北三省而言，普遍呈波动下降态势，黑龙江省表现最好，吉林省次之，辽宁省较差；总体而言，东北地区的 PM2.5 平均浓度与全国平均水平基本相当，在 2016 年和 2018 年东北地区低于全国平均水平，具体如图 2-159 所示。

表 2-217　2015~2019 年七大地理区人均公园绿地面积的平均值及排序

年份	东北	华北	华东	华南	华中	西北	西南
	值/序	值/序	值/序	值/序	值/序	值/序	值/序
2015	12.00/19	14.24/13	13.18/12.5	13.99/12.7	11.28/23	12.98/17	12.82/16.8
2016	12.20/18.7	14.51/12.8	13.47/13.7	13.89/15	11.54/23	13.51/15	12.70/16.2
2017	11.74/23.7	15.30/10.6	13.79/13.8	14.27/14	11.87/22.5	14.22/14.2	12.43/17.2
2018	12.61/19.3	14.14/14.2	13.97/13	13.87/16	12.46/19.8	14.31/15.6	13.24/16.6
2019	12.31/21	14.25/14	14.19/13	14.07/16.3	12.97/19.5	14.75/15.2	13.74/16.2
平均	12.17/20.3	14.49/12.9	13.72/13.2	14.02/14.8	12.02/21.6	13.95/15.4	12.98/16.6

图 2-159　2015~2019 年 PM2.5 平均浓度基本走势

注：①全国平均指 31 个省市区的平均水平；②全国范围内（可采集到的数据），PM2.5 平均浓度的最大值为 2015 年河北省的 84，最小值为 2019 年西藏自治区的 12。

　　2015~2019 年，东北三省 PM2.5 平均浓度在全国 31 个省市区连续 5 年数据集（共 155 个指标值）中相对位置分布情况如图 2-160 所示。可见，东北三省 5 年（共 15 个数据）PM2.5 平均浓度的百分比排位位于 50% 以下数量有 5 个，其中有 2 个位于 25% 以下；此外，排位最大值的是 2018 年的黑龙江省（81.9%），最小值的是 2015 年的吉林省（10.4%），具体如图 2-160 所示。

　　2015~2019 年，6 省份 PM2.5 平均浓度由低到高依次为：广东、浙江、黑龙江、吉林、辽宁、江苏；东南三省整体呈下降趋势，且优于东北地区；东北地区空气质量较好的黑龙江省与东南三省较好的广东省差距明显；PM2.5 平均浓度降幅最大的是吉林省（-9.80%），最小的是广东省（-1.92%），辽宁省和黑龙江省的降幅分别为-7.13% 和 -4.81%。具体如表 2-218 所示。

图 2-160 2015~2019 年东北三省 PM2.5 平均浓度百分比排位图

表 2-218 2015~2019 年 6 省区 PM2.5 平均浓度的原始值及单年排序

年份	辽宁	吉林	黑龙江	江苏	浙江	广东	全国平均
	值/序	值/序	值/序	值/序	值/序	值/序	值
2015	60.17/23	62.50/25	52.00/15	58.56/22	51.00/14	32.50/5	53.10
2016	48.83/15	44.00/12	41.67/8	50.33/17	43.40/11	29.67/5	49.46
2017	44.50/14	49.00/19	44.00/13	48.11/18	41.40/12	31.50/5	45.31
2018	39.17/16	35.00/9	32.33/7	47.89/23	36.20/13	29.67/5	40.61
2019	43.00/20	38.00/14	42.00/18	40.00/17	38.00/14	30.00/6	39.48
平均	47.13/17.6	45.70/15.8	42.40/12.2	48.98/19.4	42.00/12.8	30.67/5.2	45.59

2015~2019 年，四个区域 PM2.5 平均浓度由低到高依次为：西部、东北、东部、中部；四个区域中，东北和西部地区呈波动下降趋势，东部和中部地区普遍呈下降趋势，降幅明显；东北地区 PM2.5 平均浓度与表现较好的西部地区存在一定的差距，具体如表 2-219 所示。

表 2-219 2015~2019 年四大经济区 PM2.5 平均浓度的平均值及排序

年份	东北		东部		西部		中部	
	平均值	年排序	平均值	年排序	平均值	年排序	平均值	年排序
2015	58.22	21.0	55.34	17.6	45.39	10.8	62.23	20.8
2016	44.83	11.7	50.16	16.3	45.62	13.7	58.26	22.0
2017	45.83	15.3	45.47	15.9	40.32	12.6	54.78	23.0
2018	35.50	10.7	40.57	16.4	37.41	13.1	49.65	23.3
2019	41.00	17.3	39.50	15.4	35.08	12.2	47.50	22.8
平均	45.08	15.2	46.21	16.3	40.76	12.5	54.49	22.4

2015～2019 年，七个区域 PM2.5 平均浓度由低到高依次为：华南、西南、华东、东北、西北、华中、华北；东北地区和西北地区呈波动下降趋势，其他五个区域均呈平缓下降趋势，降幅明显，空气质量有明显改善；东北地区处于中下水平，与最优的华南地区相比，差距明显，具体如表 2-220 所示。

表 2-220　2015～2019 年七大地理区 PM2.5 平均浓度的平均值及排序

年份	东北	华北	华东	华南	华中	西北	西南
	值/序	值/序	值/序	值/序	值/序	值/序	值/序
2015	58.22/21.0	67.13/22.6	54.26/18.0	32.42/4.3	63.93/20.8	49.90/12.8	41.55/10.0
2016	44.83/11.7	64.85/24.2	47.20/15.0	29.81/4.0	58.70/21.5	52.13/18.4	41.28/11.6
2017	45.83/15.3	58.75/24.6	43.60/15.0	29.83/5.0	54.21/22.3	46.07/16.8	35.04/9.4
2018	35.50/10.7	50.92/24.4	40.26/16.2	27.56/5.0	48.70/22.3	42.87/18.0	32.91/9.8
2019	41.00/17.3	49.80/23.2	39.33/15.5	25.67/4.7	46.25/21.8	41.60/16.6	29.20/8.8
平均	45.08/15.2	58.29/23.8	44.93/15.9	29.06/4.6	54.36/21.7	46.51/16.5	36.00/9.9

　　3）空气质量达到及好于二级的天数（单位：天）。空气质量达到及好于二级的天数是指一个地区空气质量达到国家空气质量优良标准的天数，反映地区的空气质量，是衡量该地区生态环境的重要指标。2015～2019 年，全国空气质量达到及好于二级天数的平均水平呈平稳上升趋势（2017 年和 2019 年略有下降），东北地区呈现波动上升趋势；东北三省均呈波动上升趋势，在 2017 年和 2019 年略有下降，黑龙江省空气质量达到及好于二级的天数整体高于全国水平，并优于其他两省。2019 年黑龙江省下降明显，与吉林省近乎持平。总体而言，东北地区 2016～2019 年的空气质量达到及好于二级的天数略高于全国平均水平，具体如图 2-161 所示。

图 2-161　2015～2019 年空气质量达到及好于二级的天数基本走势

　　注：①全国平均指 31 个省市区的平均水平；②全国范围内，空气质量达到及好于二级的天数的最大值为 2019 年西藏自治区的 364，最小值为 2015 年山东省的 173.11。

2015~2019年，东北三省空气质量达到及好于二级的天数在全国31个省市区连续5年数据集（共155个指标值）中相对位置分布情况如图2-162所示。可见，东北三省5年（共15个数据）空气质量达到及好于二级的天数百分比排位位于50%以下数量有5个；此外，排位最大值的是2018年的黑龙江省（81.1%），最小值的是2015年的吉林省（22.0%）。

图2-162 2015~2019年东北三省空气质量达到及好于二级的天数百分比排位图

2015~2019年，6省区空气质量达到及好于二级的天数由高到低依次为：广东、黑龙江、浙江、吉林、辽宁、江苏；东北三省整体呈波动上升趋势，东南三省中，广东省呈下降趋势，浙江省和江苏省呈波动上升趋势；东北三省中空气质量较优的黑龙江省与东南三省中较优的广东省有一定差距；空气质量达到及好于二级的天数上升幅度最大的是吉林省（7.21%），降幅最大的是广东省（-2.83%），黑龙江省和辽宁省的增幅分别为3.08%和3.65%，具体如表2-221所示。

表2-221 2015~2019年6省区空气质量达到及好于二级的天数的原始值及单年排序

年份	辽宁	吉林	黑龙江	江苏	浙江	广东	全国平均
	值/序	值/序	值/序	值/序	值/序	值/序	值
2015	247.83/22	237.50/24	270.67/14	237.22/25	268.40/16	330.33/5	266.75
2016	280.67/16	290.50/10	314.67/7	255.11/22	287.80/13	344.00/5	277.83
2017	277.83/15	267.50/20	306.33/8	245.78/22	287.20/11	327.50/6	274.74
2018	297.17/11	313.00/9	330.00/7	248.56/24	295.80/12	327.83/8	282.09
2019	284.00/19	306.00/12	304.00/13	255.00/23	287.00/17	293.00/15	284.23
平均	277.50/16.6	282.90/15.0	305.13/9.8	248.33/23.2	285.24/13.8	324.53/7.8	277.13

2015~2019年，四个区域空气质量达到及好于二级的天数由高到低依次为：西部、东北、东部、中部；其中，西部地区呈上升趋势，东部和东北地区呈波动上升趋势，

中部地区呈波动下降趋势，东北地区上升幅度最大（4.56%），中部地区下降幅度最大（-0.16%）；东北地区空气质量处于中上水平，达到及好于二级的天数与西部地区相比差距较小，具体如表 2-222 所示。

表 2-222　2015～2019 年四大经济区空气质量达到及好于二级的天数的平均值及排序

年份	东北		东部		西部		中部	
	平均值	年排序	平均值	年排序	平均值	年排序	平均值	年排序
2015	252.00	20.0	253.91	18.5	290.72	11.1	247.60	19.7
2016	295.28	11.0	272.41	17.3	289.73	13.8	254.31	20.5
2017	283.89	14.3	268.56	17.2	293.90	12.7	242.16	21.2
2018	313.39	9.0	272.37	17.5	298.50	13.7	249.83	21.3
2019	298.00	14.7	266.10	18.6	315.00	10.8	246.00	22.3
平均	288.51	13.8	266.67	17.8	297.57	12.4	247.98	21.0

2015～2019 年，七个区域空气质量达到及好于二级的天数由高到低依次为：华南、西南、东北、华东、西北、华中、华北；其中，西南地区呈上升趋势，东北、华东、华中、西北地区普遍呈波动上升趋势，华北、华南地区呈波动下降趋势；东北地区增幅最大（4.56%），华南地区下降幅度最大（-0.38%），东北地区空气质量处于中上水平，但与表现最优的华南地区相比差距明显，具体如表 2-223 所示。

表 2-223　2015～2019 年七大地理区空气质量达到及好于二级的天数的平均值及排序

年份	东北	华北	华东	华南	华中	西北	西南
	值/序	值/序	值/序	值/序	值/序	值/序	值/序
2015	252.00/20.0	221.67/23.2	257.96/18.8	332.03/4.3	240.65/19.8	268.97/15.6	310.73/7.4
2016	295.28/11.0	230.79/24.6	278.15/16.8	345.00/4.0	252.36/20.0	257.77/20.2	314.13/9.0
2017	283.89/14.3	220.39/25.2	270.51/17.2	333.92/5.3	254.35/18.5	260.97/17.8	323.28/8.6
2018	313.39/9.0	223.67/26.0	277.26/17.0	338.69/6.0	261.81/19.0	260.73/20.8	331.15/7.4
2019	298.00/14.7	225.00/25.4	275.00/17.2	327.00/9.0	254.75/21.0	293.60/14.6	334.80/7.0
平均	288.51/13.8	224.30/24.9	271.78/17.4	335.33/5.7	252.78/19.7	268.41/17.8	322.82/7.9

4. 主要结论

首先，总体而言，东北地区的社会民生整体低于全国平均水平，且差距相对较大。在反映社会民生发展水平的 5 个方面（居民收入、居民消费、社会保障、社会公平、生态环境），东北三省在"居民收入""居民消费""社会保障"的发展水平较东南三省差距明显，其中以"社会保障"的差距最大，这是东北地区社会民生方面最显著的问题。

其次，动态来看，2015～2019 年，东北地区的指数得分提升相对较慢，意味着绝对能力的提升幅度较小，同时，东北地区的社会民生方面的相对排名呈下降趋势，意味着相对于全国的比较优势在进一步减弱。

再次，分省来看，辽宁省社会民生水平较高，"社会公平"方面吉林省优于黑龙江省，其他方面两省相差不大。在全国各省相对排名的竞争中，东北三省排名均下降，其中，黑龙江省排名下降最大（从 2015 年的第 14 名下降到 2019 年的第 29 名）。东北三省在社会民生各分项指数上呈现不均衡发展，其中辽宁省的"居民收入"和"居民消费"较高，但"社会保障""社会公平""生态环境"较为薄弱，吉林省的"社会公平"最好，但"居民消费""社会保障""生态环境"相对较弱，黑龙江省的"居民收入"和"生态环境"较好，但"社会保障"和"社会公平"较薄弱。

最后，单项指标方面，东北地区在"居民人均存款额""空气质量达到及好于二级的天数""PM2.5 平均浓度""城乡中小学人均教师资源比""城乡居民收入比""人均养老金支出""城乡每千人卫生技术人员比"的发展优于全国平均水平；而"人均社会消费品零售额""城乡居民收入水平""城乡居民消费水平""城镇职工基本养老保险抚养比""人均公园绿地面积"相对较落后，相比全国平均水平不仅差距较大，且呈现进一步扩大趋势。

（七）东北地区地市级振兴进程评价

1. 各地市振兴指数总体分析

东北三省 34 个地级市[①]的综合测度涵盖了政府治理、企态优化、区域开放、产业发展、社会民生和创新创业 6 个方面，共 30 项关键指标[②]。汇集了东北三省 2015~2019 年 6 个方面的指标信息，得到连续 5 年振兴指数得分。表 2-224 给出了 2015~2019 年东北三省 34 个地级市的振兴指数得分及各年的排序变化情况。基于此，将指数信息按空间分类、时间排列、优劣序化等方式整理后，形成多年指数得分的可视化集成图（见图 2-163~图 2-165），综合所有信息，给出如下分析。

表 2-224　2015~2019 东北三省 34 个地级市振兴指数得分及年排序

地级市	所属省	2015 年		2016 年		2017 年		2018 年		2019 年		得分变动	名次变动
		值	序	值	序	值	序	值	序	值	序		
大连	辽宁	72.5	1	74.6	1	83.2	1	66.7	1	75.6	1	3.2	0

① 黑龙江省的大兴安岭和吉林省的延边两个地区统计数据缺失较多，故暂未列入评价。

② 地市级指标体系尽量保持了与省级的一致性，并在上期报告的基础上进行了优化，囿于数据的可获得性及完备性，地市级层面的指标体系相对于省级仍有缩减，仅保留了 30 项指标，在 6 个分项中的分布基本均衡。

地级市	所属省	2015 年		2016 年		2017 年		2018 年		2019 年		得分变动	名次变动
		值	序	值	序	值	序	值	序	值	序		
沈阳	辽宁	71.1	2	72.3	2	76.7	2	64.2	3	68.0	2	-3.1	0
长春	吉林	66.3	3	68.2	3	66.8	3	66.5	2	65.1	3	-1.2	0
哈尔滨	黑龙江	61.4	4	64.2	4	65.5	4	52.2	18	61.3	4	-0.1	0
营口	辽宁	55.9	7	53.1	9	61.3	7	58.9	7	59.4	5	3.4	2
本溪	辽宁	55.1	8	56.7	6	57.8	10	48.8	24	56.4	6	1.3	2
齐齐哈尔	黑龙江	45.9	21	39.8	27	39.1	31	62.5	4	55.1	7	9.2	14
鞍山	辽宁	56.8	6	53.3	8	63.0	5	59.6	6	54.9	8	-1.9	-2
吉林	吉林	54.8	10	59.1	5	58.3	9	55.8	13	54.2	9	-0.6	1
大庆	黑龙江	50.3	14	52.0	11	51.3	19	58.2	9	53.9	10	3.6	4
四平	吉林	49.6	15	51.6	12	51.0	20	54.4	16	53.0	11	3.4	4
牡丹江	黑龙江	44.7	24	44.0	22	53.3	15	55.2	14	52.6	12	8.0	12
辽阳	辽宁	55.0	9	51.3	14	59.3	8	61.5	5	52.3	13	-2.7	-4
通化	吉林	50.8	13	49.8	16	57.1	11	51.0	20	51.8	14	1.0	-1
锦州	辽宁	58.1	5	56.0	7	62.8	6	49.2	23	50.4	15	-7.7	-10
铁岭	辽宁	45.4	23	43.8	24	50.1	22	55.0	15	49.5	16	4.0	7
辽源	吉林	47.8	17	49.3	17	52.8	17	55.8	12	49.0	17	1.3	0
丹东	辽宁	51.6	11	50.4	15	53.8	13	40.5	31	48.7	18	-3.0	-7
抚顺	辽宁	51.1	12	52.4	10	53.6	14	56.6	10	47.6	19	-3.4	-7
白城	吉林	41.0	26	40.4	26	47.2	25	56.3	11	47.4	20	6.4	6
盘锦	辽宁	46.5	19	46.0	19	48.5	24	51.8	19	47.3	21	0.8	-2
阜新	辽宁	47.6	18	51.6	13	56.9	12	46.7	26	46.9	22	-0.7	-4
佳木斯	黑龙江	47.9	16	47.4	18	51.6	18	50.2	21	46.7	23	-1.2	-7
伊春	黑龙江	30.3	34	31.9	32	38.3	32	58.3	8	46.3	24	16.0	10
松原	吉林	45.7	22	45.0	21	45.3	26	47.9	25	45.5	25	-0.2	-3
白山	吉林	40.7	27	40.8	25	42.5	28	40.6	30	44.9	26	4.3	1
葫芦岛	辽宁	46.3	20	45.7	20	48.6	23	44.9	28	44.1	27	-2.2	-7
鸡西	黑龙江	37.7	30	36.5	31	40.5	29	49.8	22	44.1	28	6.3	2
朝阳	辽宁	42.3	25	43.9	23	53.0	16	46.3	27	43.3	29	0.9	-4
绥化	黑龙江	35.1	31	36.5	30	40.2	30	53.1	17	41.9	30	6.8	1
黑河	黑龙江	38.1	29	36.6	29	50.7	21	39.2	33	37.4	31	-0.7	-2
双鸭山	黑龙江	40.5	28	39.0	28	42.9	27	44.6	29	36.4	32	-4.0	-4
鹤岗	黑龙江	34.0	32	31.2	33	34.1	34	34.4	34	34.7	33	0.7	-1
七台河	黑龙江	33.1	33	28.9	34	34.3	33	40.5	32	31.0	34	-2.1	-1

注：①得分变动为 2019 年与 2015 年的差值，正值表示成长，负值表示衰退；②名次变动为 2015 年与 2019 年的差值，正值为名次提升，负值为名次后退。

(1) 东北三省 34 个地级市之间的发展水平存在较大差异，大部分地级市的发展水平均有待进一步提升

比较 2019 年各省指数得分最高城市和最低城市之间的差异，如黑龙江省哈尔滨市和七台河市相差 30.3 分、吉林省长春市和白山市相差 20.2 分、辽宁省大连市和朝阳市相差 32.3 分，可以看出 34 个地级市的发展水平在省内及省际之间的差异明显。此外，东北三省 34 个地级市中，最高指数得分超过 50 分有 15 个城市（占比 44.1%），且只有大连 1 个地级市的最高指数得分超过 70 分，有 9 个城市的指数得分低于 45 分（占比 26.5%），说明东北三省地级市的发展水平有待进一步提升。具体而言，黑龙江省最高指数得分超 50 分的有哈尔滨、齐齐哈尔、大庆、牡丹江 4 个城市，占比 33.3%；吉林省有长春、吉林、四平、通化 4 个城市，占比 50%；辽宁省有大连、沈阳、营口、本溪、鞍山、辽阳、锦州 7 个城市，占比 50%。东北三省振兴指数得分最高的城市分别为 2017 年的大连市（83.2 分）、2016 年的长春市（68.2 分）和 2017 年的哈尔滨市（65.5 分）。

(2) 黑龙江省和吉林省地级市总体呈现向上的发展态势，辽宁省部分地级市存在较高的停滞甚至后退风险

东北三省 34 个地级市 2019 年的连续排名较 2015 年有所提升的城市有 18 个，占比 52.9%，表明各地级市总体上有着较好的发展态势，其中，辽宁省表现较弱，仅有 6 个城市（本溪、朝阳、大连、盘锦、铁岭、营口，占比 42.8%）呈上升趋势，其他 8 个城市均呈下降趋势，且有 3 个地级市（丹东、抚顺、锦州）2019 年较 2015 年的连续排名下滑超过 20 名，存在较高的停滞甚至后退的风险，吉林省除长春、吉林、松原外的 5 个地级市均呈现上升趋势，黑龙江省有 7 个城市呈现上升态势，占比 58.3%，且有 6 个城市在 2015～2019 年连续排名上升超过 20 位。东北三省最优连续排名分别为 2017 年的大连市（第 1 名）、2016 年的长春市（第 3 名）和 2017 年的哈尔滨市（第 4 名）。整体而言，2015～2019 年，黑龙江省和吉林省的平均连续排名呈现稳步增长的趋势，辽宁省则呈现下降的趋势。黑龙江省连续排名年均提升幅度最大，为 4.9 名，吉林省连续排名年均提升 3.3 名，辽宁省的平均排名呈现持续下降趋势，年均排名下降 1.5 名。

(3) 5 年中，东北三省有近半数地级市的相对排名退后，反映出相对优势在下降

单年排名的变化是相对能力此消彼长的反映，东北三省中有 16 个地级市（占比 47.1%）的单年排名呈现下降趋势，相对发展能力进一步降低。具体而言，辽宁省 14 个地级市中，单年排名上升的 3 个（占 21.4%），排名下降的有 9 个（占 64.3%），排名保持不变的有 2 个（占 14.3%），其中铁岭市相对排名上升 7 名，锦州市下降 10 名，分别为辽宁省上升与下降最快的城市；吉林省的 8 个地级市中，单年排名上升的有 4 个（占 50%），下降的有 2 个（占 25%），单年排名保持不变的有 2 个（25%），其中白城市相对排名上升 6 名，松原市下降 3 名，分别为吉林省上升和下降最快的两个城市；黑龙江省的 12 个地级市中，单年排名上升的有 6 个（占 50%），下降的有 5 个（占 41.7%），排名保持不变的有 1 个（占 8.3%），其中齐齐哈尔市上升 14 名，佳木斯市下降 7 名，分别为黑龙江省上升和下降最快的两个城市。

（4）东北三省部分地级市的振兴水平出现实质性下降

比较图 2-164 和图 2-165 可以看出，东北三省 34 个地级市中有 12 个地级市的连续排名和单年排名均呈现下降趋势，即这 12 个地级市出现实质性下降（占 35.3%），分别为黑河、佳木斯、七台河、双鸭山、松原、鞍山、丹东、抚顺、阜新、葫芦岛、锦州和辽阳，尤其以锦州市的下降幅度最为突出，连续排名下降超过 40 名、单年排名下降 10 名。

（5）副省级及以上城市的发展水平明显优于其他城市，区域内发展呈现明显分化现象

大连、沈阳、长春、哈尔滨 4 个副省级及以上城市的发展水平明显优于其他城市，地级市的发展出现了较严重的区域分化现象。从图 2-163 可见，辽宁省的断层出现在省内平均排名第二的沈阳市和排名第三的营口市之间，各年差距基本保持平稳；吉林省的断层出现在省内平均排名第一的长春市和排名第二的吉林市之间，各年差距呈现波动上升趋势；黑龙江省的断层出现在排名第一的哈尔滨市和排名第二的大庆市之间，除 2018 年两者出现名次交替外，其他年份哈尔滨市的优势明显。

综上可以判断，东北三省 34 个地级市之间的发展水平差异明显，副省级及以上城市的发展水平明显优于其他城市，且大部分城市的发展水平不高（有 19 个城市的指数得分低于 50 分），东北三省地级市的发展水平有待进一步提升。此外，虽然大部分城市的绝对发展水平呈现上升趋势，但仍有 12 个地级市出现实质性退步，其中尤以锦州市的下降幅度最为突出。从地市级指标体系及数据分析的结果来看，辽宁省呈现波动下降的发展态势，于 2018 年出现实质性下降，但在 2019 年单年排名出现回暖；吉林省整体呈现上升趋势，但在 2016 年相对能力出现下跌，且在 2019 年连续排名出现下滑；黑龙江省整体呈波动上升态势，但在 2019 年单年排名与连续排名均有所下降，出现实质性下降。

图 2-163　2015～2019 年东北三省 34 个地级市振兴指数得分变动情况

图 2-164　2015~2019 年东北三省 34 个地级市振兴指数多年连续排序变动情况

图 2-165　2015~2019 年东北三省 34 个地级市振兴指数单年排序变动情况

2. 地市级振兴分项指数分析

对相关数据进行统计形成 2015~2019 年东北三省地级市振兴分项指数得分及单年排序表，如表 2-225 所示。

表 2-225 2015~2019 年东北三省地级市分项指数得分及排序

省/市	区域开放	社会民生	创新创业	政府治理	企态优化	产业发展	振兴指数
辽宁省	52.09/12	72.58/13.2	36.07/16.8	43.49/14.3	55.56/15.5	68.45/16.4	54.71/13.2
鞍山市	56.54/9.4	78.93/6	37.56/12.6	49.83/9.6	57.74/12.4	64.51/21	57.52/6.6
2015 年	48.82/12	77/4	45.65/7	63.38/7	44.6/19	61.18/13	56.77/6
2016 年	51.62/11	79.11/5	41.97/7	44.53/14	41.12/25	61.56/18	53.32/8
2017 年	56.5/9	78.97/7	48.39/8	51.43/8	71.28/2	71.49/22	63.01/5
2018 年	79.87/3	79.71/8	23.89/23	49.34/9	64.79/12	59.89/27	59.58/6
2019 年	45.89/12	79.85/6	27.89/18	40.46/10	66.9/4	68.44/25	54.9/8
本溪市	54.59/9.2	77.08/9.6	34.35/15.2	44.47/12.8	57.26/14.6	61.97/23	54.95/10.8
2015 年	55.51/8	75.91/6	42.41/9	58.41/11	38.77/24	59.56/18	55.1/8
2016 年	54.96/8	77.85/6	40.15/9	49.06/11	64.13/10	53.99/22	56.69/6
2017 年	59.59/7	82.84/4	34.69/12	43.62/16	57.29/15	68.86/23	57.81/10
2018 年	46.67/18	65.51/27	18.77/31	41.61/13	62.82/14	57.43/29	48.8/24
2019 年	56.23/5	83.29/5	35.73/15	29.65/13	63.3/10	70.01/23	56.37/6
朝阳市	38.28/19.2	59.87/25.2	20.97/28.6	23.54/25.4	57.78/13.2	74.02/11	45.74/24
2015 年	32.4/21	53.9/28	23.54/27	33.76/24	38.65/25	71.82/6	42.34/25
2016 年	37.38/20	56.28/26	22.82/27	23.75/27	49.67/18	73.35/3	43.87/23
2017 年	43.96/15	66.44/20	23.23/27	25/27	69/4	90.15/4	52.96/16
2018 年	46.8/17	69.73/20	18.47/32	17.02/28	67.47/10	58.16/28	46.28/27
2019 年	30.87/23	52.99/32	16.77/30	18.19/21	64.12/9	76.61/14	43.26/29
大连市	92.41/1.2	82.44/4	65.54/5.2	77.61/1.2	56.32/15.6	72.72/13.2	74.51/1
2015 年	65.31/2	82.39/2	83.4/1	82.33/1	45.94/17	75.35/2	72.45/1
2016 年	82.44/1	82.21/2	84.05/1	80.43/1	53.26/16	65.1/13	74.58/1
2017 年	111.56/1	83.09/3	82.61/1	79.54/1	62.41/14	79.72/16	83.15/1
2018 年	96.07/1	77.69/10	26.66/18	71.72/2	61.17/16	67.06/20	66.73/1
2019 年	106.67/1	86.8/3	51/5	74.05/1	58.83/15	76.35/15	75.62/1
丹东市	41.76/17	66.38/20.8	27.78/19	39.8/15.4	43.49/25.4	74.82/10.4	49.01/17.6
2015 年	49.02/11	59.76/26	31.94/13	63.46/6	38.36/27	67.23/9	51.63/11
2016 年	51.61/12	64.27/15	30.33/16	37.28/19	48.44/20	70.18/7	50.36/15
2017 年	49.05/11	70.71/16	30.3/18	43.76/15	39.51/28	89.72/5	53.84/13
2018 年	21.05/34	67.23/24	19.35/29	31.4/19	38.91/30	65.28/21	40.54/31
2019 年	38.09/17	69.95/23	26.99/19	23.07/18	52.21/22	81.67/10	48.66/18
抚顺市	38.05/19.4	78.13/7.6	24.74/23.2	50.83/8.4	62.79/9.8	59.05/25.2	52.26/13
2015 年	36.7/19	77.02/3	31.28/17	61.4/8	49.7/15	50.33/23	51.07/12
2016 年	45.09/15	81.68/3	23.25/26	49.29/10	68.64/7	46.53/31	52.41/10
2017 年	33.32/22	83.51/2	25.07/23	51.04/9	68.39/6	60.27/28	53.6/14
2018 年	49.16/15	72.78/16	23.7/24	50.26/8	70.06/5	73.64/14	56.6/10

省/市	区域开放	社会民生	创新创业	政府治理	企态优化	产业发展	振兴指数
2019 年	25. 97/26	75. 67/14	20. 39/26	42. 16/7	57. 17/16	64. 47/30	47. 64/19
阜新市	31. 87/24	70. 9/15. 4	43. 06/11. 2	22. 23/26. 4	60. 51/11. 4	70. 86/14. 4	49. 9/18. 2
2015 年	30. 51/23	69. 98/10	54. 27/5	29. 55/27	42. 11/23	58. 99/19	47. 57/18
2016 年	37. 82/19	72. 07/11	54. 38/6	16. 96/30	59. 89/12	68. 39/9	51. 58/13
2017 年	32/23	71. 74/15	53. 47/6	33. 35/21	66. 77/8	83. 78/11	56. 85/12
2018 年	30. 6/30	74. 82/15	27. 16/17	19. 43/25	67. 68/8	60. 23/26	46. 65/26
2019 年	28. 4/25	65. 9/26	26. 02/22	11. 86/29	66. 08/6	82. 93/7	46. 87/22
葫芦岛市	40. 2/17. 6	60. 69/23. 6	19. 66/30	26. 92/22. 4	58. 15/14	69. 88/15. 6	45. 92/23. 6
2015 年	44. 13/13	62. 68/19	20. 08/32	33. 98/23	52. 81/13	63. 81/12	46. 25/20
2016 年	42. 67/17	61. 63/18	19. 79/31	25. 54/24	60. 04/11	64. 56/14	45. 71/20
2017 年	51. 48/10	65. 2/22	16. 87/34	29. 16/24	57. 23/16	71. 8/21	48. 62/23
2018 年	22. 77/33	55. 49/31	25. 17/22	24. 49/22	67. 63/9	73. 97/12	44. 92/28
2019 年	39. 97/15	58. 42/28	16. 39/31	21. 43/19	53. 01/21	75. 28/19	44. 08/27
锦州市	61. 34/5	61. 11/21. 6	36. 55/13. 8	41. 81/14. 6	55. 57/16. 6	75. 6/9. 4	55. 33/11. 2
2015 年	59. 83/4	68. 96/11	36. 7/11	59. 16/10	58. 1/11	66. 02/11	58. 13/5
2016 年	63. 14/4	70. 81/12	37. 78/12	47. 06/13	53. 41/15	64. 02/15	56. 04/7
2017 年	69. 92/4	69. 74/17	45. 32/9	46. 69/13	63. 97/12	81. 24/13	62. 81/6
2018 年	56. 91/9	50. 48/34	21. 35/25	36. 44/17	49. 28/25	80. 92/4	49. 23/23
2019 年	56. 9/4	45. 56/34	41. 6/12	19. 73/20	53. 07/20	85. 78/4	50. 44/15
辽阳市	51. 01/12	76. 72/8. 4	47. 89/7. 4	40. 54/15. 4	53. 04/17	65. 96/19	55. 86/9. 8
2015 年	59. 55/5	71. 61/9	36. 69/12	57. 32/14	44. 44/20	60. 21/16	54. 97/9
2016 年	60. 55/5	75. 28/9	38. 28/11	37. 36/18	34. 08/28	62. 33/17	51. 31/14
2017 年	59. 15/8	79. 38/6	50. 23/7	38. 98/18	65. 09/9	62. 86/27	59. 28/8
2018 年	44. 29/22	79. 97/6	61. 26/4	43. 41/12	62. 11/15	77. 69/8	61. 46/5
2019 年	31. 49/20	77. 37/12	52. 96/3	25. 61/15	59. 47/13	66. 73/27	52. 27/13
盘锦市	60. 23/6. 2	70. 98/13. 8	23. 22/24. 8	46. 7/12	36. 61/29. 8	50. 15/29. 6	47. 98/20. 4
2015 年	62. 8/3	65. 02/15	21. 19/29	57. 09/15	35. 27/29	37. 44/31	46. 47/19
2016 年	70. 61/3	66. 75/13	24. 28/24	40. 5/16	24. 95/33	48. 72/28	45. 97/19
2017 年	60. 69/6	71. 79/14	22. 28/29	47. 92/12	32. 07/32	55. 97/32	48. 46/24
2018 年	53. 54/13	76. 78/12	28. 94/15	44. 14/11	46. 71/26	60. 45/25	51. 76/19
2019 年	53. 49/6	74. 56/15	19. 39/27	43. 85/6	44. 07/29	48. 16/32	47. 25/21
沈阳市	60. 33/6	87. 56/1. 8	61. 95/5. 2	69. 01/3. 4	66. 19/6. 8	77. 75/6. 4	70. 47/2. 2
2015 年	57. 57/7	83. 66/1	76. 41/2	73. 9/2	62. 91/8	72. 01/4	71. 08/2
2016 年	60. 54/6	89. 18/1	78. 42/2	69. 22/4	64. 27/9	72. 22/4	72. 31/2
2017 年	72. 77/3	91. 95/1	72. 36/3	73. 93/3	67. 54/7	81. 73/12	76. 71/2
2018 年	58. 68/7	83. 37/4	32. 03/13	65. 05/4	68. 2/7	78. 01/7	64. 23/3

续表

省/市	区域开放	社会民生	创新创业	政府治理	企态优化	产业发展	振兴指数
2019 年	52.08/7	89.65/2	50.54/6	62.97/4	68.03/3	84.77/5	68.01/2
铁岭市	44.14/16.2	66.37/18.8	36.33/14.8	24.28/24.2	52.09/19.6	69.2/17.2	48.73/20
2015 年	53.63/9	49.42/32	28.78/21	34.34/22	45.4/18	61.02/14	45.43/23
2016 年	36.21/21	62.7/17	29.88/18	26.15/23	48.09/21	59.48/20	43.75/24
2017 年	40.76/19	63.82/23	30.87/17	22.28/29	56.02/18	86.68/9	50.07/22
2018 年	52.7/14	83.52/3	47.18/8	22.68/24	59.85/17	63.84/22	54.96/15
2019 年	37.38/18	72.4/19	44.91/10	15.96/23	51.07/24	74.98/21	49.45/16
营口市	58.57/5.8	78.89/7.8	25.46/23.6	51.27/9.2	60.32/10.6	71.87/14.6	57.73/7
2015 年	58.28/6	76.35/5	25.62/26	57.92/12	48.81/16	68.65/8	55.94/7
2016 年	55.44/7	80.83/4	21.59/29	47.93/12	46.43/22	66.47/12	53.11/9
2017 年	63.88/5	82.18/5	22.62/28	54.27/7	64.62/10	80.23/15	61.3/7
2018 年	56.98/8	69.54/21	30.91/14	54.77/7	72.44/3	68.99/18	58.94/7
2019 年	58.27/3	85.55/4	26.59/21	41.44/8	69.29/2	75.01/20	59.36/5
吉林省	38.93/19.8	63.45/21.1	39.54/13.9	36.19/18.5	64.58/9.4	66.46/17.4	51.52/16.3
白城市	39.45/17.6	53.75/29.6	34.15/17.2	17.29/28.6	55.82/15.6	78.23/7.2	46.45/21.6
2015 年	35.73/20	54.6/27	26.21/24	25.37/30	43.75/21	60.49/15	41.02/26
2016 年	36.12/22	46.02/32	24.69/23	18.59/28	48.92/19	67.8/10	40.35/26
2017 年	33.99/21	47.96/32	27.61/19	30.36/23	54.47/20	88.65/7	47.17/25
2018 年	59.24/6	63.59/28	55.08/6	6.41/32	66.18/11	87.44/1	56.32/11
2019 年	32.19/19	56.57/29	37.18/14	5.72/30	65.81/7	86.77/3	47.38/20
白山市	30.22/24.4	65.48/20.2	27.2/20.4	17.06/29.6	53.78/18.2	57.65/23.6	41.9/27.2
2015 年	30.46/24	63.85/18	26.86/22	26.43/29	57.41/12	38.9/29	40.65/27
2016 年	29.11/24	59.97/21	29.05/20	25.21/26	50.96/17	50.73/26	40.84/25
2017 年	25.89/24	60.41/26	26.92/20	20.1/30	49.07/24	72.29/20	42.45/28
2018 年	34.77/28	70.37/18	26.38/20	13.8/30	54.82/21	43.62/34	40.63/30
2019 年	30.9/22	72.78/18	26.79/20	-0.25/33	56.63/17	82.71/9	44.93/26
吉林市	37.99/19.8	75.16/11.2	41.9/9.4	46.45/12.2	66.99/6.6	70.18/15.4	56.44/9.2
2015 年	38.04/18	74.92/7	41.15/10	53.71/17	64.36/6	56.85/20	54.84/10
2016 年	42.33/18	76.43/8	38.76/10	59.35/7	70.11/4	67.44/11	59.07/5
2017 年	35/20	78.82/8	42.3/10	50.68/10	62.74/13	80.5/14	58.34/9
2018 年	35.03/27	72.39/17	40.19/9	44.64/10	72.54/2	69.8/16	55.76/13
2019 年	39.53/16	73.24/16	47.08/8	23.9/17	65.18/8	76.33/16	54.21/9
辽源市	25.33/29.2	62.14/22.6	44.95/9.2	45.3/12.6	72.74/4.4	55.24/24.2	50.95/16
2015 年	18.25/32	61.56/22	44.24/8	57.4/13	73.57/2	31.67/33	47.78/17
2016 年	22.54/29	60.34/20	40.89/8	59.98/6	78/1	34.13/34	49.31/17
2017 年	20.6/32	62.07/25	41.33/11	56.5/6	80.75/1	55.62/33	52.81/17

续表

省/市	区域开放	社会民生	创新创业	政府治理	企态优化	产业发展	振兴指数
2018 年	43.67/23	50.85/33	62.93/3	37.83/14	72.23/4	67.29/19	55.8/12
2019 年	21.6/30	75.9/13	35.35/16	14.79/24	59.15/14	87.47/2	49.04/17
四平市	43.71/16	62.75/23.4	40.19/10.8	34.46/19.6	58.59/14.8	71.79/12.8	51.92/14.8
2015 年	40.19/17	59.88/25	31.72/15	55.62/16	63.18/7	47.11/27	49.62/15
2016 年	47.63/13	53.78/28	31.37/14	43.08/15	70.68/3	63.02/16	51.59/12
2017 年	43.17/16	56.96/28	32.98/14	32.15/22	56.48/17	84.25/10	51/20
2018 年	44.45/21	70.21/19	53.16/7	27.31/20	50.48/24	80.51/5	54.35/16
2019 年	43.12/13	72.9/17	51.72/4	14.15/25	52.13/23	84.07/6	53.02/11
松原市	31.83/23.4	51.72/30.6	20.77/28.6	41.45/15	67.75/7.8	61.74/22	45.88/23.8
2015 年	27.88/28	51.03/31	21.02/30	59.24/9	76.26/1	38.75/30	45.7/22
2016 年	27.96/26	41.12/33	21.97/28	55.65/8	73.18/2	50.38/27	45.04/21
2017 年	24.54/26	41.47/33	20.55/30	46.21/14	64.02/11	74.89/19	45.28/26
2018 年	47.63/16	61.05/29	19.1/30	31.99/18	64.05/13	63.34/23	47.86/25
2019 年	31.14/21	63.93/27	21.23/25	14.14/26	61.22/12	81.35/11	45.5/25
通化市	28.73/25.8	70.32/14.4	55.62/7.4	22.51/26.6	72.22/3.2	63.09/22	52.08/14.8
2015 年	31.56/22	62.65/20	68.52/3	27.19/28	69.84/3	44.89/28	50.78/13
2016 年	23.42/28	58.54/22	69.16/3	25.37/25	69.77/6	52.39/25	49.77/16
2017 年	21.14/30	72.65/13	72.82/2	28.5/25	68.54/5	78.91/17	57.09/11
2018 年	45.88/20	79.35/9	32.64/12	17.9/27	73.69/1	56.44/32	50.99/20
2019 年	21.66/29	78.43/8	34.94/17	13.61/28	79.23/1	82.84/8	51.78/14
长春市	74.15/1.8	66.3/16.6	51.53/8	65.01/3.8	68.8/4.6	73.71/11.6	66.58/2.8
2015 年	70.72/1	62.03/21	57.4/4	69.04/4	68.98/4	69.55/7	66.29/3
2016 年	73.74/2	60.38/19	61.18/4	72/3	69.9/5	72.21/5	68.24/3
2017 年	75.04/2	49.38/31	64.73/4	65.23/4	70.38/3	75.77/18	66.75/3
2018 年	84.77/2	80.04/5	25.32/21	65.62/3	68.36/6	74.98/11	66.51/2
2019 年	66.48/2	79.69/7	49/7	53.17/5	66.41/5	76.03/17	65.13/3
黑龙江省	33.43/22.4	64.18/20.2	30.01/20.8	31.82/20.6	41.69/25.3	65.63/18.9	44.46/23.3
大庆市	53.29/9.8	75.9/9.4	32.7/15	63.99/4.6	53.35/18.4	39.63/33.2	53.14/12.6
2015 年	43.89/14	72.62/8	31.89/14	65.99/5	64.68/5	22.96/34	50.34/14
2016 年	54.86/9	77/7	30.11/17	66.74/5	42.59/23	40.73/33	52/11
2017 年	46.05/13	76.15/10	32.8/15	62.43/5	51.73/23	38.55/34	51.29/19
2018 年	73.46/4	75.68/13	28.27/16	61.2/5	54.07/22	56.53/31	58.2/9
2019 年	48.2/9	78.04/9	40.45/13	63.6/3	53.66/19	39.38/34	53.89/10
哈尔滨市	45.58/15	69.96/14.8	46.42/11.6	71.5/2	48.78/21.4	83.23/5.2	60.91/6.8
2015 年	42.85/16	66.96/12	52.6/6	71.18/3	52.51/14	81.99/1	61.35/4
2016 年	53.39/10	66.52/14	54.95/5	73.33/2	54.09/14	82.86/1	64.19/4

续表

省/市	区域开放	社会民生	创新创业	政府治理	企态优化	产业发展	振兴指数
2017 年	44.4/14	72.76/12	59.95/5	74.05/2	52.57/22	89.26/6	65.5/4
2018 年	40.86/24	66.13/25	17.62/33	74.76/1	44.41/27	69.55/17	52.22/18
2019 年	46.38/11	77.42/11	46.97/9	64.18/2	40.33/30	92.47/1	61.29/4
鹤岗市	23.8/29.4	67.58/18	18.15/30.8	11.46/32	26.54/33	54.66/28.8	33.7/33.2
2015 年	24.44/29	65.2/14	20.24/31	18.54/32	26.24/33	49.52/24	34.03/32
2016 年	20.42/31	56.58/25	20.17/30	15.97/31	27.01/32	47.23/30	31.23/33
2017 年	22.41/29	68.53/18	18.72/31	12.8/32	23/33	59.38/29	34.14/34
2018 年	27.48/31	77.3/11	12.75/34	4.49/34	27.11/34	56.96/30	34.35/34
2019 年	24.24/27	70.28/22	18.87/28	5.48/31	29.32/33	60.2/31	34.73/33
黑河市	25.19/29.6	52.83/29.8	21.29/27	24.13/24.4	40.56/26.8	77.85/16.2	40.31/28.6
2015 年	29.75/27	52.09/30	18.31/34	30.93/26	43.71/22	53.8/21	38.1/29
2016 年	27.54/27	53.97/27	25.23/22	18.52/29	41.24/24	53.1/24	36.6/29
2017 年	20.94/31	51.05/30	24.36/24	23.84/28	42.11/26	139.29/1	50.27/21
2018 年	26.99/32	50.98/32	20.97/26	23.39/23	37.11/31	75.73/9	39.19/33
2019 年	20.73/31	56.05/30	17.6/29	23.96/16	38.61/31	67.33/26	37.38/31
鸡西市	28.34/27.2	65.69/20.4	26.09/22	28.17/21.6	37.8/27.2	64.13/20.8	41.7/28
2015 年	30.36/25	64.76/16	29.39/18	31.3/25	19.02/34	51.56/22	37.73/30
2016 年	28.18/25	56.68/24	18.18/32	28.81/22	29.07/30	57.78/21	36.45/31
2017 年	24.17/28	66.93/19	23.81/26	28.13/26	33.71/31	66.32/26	40.51/29
2018 年	38.89/26	69.17/22	33.67/11	25.03/21	52.75/23	79.06/6	49.76/22
2019 年	20.1/32	70.94/21	25.41/23	27.59/14	54.45/18	65.91/29	44.07/28
佳木斯市	48.06/12.2	62.37/23.6	29.76/17.8	29.57/21.6	44.28/24.8	78.46/7.4	48.75/19.2
2015 年	42.9/15	63.86/17	28.8/20	43.56/19	36.17/28	72.05/3	47.89/16
2016 年	44.64/16	57.38/23	36.83/13	34.14/21	34.22/27	76.91/2	47.35/18
2017 年	46.53/12	62.6/24	33.76/13	35.47/20	43.65/25	87.53/8	51.59/18
2018 年	56.3/10	59.3/30	26.65/19	18.49/26	56.95/19	83.52/2	50.2/21
2019 年	49.93/8	68.72/24	22.76/24	16.17/22	50.39/25	72.32/22	46.72/23
牡丹江市	39.21/18.6	59.29/25.2	41.78/11.4	50.83/10.6	44.78/22.2	63.69/20.6	49.93/17.4
2015 年	30.07/26	47.1/33	29.26/19	52.95/18	60.8/10	47.74/25	44.65/24
2016 年	29.35/23	46.98/30	30.68/15	51.93/9	56.93/13	47.93/29	43.97/22
2017 年	40.92/18	55.14/29	31.76/16	48.27/11	52.83/21	90.55/3	53.25/15
2018 年	55.3/12	75.02/14	57.72/5	60.22/6	27.27/33	55.54/33	55.18/14
2019 年	40.4/14	72.23/20	59.46/2	40.79/9	26.08/34	76.67/13	52.61/12
七台河市	13.46/33	59.7/26.2	17.33/30.8	7.13/32.8	36.13/30	67.51/17.6	33.54/33.2
2015 年	9/34	60.89/24	21.96/28	12.49/33	34.22/31	59.97/17	33.09/33
2016 年	8.46/34	50.37/29	13.26/34	12.46/33	27.12/31	61.47/19	28.86/34

续表

省/市	区域开放	社会民生	创新创业	政府治理	企态优化	产业发展	振兴指数
2017 年	9.14/34	65.47/21	17.36/32	10.29/33	37.01/29	66.41/25	34.28/33
2018 年	32.33/29	65.82/26	20.57/27	6.63/31	36.65/32	81.21/3	40.53/32
2019 年	8.37/34	55.96/31	13.49/33	−6.21/34	45.66/27	68.47/24	30.96/34
齐齐哈尔市	48.42/12.4	60.71/23.8	44.58/13.4	37.23/16.2	28.97/30.4	70.94/13.8	48.47/18
2015 年	49.61/10	53.03/29	26.85/23	38.99/20	34.93/30	71.99/5	45.9/21
2016 年	47.22/14	46.58/31	26.17/21	38.48/17	8.39/34	72.13/6	39.83/27
2017 年	42.34/17	57.63/27	25.72/21	40.64/17	9.14/34	59.31/30	39.13/31
2018 年	55.92/11	79.8/7	82.02/1	37.41/15	44.09/28	75.51/10	62.46/4
2019 年	47.02/10	66.48/25	62.13/1	30.61/12	48.28/26	75.78/18	55.05/7
双鸭山市	20.66/30.6	73.86/12.2	23.26/24.4	15.8/30	38.71/28	71.7/14.4	40.67/28.8
2015 年	23.21/30	61.43/23	31.56/16	21.58/31	38.53/26	66.38/10	40.45/28
2016 年	17.01/32	64.24/16	29.88/19	15.11/32	37.85/26	69.76/8	38.98/28
2017 年	11.09/33	76.08/11	24.19/25	12.89/31	40.28/27	92.98/2	42.92/27
2018 年	39.55/25	89.56/1	20.01/28	15.8/29	39.14/29	63.27/24	44.55/29
2019 年	12.45/33	78/10	10.64/34	13.62/27	37.76/32	66.11/28	36.43/32
绥化市	27.93/26.2	42.38/31.6	21.03/28.2	35.43/17.4	56.95/16.8	64.52/19.6	41.37/27.6
2015 年	19.54/31	24.81/34	19.88/33	36.46/21	62.47/9	47.41/26	35.1/31
2016 年	20.67/30	27.21/34	16.4/33	35.62/20	65.57/8	53.41/23	36.48/30
2017 年	24.53/27	38.82/34	17.25/33	37.25/19	55.8/19	67.66/24	40.22/30
2018 年	46.4/19	69.06/23	37/10	37.12/16	55.62/20	73.64/13	53.14/17
2019 年	28.49/24	52/33	14.61/32	30.7/11	45.3/28	80.46/12	41.93/30
伊春市	27.2/24.8	79.94/7	37.69/17	6.58/33.4	43.47/24	51.27/28.6	41.02/26
2015 年	14.03/33	66.23/13	26.05/25	9.52/34	30.25/32	35.57/32	30.27/34
2016 年	13.44/33	73.05/10	23.94/25	9.09/34	30.98/29	41.04/32	31.92/32
2017 年	24.6/25	78.22/9	25.1/22	6.64/34	36.55/30	58.9/31	38.33/32
2018 年	59.82/5	85.01/2	68.85/2	5.03/33	58.13/18	72.97/15	58.3/8
2019 年	24.11/28	97.17/1	44.52/11	2.65/32	61.44/11	47.88/33	46.29/24
三省平均	42.41/17.5	67.47/17.5	34.75/17.5	37.65/17.5	52.79/17.5	66.99/17.5	50.34/17.5

（1）34 个地级市在 6 项分项指数的平衡发展上存在较大差异

由图 2-166 可以看出，东北三省 34 个地级市在 6 个分项指数的平衡发展上存在较大差异，其中发展比较均衡的城市有长春、牡丹江、沈阳、大连、辽阳等，发展较不均衡的有双鸭山、七台河、伊春、鹤岗、黑河等。在分项指数上发展水平较高（指数得分超过 80 分）的有大连市的"区域开放"，大连市和沈阳市的"社会民生"，哈尔滨的"产业发展"。此外，可以看出，黑龙江省和吉林省在"区域开放""创新创业""政府治理"方面有待进一步提升，两省这三项的指数得分均低于 40 分。就东北三省而言，辽宁省的

"产业发展"和"社会民生"较强，平均得分分别为68.45和72.58；吉林省的"企态优化""产业发展""社会民生"较强，平均得分均超过60；黑龙江省的"社会民生"和"产业发展"较好，平均得分为64.18和65.63；三省均在"创新创业"方面表现较差，辽宁省、吉林省、黑龙江省在该分项指标上的平均得分分别为36.07、39.54和30.01。

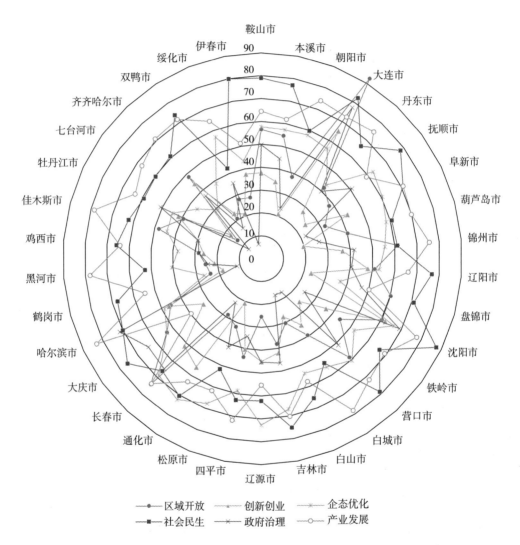

图 2-166　东北三省 34 个地级市在 6 个分项指数的平均得分

（2）振兴进展较大的地级市和振兴乏力的地级市之间的优劣势存在较大差别

通过振兴总指数的分析可以发现，振兴进展较快的地级市包括黑龙江省的伊春市和吉林省的白城市等。分析这两个地级市的共同点可以发现，这些地级市几乎在所有 6 个分项上均有所增长，且在某些方面增长较快，表现出"一专多强"的特征。例如，伊春市除在"政府治理"方面外的其他 5 个分项指数上均有所增长，其中伊春市在"社会民生"和"企态优化"、白城市在"产业发展"方面的增长较为明显。锦州、葫芦岛、阜新、黑河等市呈现出明显的振兴乏力特征，在 4 个分项指标均呈现下滑趋势，尤其锦州市在"政府治理"方面的下滑较为显著。

（3）"区域开放""政府治理""创新创业"成为东北三省地级市振兴乏力的主要原因

在"区域开放""政府治理""创新创业"方面，大部分地级市均表现出持续恶化或止步不前的态势，这成为振兴乏力的主要问题，尤其是"政府治理"方面，34 个城市全部呈现下降态势。分省来看，除"政府治理"外，辽宁省的地级市在"区域开放"和"创新创业"方面下滑明显；吉林省的地级市在"企态优化"方面下滑明显；黑龙江省的地级市在"创新创业""区域开放"和"企态优化"方面下滑明显。

3. 主要结论

第一，从发展水平看，东北三省 34 个地级市之间的发展水平存在较大差异。最高指数得分超过 50 分的有 15 个城市（占比 44.1%），且只有大连市的最高指数得分超过 70 分，此外有 9 个城市的指数得分低于 45 分（占比 26.5%），说明东北三省地级市的发展水平有待进一步提升。副省级及以上城市的发展水平明显优于其他城市，东北三省地级市的发展出现了较严重的分化现象。

第二，从发展动态看，东北三省 34 个地级市 2019 年的连续排名较 2015 年有所提升的城市有 18 个，占比 52.9%，表明各地级市总体上有着较好的发展态势。然而，通过对相对优势的分析，发现有 16 个地级市（占比 47.1%）的单年排名呈现下降趋势，说明这些城市的相对发展能力出现下滑。此外，有 12 个地级市（占比 35.3%）已出现实质性退步，分别为黑河、佳木斯、七台河、双鸭山、松原、鞍山、丹东、抚顺、阜新、葫芦岛、锦州和辽阳，尤其以锦州市的倒退最为明显。

第三，东北三省 34 个地级市在 6 个分项指数的平衡发展上存在较大差异，其中发展比较均衡的城市有长春、牡丹江、沈阳、大连、辽阳等，发展较不均衡的有双鸭山、七台河、伊春、鹤岗、黑河等。就东北三省而言，辽宁省的"产业发展"和"社会民生"较强；吉林省的"企态优化""产业发展""社会民生"较好；黑龙江省的"产业发展"和"社会民生"较好；三省均在"创新创业"方面表现较差。

第四，不同地级市振兴进展有着明显差异，如伊春市和白城市的振兴进展较快，表现出"一专多强"的特征；而锦州市呈现出明显的振兴乏力特征。通过对分项指数的增长状况的分析，发现"区域开放""政府治理""创新创业"是振兴乏力的主要原因，表现为大部分地级市在该三项指数上呈现出持续恶化或止步不前的态势，尤其是"政府治理"方面，34 个城市均呈现下降态势。

下篇　附　录

一、东北老工业基地全面振兴
进程评价的基理

总体来看，一个地区的经济社会形态的形成与该地区政治、法律、文化、历史、区域资源禀赋和经济发展水平等密切相关。但是，上述因素只是影响一个地区经济社会形态的表象，而其形成的真正原因则在于政府、市场与社会间的互动。

（一）作为区域经济社会环境和区域
主体的政府、市场和社会

青木昌彦（2001）为了说明制度间的关系提出了域（Domain）这一概念。他根据每个参与人及其所面临的技术和意识上可选择的行动集合的不同，将经济中的域分为共有资源域、交易域、组织域、组织场、政治域以及社会交换域[①]。参与人可以是自然人也可以是组织，在所有的域中，每一个参与人对别人的策略选择进行预测，并以此为基础选择有利于自身报酬最大化的策略。存在于各个域之间的制度的共识性集合，构成了整体制度的配置，图3-1显示了博弈域的六种类型及其相互关系。在给出了域的概念后，青木昌彦

图3-1　博弈域的六种类型

资料来源：青木昌彦．比较制度分析［M］．周黎安，译．上海：上海远东出版社，2001.

---

① 关于各个域的内涵请参阅青木昌彦（2001，第23-27页）。

（2001）进一步指出，在某个域流行的制度从其他域的参与人角度看，由于个人认知与决策的有限理性，只要把它们看作外生参数，超出了自己的控制范围，它们就构成了一种制度环境，反之亦然。像这种共识性的相互依赖，构成了富有生命力的制度安排。

但是，当对青木昌彦关于域的定义进一步分析时可以看出，尽管青木昌彦称"任何域类型的划分不可能是在纯粹的技术上进行的，只能尽可能地根据域的技术特性来进行区别"，其定义虽然有利于分析单独某一个域的特征及其内部制度演化的规律，但对于经济体系的整体制度配置而言，在某一时段，一个经济主体可能同时从属于该定义上的几个域。例如，青木昌彦将组织域定义为经济主体根据协同行动进行财产的创造，并将其在成员之间进行分配，而将组织场定义为经济主体间通过匹配而创造出的组织。这样一来，经济活动的参与者可能既存在于组织域中（如作业团队、企业集团），也可能存在于组织场当中（如战略联盟、虚拟企业），这将不利于对制度演化过程中整体的把握。为此，本书将青木昌彦（2001）所区分的六个域分别归结到政府、市场与社会这三个域当中，它们分别作为这三个域的子域存在，如图 3-2 所示。其中，市场域可视为组织资源交换以及各种组织形式存在的场，公平竞争的理念和供求价格系统是其制度体系。社会域可视为人们为了满足其社会欲求，依靠一定的社会关联性创建出的各种社会集团（家庭、学校、社区等）的总和，社会制度体系（法律、风俗习惯、道德等）是社会成员间调整、控制相互关系的"公有秩序"。政府域则可视为在一定法律与契约结构下，以构建出匹配复杂动态环境的区域创新能力为目标的制度供给与协作的组织，是一个既具有政治属性又具有契约属性的一组契约联合网络，正当性是维系其存在的根本。

图 3-2 对青木昌彦（2001）所定义的"域"的再界定

资料来源：作者整理。

（二）政府、市场和社会三者之间的关系

根据上述划分，政府、市场和社会的共同运动及相互作用，可看作一个社会经济系统

结构与运行的主要内容。进一步从交易主体的决策原则与交易主体之间的相互关系特征来看，政府、市场和社会的本质，如果设在市场中，作为交易主体的决策原则为 M_1 ＝价格：各交易主体把价格作为信息媒体，在追求利益最大化的动机下进行自由交易。交易主体之间的相互关系原则为 M_2 ＝自由地进入和退出：意味着交易参与者被赋予了根据自己所有的资源、能力以及偏好进行自由信息披露的机会。

而在社会中，交易主体的决策原则为 S_1 ＝权威：各交易参与者为社会全体成员，以制度与规范为基础来对交易进行调节。交易主体之间的相互关系原则为 S_2 ＝固定、长期的交易：交易参与者维持固定不变的伙伴关系，交易的参与和退出原则上不能自由选择。

根据以上假设，两维向量（M_1，M_2）表示纯粹的市场交易，（S_1，S_2）则表示纯粹的社会交易。第一维向量是"决策原则"，第二维向量是"关系原则"。然而，构成现实资源配置的各种交易中，并不仅是这种纯粹的形式，还有许多带有中间色彩的交易类型①。本书把含有中间形态的"决策原则"（M_1，M_1+S_1，S_1）以及"关系原则"（M_2，M_2+S_2，S_2）组合在一起，共有七种，如图3-3所示②。在这七种组合当中，维系交易主体之间的"决策原则"与"关系原则"，既不是纯粹的市场交易，又非纯粹的社会交易，实质上是由政府组织的"契约性"和"行政性"所衍生的交易主体所具有的特征，如现代政府与企业的关系、依靠组织内权威来配置资源等，这些决定了政府作为中间组织的存在所特有的特征。换言之，企业是市场与社会的中间组织。

I ＼ II	M_2	M_2+S_2	S_2
M_1	纯市场		织
M_1+S_1		组	
S_1	府 政		纯社会

图3-3 作为市场与社会中间组织的政府

资料来源：作者整理。

---

① 例如作为交易参加者的决策原则，具有介于 M_1 和 S_1 之间的中间形态，用 M_1+S_1 来表示。适用于这一公式的可能形态是，尽管双方在最终阶段的交易是按照权威发出的指令进行的，但是交易进行到最终阶段之前，即在中间交易过程中，也存在带有 M_1 特点的信息交换及自由竞争机制作用于其中的情况。如在计划经济时代的企业的资源配置中，采用将实际价格作为一种信息媒介的分权制计划机制时，它就是 M_1+S_1 中的一种。另外，关于参与交易的交易主体之间的相互关系原则同样也存在着中间形态 M_2+S_2，在这种情况下存在的可能是，从原理上说是自由参加交易和自由退出交易的 M_2 型，但实际上在交易对象之间已经建立起固定和持续的交易关系，以致自由地参与和退出机制不会起到作用。

② 该模型借鉴了今井贤一、伊井丹敬之（1982）关于市场原理与组织原理相互渗透的思想。具体请参见：今井贤一，伊井丹敬之，小池和男. 内部组织的经济学［M］. 金洪云，译. 北京：生活·读书·新知三联书店，2004：150-158.

从政府、市场与社会的生成来看，在人类产生伊始，依靠血缘、亲缘与地缘所维系的氏族内部及氏族之间的关系构成了原始社会的社会体系。随着私人物品在生活中的剩余，简单的物物交换逐渐发展为以部落、氏族首领为代表，在生产不同产品的部落、氏族之间进行，形成了市场的雏形。由于金属工具的使用、第二次社会大分工、国家的出现以及庄园制经济的解体、地租货币化、城市化、行商的活跃等一系列重大的政治、经济、社会、文化的变化，使得从前的共同体社会在社会成员间进行资源分配的机能逐渐消亡。面对共同体社会的解体所引发的复杂性和不确定性，社会成员并不是完全被动地承受，而是通过与环境能动的相互作用，创造出新的交换系统来实现自身的欲求①，近代市场体系就是这种活动的产物。从某种意义上来讲，"正是由于同市场相关的各种社会领域（政治体系、家族、亲缘、社会共同体等）制度体系的相对安定，才使市场经济的不安定化倾向得到抑制，而不会造成市场社会的危机。同时，市场社会的安定使经济得到发展，反过来促进了社会制度体系的安定化"。但是，市场和社会的互补并不是一个静态均衡的状态，各交换系统为了自身的存续和成长，不断通过对环境施加影响进行自组织化活动，结果造成某种交换系统在整个社会经济系统中占据优势地位的状况。随着市场原理的不断推进，一方面造成了优胜劣汰的竞争下垄断的出现和对失败者的清除；另一方面以往交换活动中竞争和协作的互补关系被破坏，家庭和社区的机能被大大地削弱，共同体社会被逐步解体。市场把人格的自由从封建束缚中解放出来的同时，由于以往共同体的互酬和再分配机能的丧失，使人们经常处于市场不安定所引发的冲击之中。市场和社会之间的背离引发的"市场的失效"和"社会的失效"，使社会成员在经济生活和社会生活中面对机会与结果的不平等、经济危机、社会动荡等环境复杂性和不确定性。为了降低这些复杂性和不确定性，要求某种系统能够填补因市场和社会相背离所造成的人们欲求实现的"场"的缺损，政府的生成及其规模扩大和机能增强正是这种需要的结果。并且，从历史角度来看，市场原理的扩张和共同体社会的解体越深化，作为连接市场和社会的中间组织的政府，其规模和机能就越膨胀，东北地区政府所承担的功能就是最好的例证。

　　政府产生后，一方面通过由其契约特性所支撑的行政机能——内部组织化和经济成果的再分配与社会建立了非经济性的联系，另一方面通过由其行政性所维系的政治机能与市场建立了经济关系。在将社会和市场的一部分机能内部化的同时，通过与市场和社会的各种交换活动，将市场和社会连接起来，如图3-4所示。在产业社会，政府已经不再是市场和社会的从属部分，而是与市场和社会一样，成为社会经济系统中不可缺少的组成部分。政府、市场和社会不仅具有相互依存和互补的侧面，而且具有异质和相互对立的侧面，一方靠其支配地位将他方完全取代是不可能的，三者之间是一种"异质共生"的互补关系。从社会经济系统的现实来看，完全竞争的市场经济和纯粹的计划经济都是不存在的，而通过市场、政府、社会间"异质共生"的互补所形成的"混合经济"才是其自然的状态。

---

　　① 但是，市场和社会的互补并不是一个静态均衡的状态。在一个社会经济系统中，各交换系统为了自身的存续和成长，不断通过对环境施加影响进行自组织化活动，结果造成某种交换系统在整个社会经济系统中占据优势地位的状况。

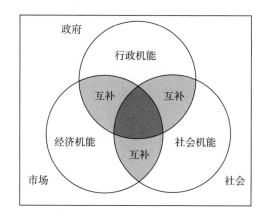

图 3-4 政府、市场与社会的"异质共生"与互补

资料来源：作者整理。

（三）区域经济社会转型：政府治理、市场治理和社会治理的相互作用

　　总体来看，区域经济社会转型的根本原因是在政府、市场和社会的互动过程中所引致的利益相关者之间的矛盾冲突，致使原来经过利益相关者博弈所达到的均衡的区域治理制度向失衡转变（由于不同阶段矛盾问题的差异性，作为直接矛盾主体的利益相关者也将有所不同）。然而，能否突破由于长期以来的惯性思维、路径依赖等因素所导致的制度创新的瓶颈，则取决于当时的利益相关者是"创新变革"还是"维持现状"的"共有信念"的对比。如果前者少于后者，区域失衡将持续，反之将通过对现有制度的"创新变革"实现新的均衡。当利益相关者之间就制度创新达成了共识（也就是具备了正当性）之后，在矛盾主体之间不断的博弈过程中，各方会逐渐明确未来制度设计的可能方向，届时将会采取激进或渐进的方式，在已有制度安排的基础上，充分借鉴国际上成功经验对治理制度作出选择。新的区域经济社会制度一旦生成，作为矛盾主体之间的博弈均衡解，将在一定程度上消除或者弱化利益相关者之间的矛盾，并作为"共有信念"固定下来，协调和控制着利益相关者的行为，如图 3-5 所示。

　　从区域经济社会转型的整体过程来看，它起于一个均衡，然后历经了"制度失衡"→制度创新→"新的均衡"这一过程，但是一个周期完成后，区域经济社会的制度体系并未静止不动。实际上，经过一段时间后，新的经济社会条件的出现，受各种诱致性因素的影响，不同的利益相关者技能、决策习惯和认知模式以及相互之间力量对比会产生或多或少的变化，这样就会给参与人带来不稳定的限制。由此直接引致原来潜在的经济社会问题可能会凸显出来，成为新的矛盾点，达到均衡的区域经济社会制度便潜伏着向失衡过渡的趋势，为了应对这种潜在变动，利益相关者不断进行着"谈判"活动，从而通过重复博弈打破均衡状态，使得一个均衡向另一个均衡变动，形成一种新的均衡解，即由一种制度向另一种制度转变。但需要注意的是每一个变革周期都是通过利益相关者博弈来推动的，而其变迁的方向又要受到制度的初始禀赋①、有限理性（Boundedly Rational）以及一定时期内人们的共有信念的制约。可以说，区域经济社会的发展或转型，是政府、市场和社会共同作用的结果。

图 3-5 区域经济社会转型的理论模型

资料来源：作者整理。

---

① 制度的产生或创新伊始，所面临的一系列的历史遗留下来的各种条件。

二、东北老工业基地全面振兴进程评价指标选择依据

东北老工业基地全面振兴进程评价指标的选择主要是以《中共中央　国务院关于全面振兴东北地区等老工业基地的若干意见》等为政策文件，同时借鉴了已有研究关于区域竞争力评价等研究，以"完善体制机制、推进结构调整、鼓励创新创业、保障和改善民生"四个方面为着眼点，以综合反映东北地区的经济、资源、社会、环境状况为基准，既突出准确的政策导向，又体现科学要求，强调指导性、针对性与实效性，通过科学论证而确定。针对构建东北老工业基地全面振兴进程指标体系这一总目标，设置出"政府治理、企态优化、区域开放、产业发展、创新创业、社会民生"六个测度模块，并依次构建出三级指标及下属的基础测度指标。评价数据主要来源于中国知网、统计年鉴、网络采集和万得数据库等，其中统计年鉴涉及中国统计年鉴、中国城市统计年鉴、分专题统计年鉴、各省市统计年鉴等多个类别。

（一）政府治理评价指标选择依据

政府治理是为了满足区域发展的需求，政府对社会资源进行配置和对国家经济及社会事务进行管理的一系列活动。关于政府与市场关系的讨论由来已久。有限政府（Limited Government）是 17 世纪至 19 世纪自由资本主义时期占主导地位的政府理念（Dincecco，2009）。新自由主义的政治理论家改变了古典自由主义思想传统的消极政府的观念，西方国家从此进入了促进公平与保障福利的有为政府时代。如果说有限政府和有为政府主要是指政府能做什么和不能做什么的问题，那么，有效政府所关注的是政府如何做好的问题。促进发展的有效政府成为当下最为流行的政府理念。在东北地区政府与市场的关系上，王小鲁（2016）认为，东北经济下行的最主要原因在于政府与市场关系不合理，营商环境建设严重滞后，实施新一轮东北振兴战略的关键，是厘清政府与市场的关系。赵昌文（2015）认为，东北问题的根源在于没有解决好新兴产业发展和新旧增长动力接续转换的土壤和环境问题。因此，政府应从生产型政府向服务型政府转变，从政策优惠竞争转移到企业营商环境竞争，形成有利于新动力培育的政府治理体系。刘柏（2015）认为，目前

东北主要是由"看得见的手"在主导市场,市场在很大程度上仍是计划出来的,根本矛盾在于如何处理好政府与市场关系。

从上述论述中可以看出,东北老工业基地振兴在政府治理层面要解决政府职能转型、政策作用发挥及两者间的互动关系,促进政府治理能力提升与治理方法科学化,从而实现由全能型政府向服务型政府的转变,提高政府治理社会的效率与治理能力。7 号文件也指出,"加快转变政府职能,进一步理顺政府和市场关系,着力解决政府直接配置资源、管得过多过细以及职能错位、越位、缺位、不到位等问题。以建设法治政府、创新政府、廉洁政府、服务型政府为目标,进一步推动简政放权、放管结合、优化服务。……深入推进商事制度改革,优化营商环境,进一步放开放活市场,激发市场内在活力"。可以说,将政府治理作为评价东北老工业基地全面振兴的测度模块之一是符合东北地区实际的。对此,可从行政体制、政治治理和经济治理三个角度设计相关评价指标。其中,行政体制包含市场干预和政府规模 2 个三级指标,政治治理包含简政放权和监管水平 2 个三级指标,经济治理包含营商环境 1 个三级指标。5 个三级指标作为五个测度维度构成地方政府治理现代化测度指标体系基本框架的五大支柱,综合体现了法治、创新、廉洁、服务、有效等政府治理的重要价值理念。

(二) 企态优化评价指标选择依据

企态优化意为企业生态的改进与完善,主要表现就是优化国企、民企生态,增强企业实力,使其在区域经济中发挥核心作用。企态优化是区域经济中微观主体竞争力的集中体现,是东北老工业基地全面振兴的重要一环。常修泽(2015)认为,东北要真的振兴,就得真刀真枪地推进体制和结构改革,重点在于以"壮士断腕"之气魄,"啃国企改革硬骨头",建议设立"东北国企改革先行试验区"。任淑玉等(2003)认为,东北老工业基地最大、最核心的难题是国有经济比重高,企业制度相对落后,市场化程度低,企业缺乏活力和竞争力。因此,企态优化的重点在于开展国企改革的同时充分发挥民营企业等非国有经济的作用,在振兴老工业基地的过程中,使国有经济与非国有经济相互融合(李凯、史金艳,2003)。根据徐迟(2004)所提出的东北老工业基地国有企业改革的障碍和难点,只有深化国有企业改革、实施改革领先战略,通过国有企业领导体制改革和国有资产管理体制改革,才能解决目前东北国有大中型企业面临的体制机制和结构矛盾(林木西,2003)。

民营企业发展对东北老工业基地振兴的作用也不容忽视。与东南沿海相比,东北地区的民营企业发展相对落后。林文强等(2004)比较分析了二者的差异,提出政策环境、技术型业主开拓市场与管理企业的素质、企业群与市场的关系、企业所在地区的文化氛围、企业目标与业主生活满足度的关系等是影响东北民营企业发展的关键因素,并制定了对应的解决策略。国有企业改革对民营企业的发展可以产生推动作用。卜长莉（2006）提出加快国企改制步伐，推动东北民营经济发展的建议，即在政府指导下，民营企业积极参与国企改制，从而以国企改制和市场化的工业化模式发展民营经济。不仅如此，东北民营企业还必须要面临融资约束的问题，只有塑造一个良好的融资环境，才有助于民营企业发展。

上述观点在7号文件中也得到了充分体现："进一步推进国资国企改革。深化国有企业改革，完善国有企业治理模式和经营机制，真正确立企业市场主体地位，解决好历史遗留问题，切实增强企业内在活力、市场竞争力和发展引领力，使其成为东北老工业基地振兴的重要支撑力量。……大力支持民营经济发展。加快转变发展理念，建立健全体制机制，支持民营经济做大做强，使民营企业成为推动发展、增强活力的重要力量。"对此，本书设计了国企效率和国企保增值2个三级指标来衡量国有企业的状况，设计了民企规模和民企融资2个三级指标来考核民营企业发展状况，设计了企业实力1个三级指标来反映当地企业的综合竞争力。

（三）区域开放评价指标选择依据

区域开放主要指区域经济的对外开放水平，具体表现为贸易和投资开放、生产开放、市场开放以及为保障开放做出的区位支撑。从发达国家的经验看，区域开放对老工业基地的发展产生了积极作用（Coe等，2004）。区域开放是实现经济发展的重要条件，经济发展也会推动区域进一步开放，当前一个普遍的认识是东北对外开放水平偏低（丁国荣，2004）。究其原因主要有以下三点：一是国际直接投资惯性因素；二是比较优势存在制约；三是地区调试的压力（王钰，2004）。李凯、史金艳（2003）提出吸引资本流入东北，并在更高水平、更高技术平台上与跨国公司开展"高位嫁接"，重点抓好汽车、装备制造和电子信息等产业的招商引资，形成产业链条，形成支柱产业群，更要加强与已落户东北老工业基地的外资企业的协作，实现以商引商。李俊江等（2012）分析东北招商引资的综合性系统，提出在增强创新意识的前提下扩大招商引资，充分利用网络平台促进招商引资。可见，在利用外资过程中，依据东北产业结构调整的方向以及产业结构演进的规律，采取提高外资的关联度、引导外资投向优势主导产业、基础产业、限制投向一般加工业的战略来优化产业结构是振兴东北老工业基地的关键（陈丽蓓，2005）。除去前述因素外，东北区域开放需要良好的区位因素作为保障。目前，东北一些区位因素存在问题。例如，区域城镇化仍面临动力不足、城市群经济实力弱、资源型城市转型困难、乡村城镇化落后等问题。这些都可能对区域开放产生影响（阚澄宇、马斌，2014）。

中央7号文件指出，"主动融入、积极参与'一带一路'建设战略……积极扩大与周边国家的边境贸易，创新边贸方式，实现边境贸易与东北腹地优势产业发展的互动，促进东北进出口贸易水平不断提高"。综上所述，为了对东北老工业基地的区域开放进行评价，本书提炼出 5 个方面的三级指标对区域开放进行衡量，分别涉及贸易、投资、生产、市场等 4 个方面，用于描述经济系统运行的重要环境与环节，而上述 4 个方面将对"区位支撑"这个三级指标产生较为直接的双向影响。

（四）产业发展评价指标选择依据

产业发展是指单个产业或产业总体的进化过程，既包括某一产业中企业数量、产品或者服务产量等数量上的变化，也包括产业结构的调整、变化、更替和产业主导位置等质量上的变化，而且主要以结构变化为核心、以产业结构优化为发展方向。东北老工业基地改造在于产业结构的调整和升级，区域产业协调发展是东北老工业基地改造的关键（高相铎、李诚固，2006；胡琦，2005）。东北产业结构的调整需要兼顾其主导产业的选择，既要遵循主导产业选择的一般原则，又要结合地区经济的特点，而且要考虑到与国家宏观产业政策和地区发展战略的协调（黄继忠，2011）。经济的持续发展已经使得中国逐渐进入工业化后期甚至后工业化时期，服务业发展的重要性逐渐显现。因此，在评价产业结构水平时，服务业发展水平是重点之一，其中以金融业为代表的生产性服务业尤其是重中之重（刘力臻、王庆龙，2017）。东北的老工业基地地位使得重化工业占比一直居高不下，东北的产业结构调整的重点之一就是逐步降低重化工业的比重，尤其是重化工业中产能过剩产业的比重（衣保中，2016）。农业是东北地区的传统优势产业，并且肩负着中国粮食安全的重任，因此在评价产业发展时也需要作为一个重点产业加以关注。

产业转型升级是东北老工业基地振兴的重要支撑，新时期东北地区需要加快淘汰落后产能、化解过剩产能、培育发展新动能，提升全要素生产率，实现高质量发展。中央 7 号文件强调，"坚持多策并举，'加减乘除'一起做，全面推进经济结构优化升级，加快构建战略性新兴产业和传统制造业并驾齐驱、现代服务业和传统服务业相互促进、信息化和工业化深度融合的产业发展新格局。……促进装备制造等优势产业提质增效。准确把握经济发展新常态下东北地区产业转型升级的战略定位，控制重化工业规模、练好内功、提高水平、深化改革，提高制造业核心竞争力，再造产业竞争新优势，努力将东北地区打造成为实施'中国制造 2025'的先行区。……提升原材料产业精深加工水平，推进钢铁、有色、化工、建材等行业绿色改造升级，积极稳妥化解过剩产能。……大力发展以生产性服务业为重点的现代服务业。实施老工业基地服务型制造行动计划，引导和支持制造业企业从生产制造型向生产服务型转变。……加快发展现代化大农业。率先构建现代农业产业体系、生产体系、经营体系，着力提高农业生产规模化、集约化、专业化、标准化水平和可持续发展能力，使现代农业成为重要的产业支撑"。综上所述，评价东北地区产业发展问题，既要考虑产业结构的合理化与高级化，也要考虑重化工调整和服务业、金融业与农业问题。为此，本书用产业均衡、服务业发展、重化工调整、金融深化和现代农业 5 个三级指标来测度产业发展。

（五）创新创业评价指标选择依据

创新创业是指基于技术创新、管理创新或创办新企业等方面的某一点或几点所进行的活动。创新创业是建立"学习型"区域，实现老工业基地转型的关键因素，这一观点已经在国际上达成普遍共识（Morgan，1997）。随着全球化经济中国际竞争的加强、区域企业和产业集群的成功出现，以及传统区域发展模式和政策的明显不足，区域创新系统概念得到迅速流行（Florida 等，2012）。目前，东北地区的创新水平不高且动力不足，创新资金投入不足，创新难以就地产业化（李政，2015）。建立具有区域特征的创新创业生态系统，对振兴东北工业基地和改变产业结构尤为重要。于晓琳等（2017）从创新环境、创新投入、企业创新、创新绩效 4 个方面评价了辽宁省各地级市的科技创新能力，发现辽宁各市创新环境、创新基础和创新资源等差别较大，"双创"呈现出明显的区域性不平衡和不协调特征。除沈阳、大连区域创新能力较强外，大部分地区创新能力不足、创新基础薄弱、创新意识不强，区域创新缺乏竞争力。在创业的重要性上，孙少岩（2004）从东北的"项目怪圈"出发，认为东北要走出资金项目依赖的怪圈，就需要通过创业来激发经济社会的持续活力。

中央 7 号文件对此也有表述，"完善区域创新体系。把鼓励支持创新放在更加突出的位置，激发调动全社会的创新激情，推动科技创新、产业创新、企业创新、市场创新、产品创新、业态创新、管理创新。……促进科教机构与区域发展紧密结合。扶持东北地区科研院所和高校、职业院校加快发展，支持布局建设国家重大科技基础设施。……加大人才培养和智力引进力度。把引进人才、培养人才、留住人才、用好人才放在优先位置"。有鉴于此，本书用研发基础、人才基础、技术转化、技术产出和创业成效来衡量创新创业水平。其中，创新方面包含创新投入和创新产出，具体为研发基础、人才基础、技术转化和技术产出 4 个三级指标，创业方面包含创业成效 1 个三级指标。

（六）社会民生评价指标选择依据

社会民生主要表现为一系列社会问题的解决与生态保护，既是区域经济发展的最终目的，也是支撑区域经济发展的人文要素。社会民生具体可分为经济（居民收入与消费）、政治（社会保障、社会公平）和生态（生态环境保护）三个层面。国务院发展研究中心

"中国民生指数研究"课题组（2015）设计了中国民生指数，该指数由"民生客观指数"和"民生主观（满意度）指数"两部分构成。鉴于指标客观性和数据来源限制，本书主要借鉴该指数的客观指数部分。在东北民生问题方面，部分研究分析了东北农村居民收入与消费问题。金华林和李天国（2011）通过灰色关联模型分析东北三省农村居民收入后预测，在新农村建设环境下东北农村居民收入将有显著性提升，其收入结构也将日渐合理。但是，东北农村居民的消费模式尚不合理，仍处于由传统农耕社会的消费模式向现代消费模式转变的起始阶段（于洪彦等，2008）。因此，收入与消费模式并不协调，仍存在问题。在政治层面，东北社会保障问题引发关注，其中东北失业问题等成为关注的焦点（李培林，1998）。在生态层面，良好的资源环境条件是东北地区区域开发的重要基础，但由于历史因素、人为过度利用等因素的叠加，东北资源环境不断恶化（李琛、谢辉，2006）。为此，刘艳军和王颖（2012）提出调整与优化区域发展模式、适度控制空间开发速度及规模、加强能源利用与碳排放的引导控制、抑制污染物排放与强化环境设施配置及强化政策制度与空间管制引导等建议。

中央 7 号文件指出，"抓民生也是抓发展，人民生活水平不断提高是判断东北老工业基地振兴成功的重要标准。……切实解决好社保、就业等重点民生问题。加大民生建设资金投入，全力解决好人民群众关心的教育、就业、收入、社保、医疗卫生、食品安全等问题，保障民生链正常运转。……推进城市更新改造和城乡公共服务均等化。针对城市基础设施老旧问题，加大城市道路、城市轨道交通、城市地下综合管廊等设施建设与更新改造力度，改善薄弱环节，优化城市功能，提高城市综合承载和辐射能力。……打造北方生态屏障和山青水绿的宜居家园。生态环境也是民生"。根据上述研究，本书对于社会民生，从经济基础、制度保障、生态环境三个方面进行评价。其中，经济基础层面分别从收支（收入与消费）两个维度对居民的物质水平进行衡量；制度保障层面分别从社会保障、社会公平两个方面进行衡量；而生态环境层面是当前国内外共同探讨的重要议题，对于改善民生水平，实现东北地区的可持续性发展有着牵线引路的作用。

以上各指标具体如表 3-1 所示。

表 3-1 东北老工业基地全面振兴进程评价（省域）指标体系及数据来源

二级	三级	基础测度指标	来源
政府治理	市场干预	政府分配资源的比重（逆）	中国统计年鉴
	政府规模	政府人员规模（逆） 行政成本比重（逆）	中国劳动统计年鉴、中国统计年鉴
	简政放权	社会服务机构规模	中国民政统计年鉴、中国统计年鉴
	监管水平	银行不良资产比率（逆） 生产安全事故死亡率（逆）	中国金融年鉴、中国劳动统计年鉴、万得数据库
	营商环境	万人新增企业数 民间固定资产投资增速	中国统计年鉴

二级	三级	基础测度指标	来源
企态优化	国企效率	国企劳均主营业务收入	中国统计年鉴、中国劳动统计年鉴
	国企保增值	国企利润率	中国统计年鉴
	企业实力	百万人上市公司数 上市公司资产比重	中国金融年鉴、中国证券期货统计年鉴
	民企规模	民企资产占比 民企数量占比 民企就业占比	中国统计年鉴
	民企融资	民企与国企资产负债率比	中国统计年鉴
区域开放	贸易开放	对外贸易依存度 净出口贡献率	中国统计年鉴
	投资开放	人均实际利用外资额 外商投资进出口货物占比	中国统计年鉴
	生产开放	外资工业企业资产比重	中国统计年鉴
	市场开放	单位 GDP 外商投资企业数 货运活跃度 客运活跃度	中国统计年鉴
	区位支撑	城市化水平 运网密度 国际旅游收入比	中国统计年鉴
产业发展	产业均衡	产业分布泰尔指数（逆）	中国统计年鉴、中国劳动统计年鉴
	服务业发展	服务业增加值比重 服务业增长率 金融业增加值比重	国家统计局官网、中国统计年鉴
	重化工调整	重化工业比重（逆） 产能过剩产业比重（逆）	中国工业统计年鉴
	金融深化	银行信贷占比 社会融资规模增量	中国金融年鉴
	现代农业	农业综合机械化水平 农业劳动生产率	中国农业机械工业年鉴、中国统计年鉴
创新创业	研发基础	研发（R&D）投入强度 科技创新支出强度	中国科技统计年鉴、中国统计年鉴
	人才基础	研发（R&D）人员占比 高校 R&D 人员平均强度	中国科技统计年鉴、中国统计年鉴
	技术转化	技术市场成交额占比 科技人员专利申请强度 科技人员专利批准强度	中国统计年鉴、中国科技统计年鉴

续表

二级	三级	基础测度指标	来源
创新创业	技术产出	高新技术产业收入占比 新产品销售收入占比	中国科技统计年鉴、中国统计年鉴
	创业成效	千人私营企业数 百万人非主板上市企业数	中国统计年鉴、万得数据库
社会民生	居民收入	城乡居民收入水平 居民人均存款额	中国统计年鉴、中国城市统计年鉴
	居民消费	城乡居民消费水平 人均社会消费品零售额	中国统计年鉴
	社会保障	城镇职工基本养老保险抚养比 人均养老金支出	国家统计局官网、中国统计年鉴
	社会公平	城乡居民收入比（逆） 城乡每千人卫生技术人员比（逆） 城乡中小学人均教师资源比（逆）	中国统计年鉴
	生态环境	人均公园绿地面积 PM2.5 平均浓度（逆） 空气质量达到及好于二级的天数	中国统计年鉴、中国城市统计年鉴

指标计算公式（一）

1. 政府分配资源的比重＝扣除教科文卫和社会保障后的财政支出/地区 GDP×100%

2. 政府人员规模＝公共管理部门年底职工人数/地区人口×100%

3. 行政成本比重＝财政支出中的一般公共服务支出/地区 GDP×100%

4. 社会服务机构规模＝社会服务机构及设施数/（地区年末人口×地区面积）

5. 银行不良资产比率＝不良贷款/各项贷款×100%

6. 生产安全事故死亡率＝因公死亡人数/地区 $GDP×10^8$

7. 万人新增企业数＝（当年企业单位数－上一年企业单位数）/地区年末人口×10^4

8. 民间固定资产投资增速＝（当年民间固定资产投资－上一年民间固定资产投资）/上一年民间固定资产投资×100%

9. 国企劳均主营业务收入＝国有控股工业企业主营业务收入/（国有单位采矿业+制造业+电力业就业人数）

10. 国企利润率＝国有及国有控股工业企业利润/国有及国有控股工业企业主营业务收入×100%

11. 百万人上市公司数＝当年所有上市公司数量/地区年末人口×10^6

12. 上市公司资产比重＝当年所有上市公司总资产/地区生产总值×100%

13. 民企资产占比＝民企资产/社会总资产×100%

14. 民企数量占比＝私营企业法人单位数/企业法人单位数×100%

15. 民企就业占比＝民企就业人数/（民企就业人数+城镇单位就业人数）×100%

16. 民企与国企资产负债率比＝民企资产负债率/国企资产负债率

17. 对外贸易依存度＝进出口总额/地区GDP×100%

18. 净出口贡献率＝（地区GDP-资本形式总额-最终消费支出）/地区GDP×100%

19. 人均实际利用外资额＝实际利用外资额/地区年末人口

20. 外商投资进出口货物占比＝外商投资企业进出口总额/地区进出口货物总额×100%（该公式按境内目的地和货源地分）

21. 外资工业企业资产比重＝（港澳台商投资的工业企业总资产+外商投资的工业企业总资产）/地区GDP×100%

22. 单位GDP外商投资企业数＝外商投资企业数/地区GDP

23. 货运活跃度＝地区货运周转量/地区总面积

24. 客运活跃度＝地区客运周转量/地区总面积

25. 运网密度＝（铁路营业里程+内河航道里程+公路里程）/地区总面积

26. 城市化水平＝地区城市人口/地区年末人口×100%

27. 国际旅游收入比＝国际旅游收入/地区GDP×100%

28. 产业分布泰尔指数＝$\sum_{i=1}^{3}$（产业增加值$_i$/GDP）×ln[（产业增加值$_i$/产业就业$_i$）/（GDP/总就业）]

29. 服务业增加值比重＝第三产业增加值/地区GDP×100%

30. 服务业增长率＝（当年第三产业增加值-上一年第三产业增加值）/上一年第三产业增加值×100%

31. 金融业增加值比重＝金融业增加值/地区GDP×100%

32. 重化工业比重＝重化工业总资产/资产总计×100%

33. 产能过剩产业比重＝地区产能过剩产业主营业务收入/重化工业主营业务收入×100%

34. 银行信贷占比＝银行信贷/地区GDP×100%

35. 社会融资规模增量＝当年社会融资总额-上一年社会融资总额

36. 农业综合机械化水平＝（0.4×机耕面积+0.3×机播面积+0.3×机收面积）/农作物播种面积×100%

37. 农业劳动生产率＝第一产业增加值/第一产业从业人员数

38. 研发(R&D)投入强度＝研发经费/地区GDP×100%

39. 科技创新支出强度＝科学技术支出/地方一般财政预算支出

40. 研发(R&D)人员占比＝研发人员数/地区年末人口×100%

41. 高校 R&D 人员平均强度=高校 R&D 人员合计数/学校数

42. 技术市场成交额占比=技术市场成交额/地区 GDP×100%

43. 科技人员专利申请强度=专利受理数/R&D 人员数

44. 科技人员专利批准强度=国内专利授权数/R&D 人员数

45. 高新技术产业收入占比=高技术产业主营业务收入/地区 GDP×100%

46. 新产品销售收入占比=高技术产业新产品销售收入/高技术产业主营业务收入×100%

47. 千人私营企业数=私人企业法人单位数/地区年末人口×10³

48. 百万人非主板上市企业数=（创业板上市企业数量+中小板上市企业数量）/地区年末人口×10⁶

49. 城乡居民收入水平=（城市居民收入水平×城镇人口数+农村居民收入水平×乡村人口数）/（城镇人口数+乡村人口数）

50. 居民人均存款额=居民人民币储蓄存款余额/地区年末人口

51. 城乡居民消费水平=（城市居民消费水平×城镇人口数+农村居民消费水平×乡村人口数）/（城镇人口数+乡村人口数）

52. 人均社会消费品零售额=社会消费品零售总额/地区年末人口

53. 城镇职工基本养老保险抚养比=城镇在岗职工数/离退休人员数

54. 养老金支出占比=（城镇职工养老金支出+城乡居民社会养老金支出）/地区年末人口

55. 城乡居民收入比=城市居民收入水平/农村居民收入水平

56. 城乡每千人卫生技术人员比=城市每千人卫生技术人员/农村每千人卫生技术人员

57. 城乡中小学人均教师资源比=［（城镇小学教师数+城镇中学教师数）/城镇人口］/［（乡村小学教师数+乡村中学教师数）/乡村人口］

58. 人均公园绿地面积=城市公园绿地面积/地区年末人口

59. PM2.5 平均浓度：取各省市区下辖环保重点城市该指标的平均值

60. 空气质量达到及好于二级的天数：取各省市区下辖环保重点城市该指标的平均值

表 3-2　东北老工业基地全面振兴进程评价（地市级）指标体系及数据来源

二级	三级	基础测度指标	来源
政府治理	市场干预	政府分配资源的比重（逆）	黑龙江统计年鉴、吉林统计年鉴、辽宁统计年鉴
	政府规模	政府人员规模（逆） 行政成本比重（逆）	中国城市统计年鉴、黑龙江统计年鉴、吉林统计年鉴、辽宁统计年鉴
	招商引资	外商直接投资项目数 人均实际利用外资额	中国城市统计年鉴、黑龙江统计年鉴、吉林统计年鉴、辽宁统计年鉴

续表

二级	三级	基础测度指标	来源
企态优化	国企保增值	国企利润率	黑龙江统计年鉴、吉林统计年鉴、辽宁统计年鉴
	企业实力	均企利润额 均企资产	中国城市统计年鉴
	民企发展	民企就业占比 民营企业数占比	中国城市统计年鉴、黑龙江统计年鉴、吉林统计年鉴、辽宁统计年鉴
区域开放	对内外贸易	对外贸易依存度 限额以上批发零售贸易业销售总额增加值	中国城市统计年鉴、黑龙江统计年鉴、吉林统计年鉴、辽宁统计年鉴
	生产开放	外资工业企业产值比 外资投资经济占比	中国城市统计年鉴、黑龙江统计年鉴、吉林统计年鉴、辽宁统计年鉴
	区位支撑	地区货运量	黑龙江统计年鉴、吉林统计年鉴、辽宁统计年鉴、中国区域经济统计年鉴
产业发展	结构调整	第三产业占地区 GDP 比重 第三产业就业人员占比	中国城市统计年鉴
	服务业发展	服务业增加值比重 服务业增长率	中国城市统计年鉴、黑龙江统计年鉴、吉林统计年鉴、辽宁统计年鉴
	金融深化	银行信贷占比	黑龙江统计年鉴、吉林统计年鉴、辽宁统计年鉴
创新创业	研发基础	信息技术从业人员占比 科技投入占比	中国城市统计年鉴
	创业成效	百万人非主板上市企业数（百万人创业板上市企业数量、百万人中小板上市企业数量）	Wind 数据库或深圳证券交易所官网：上市公司情况表
	教育支撑	每十万人高等学校在校生数 高等学校师生比	中国城市统计年鉴
社会民生	居民生活	城乡居民收入水平 城镇居民消费水平	中国区域经济统计年鉴、黑龙江统计年鉴、吉林统计年鉴、辽宁统计年鉴
	社会和谐	社会保障和就业支出占地方公共财政支出比重	黑龙江统计年鉴、吉林统计年鉴、辽宁统计年鉴
	生态环境	人均公园绿地面积 工业烟粉尘去除量	中国城市统计年鉴、黑龙江统计年鉴、吉林统计年鉴、辽宁统计年鉴

指标计算公式（二）

1. 政府分配资源的比重＝扣除教科文卫和社会保障后的财政支出/地区 GDP×100%

2. 政府人员规模＝公共管理部门年底职工人数/地区年末人口×100%

3. 行政成本比重＝财政支出中的一般公共服务支出/地区 GDP×100%

4. 外商直接投资项目数：直接摘录

5. 人均实际利用外资＝人均实际利用外资额＝实际利用外资额/地区年末人口

6. 国企利润率＝国企利润/国企收入×100%

7. 均企利润额＝利润总额/工业企业数

8. 均企资产＝（流动资产+固定资产）/工业企业数

9. 民企就业占比＝城镇私营和个体从业人员/城镇单位从业人员期末人数

10. 民营企业占比＝（内资企业数−国有企业数）/工业企业数

11. 对外贸易依存度＝进出口总额/地区 GDP

12. 限额以上批发零售贸易业销售总额增加值＝当年限额以上批发零售贸易业销售总额−上一年限额以上批发零售贸易业销售总额

13. 外资工业企业产值比＝（港澳台商投资的企业总产值+外商投资企业总产值）/工业总产值

14. 外资投资经济占比＝外资投资/（国家预算内资金+国内货款+债券+外资投资+自筹资金+其他投资）

15. 地区货运量＝铁路货运量+公路货运量+水运货运量+民用航空货运量

16. 第三产业占地区 GDP 比重：直接摘录

17. 第三产业就业人员占比：直接摘录

18. 服务业增加值比重＝服务业增加值/地区 GDP×100%

19. 服务业增长率＝（当年服务业增加值−上一年服务业增加值）/上一年服务业增加值×100%

20. 银行信贷占比＝银行信贷/地区 GDP×100%

21. 信息技术从业人员占比＝信息传输、计算机服务和软件业从业人员/城镇单位从业人员数

22. 科技投入占比＝科学技术支出/公共财政支出

23. 每十万人高等学校在校生数＝在校学生数/［年末人口数（人）/100000］

24. 高等学校师生比＝专任教师数/在校学生数

25. 百万人非主板上市企业数＝当年所有上市公司数量/（地区年末人口（人）/1000000）

26. 城乡居民收入水平＝（城市居民收入水平×城镇人口数+农村居民收入水平×乡村人

口数)／(城镇人口数+乡村人口数)

27. 城镇居民消费水平=城镇居民人均消费支出

28. 社会保障和就业支出占地方公共财政支出比重=社会保障和就业支出/公共财政支出

29. 人均公园绿地面积：直接从年鉴中摘录

30. 工业烟粉尘去除量=烟粉尘产生量−烟粉尘排放量，各分项直接从年鉴中摘录。

参考文献

［1］郭亚军．综合评价理论、方法及应用［M］．北京：科学出版社，2007．

［2］易平涛，李伟伟，郭亚军．综合评价理论与方法（第二版）［M］．北京：经济管理出版社，2019．

［3］迟福林．二次开放：全球化十字路口的中国选择［M］．北京：中国工人出版社，2017．

［4］马国霞，石敏俊，李娜．中国制造业产业间集聚度及产业间集聚机制［J］．管理世界，2007（8）：58-65．

［5］刘凤朝，马荣康．东北老工业基地创新驱动发展研究［M］．北京：科学出版社，2016．

［6］吕政．振兴东北老工业基地科技支撑战略研究［M］．北京：经济管理出版社，2012．

［7］张虹．东北老工业基地经济与社会可持续发展研究［M］．北京：经济科学出版社，2011．

［8］青木昌彦．比较制度分析［M］．周黎安，译．上海：上海远东出版社，2001．

［9］黄继忠．东北老工业基地产业结构调整优化研究［M］．北京：经济科学出版社，2011．

［10］肖兴志．中国老工业基地产业结构调整研究［M］．北京：科学出版社，2013．

［11］东北解放区财政经济史编写组．东北解放区财政经济史资料选编（第一辑）［M］．哈尔滨：黑龙江人民出版社，1988．

［12］东北解放区财政经济史编写组．东北解放区财政经济史资料选编（第二辑）［M］．哈尔滨：黑龙江人民出版社，1988．

［13］梁方仲．中国历代户口、田地、田赋统计［M］．上海：上海人民出版社，1980．

［14］葛剑雄，侯杨方，张根福．人口与中国的现代化（一八五〇年以来）［M］．上海：学林出版社，1999．

［15］王魁喜等．近代东北史［M］．哈尔滨：黑龙江人民出版社，1984．

［16］陈耀．中国东北工业发展60年：回顾与展望［J］．学习与探索，2009（5）：40-45．

［17］伍晓鹰．中国工业化道路的再思考：对国家或政府作用的经济学解释［J］．比较，2014（6）：1-25.

［18］刘智文．东北封禁政策刍议［J］．学习与探索，2003（6）：133-136.

［19］孙经纬．新编中国东北地区经济史［M］．长春：吉林教育出版社，1994.

［20］李怀．"东北现象"：问题的实质与根源［J］．管理世界，2000（4）：206-207，216.

［21］常修泽．"再振兴"东北战略思路探讨［J］．人民论坛，2015（21）：18-21.

［22］陈丽蔷．外资对东北老工业基地产业结构演进的影响［J］．经济地理，2005（5）：624-628.

［23］丁国荣．东北振兴中的对外开放战略［J］．经济管理，2004（5）：18-21.

［24］黄继忠．东北老工业基地产业结构调整优化研究［M］．北京：经济科学出版社，2011.

［25］李凯，史金艳．略论东北老工业基地的振兴及其发展思路［J］．管理世界，2003（12）：140-141.

［26］李培林．老工业基地的失业治理：后工业化和市场化——东北地区9家大型国有企业的调查［J］．社会学研究，1998（4）：3-14.

［27］林木西．振兴东北老工业基地的理性思考与战略抉择［J］．经济学动态，2003（10）：39-42.

［28］刘柏．对东北经济衰退的深度解读［J］．人民论坛，2015（16）：26-27.

［29］刘艳军，王颖．东北地区区域开发程度演化及其资源环境影响［J］．经济地理，2012（5）：37-42.

［30］王珏．"西部大开发"实施成效对"振兴东北老工业基地"的启示——基于地区利用外资的分析［J］．管理世界，2004（10）：149-150.

［31］衣保中．振兴东北当补轻工业欠账［J］．人民论坛，2016（9）：42-44.

［32］李伟伟，易平涛，李玲玉．综合评价中异常值的识别及无量纲化处理方法［J］．运筹与管理，2018（4）：173-178.

［33］Coe N M, Hess M, Yeung H W C. "Globalizing" Regional Development: A Global Production Networks Perspective［J］. Transactions of the Institute of British Geographers, 2004, 29（4）：468-484.

［34］Dincecco M. Fiscal Centralization, Limited Government, and Public Revenues in Europe, 1650-1913［J］. The Journal of Economic History, 2009, 69（1）：48-103.

［35］Florida R, Mellander C, Qian H. China's Development Disconnect［J］. Environment and Planning A, 2012, 44（3）：628-648.

［36］Morgan K. The Learning Region: Institutions Innovation and Regional Renewal［J］. Regional Studies, 2007（31）：491-403.